Hanno Pahl und Lars Meyer (Hg.)

Kognitiver Kapitalismus

Hanno Pahl und Lars Meyer (Hg.)

Kognitiver Kapitalismus

Soziologische Beiträge zur Theorie
der Wissensökonomie

Metropolis-Verlag
Marburg 2007

Bibliografische Information der Deutschen Nationalbibliothek
Die Deutsche Nationalbibliothek verzeichnet diese Publikation in der
Deutschen Nationalbibliografie; detaillierte bibliografische Daten sind im
Internet über http://dnb.ddb.de abrufbar.

Metropolis-Verlag für Ökonomie, Gesellschaft und Politik GmbH
Bahnhofstraße 16a, 35037 Marburg, Deutschland
http://www.metropolis-verlag.de
Copyright: Metropolis-Verlag, Marburg 2007
Alle Rechte vorbehalten

ISBN 978-3-89518-619-6

Inhalt

Hanno Pahl und Lars Meyer
Kognitiver Kapitalismus.
Forschungsfelder und theoretische Zugänge...7

I.

Karin Knorr Cetina
Umrisse einer Soziologie des Postsozialen..25

Herbert Kalthoff
Zwischen Wirtschaftstheorie und ökonomischer Praxis.
Zur Soziologie ökonomischen Wissens..41

Uwe Vormbusch
Eine Soziologie der Kalkulation.
Werner Sombart und die Kulturbedeutung des Kalkulativen...............75

Lars Meyer
Arbeit und kommunikatives Handeln in post-bürokratischen
Organisationen. Über Grenzverschiebungen zwischen Lebenswelt
und System in der post-industriellen Ökonomie...................................97

II.

Tobias Schulz-Isenbeck
Eigene Entscheidungen und das Wissen der anderen.
Multiple Risikoreflexion und strukturelle
Kopplungen bei Private Equity-Investitionen.....................................135

Loet Leydesdorff
„Während auf hoher See ein Sturm tobt..."
Innovationssysteme, regionale Entwicklung und wissensbasierte
Ökonomie aus der Perspektive des Triple-Helix-Modells 163

Helmut Willke
Wissensgesellschaft. Kollektive Intelligenz und die Konturen
eines kognitiven Kapitalismus 195

III.

Hanno Pahl
Kognitiver Kapitalismus revisited.
Arbeit, Wissen und Wert in der Kritik der politischen Ökonomie 223

Sabine Pfeiffer
Accounting, Alltäglichkeit und Arbeit.
Plädoyer für eine dialektische Analyse kalkulativer Praktiken 249

Die Autorinnen und Autoren 275

Kognitiver Kapitalismus

Forschungsfelder und theoretische Zugänge

Hanno Pahl und Lars Meyer

> *If I have not seen as far as others, it is because there were giants standing on my shoulders.*
> Hal Abelson

1. Einleitung

Der vorliegende Band versammelt eine Reihe von Beiträgen zur soziologischen Theorie des vielfach konstatierten Bedeutungszuwachses von Wissen in der zeitgenössischen (Welt)Wirtschaft. Die angegebene Programmatik der *theoretischen Analyse* scheint zurzeit in besonderer Weise geboten: Weil die Termini von Wissensgesellschaft und Wissensökonomie in den letzten Jahren nicht nur zu Leitbegriffen politischer Modernisierungsstrategien und massenmedialer Aufmerksamkeitsinszenierungen avanciert sind, sondern geradezu zu Buzzwörtern mutiert sind, ist die Wissenschaft – und hier insbesondere die Wirtschaftswissenschaft und die Soziologie – gefordert, differenziertere Bestimmungen des empirischen Wandels und damit verbunden komplexere Deutungsschemata der proklamierten Transformationsprozesse bereitzustellen. Es kann der *wissenschaftlichen* Reflexion hierbei *per definitionem* nicht zuvorderst um die Entwicklung projektiver Handlungsanleitungen gehen, sondern ihre Aufgabe ist die der systematischen gesellschaftlichen Selbstreflexion des konstatierten Wandels; und dies bedeutet theoriegeleitete Analyse empirischer Veränderungen.

Dafür aber ist es eine Voraussetzung, die *Black Box* der Wissensökonomie überhaupt erst einmal zu öffnen. Und hier hat unseres Erachtens insbesondere die Soziologie Einiges zu bieten. Die spezifische Leistung einer soziologischen Perspektive auf wirtschaftliche Transformationsprozesse besteht, im Gegensatz jedenfalls zu einer orthodox-ökonomischen Zugriffsweise neoklassischer Provenienz, im „ganzheitlichen" Zuschnitt ihres Gegenstandsbereiches. Bei Dirk Baecker (2006, 15) wurde diesbezüglich als zentrale Differenz von Wirtschaftswissenschaften und (Wirtschafts)Soziologie festgehalten, „dass die Soziologie die Funktion der Wirtschaft als eine soziale Funktion neben anderen innerhalb der funktional differenzierten Gesellschaft sieht, während die Wirtschaftswissenschaften dazu tendieren, die Gesellschaft vielleicht abzüglich einiger mehr oder minder liebenswerter Sitten und Gebräuche mit der Wirtschaft gleichzusetzen. Die soziologische Theorie der Wirtschaft ist eine Theorie der *Ausdifferenzierung in der Gesellschaft*. Die ökonomische Theorie der Wirtschaft ist eine Theorie der *Einheit des Phänomens*". Bereits wenn man einen nur oberflächlichen Blick auf die Topoi der Wissensökonomie wirft, erschließt sich die Relevanz dieser Differenz: Die verhandelten Phänomene sind allesamt derart gelagert, dass ihre Analyse nicht zufriedenstellend von einem Theorietypus geleistet werden kann, dem es in erster Linie um die *Ökonomie sans phrase* geht. Stattdessen verweisen die empirischen Forschungsfelder ebenso wie die theoretischen Probleme stets darauf, dass es – systemtheoretisch formuliert – das historisch-variable *Relationengefüge von Wirtschaft, Gesellschaft sowie natürlicher und psychischer Umwelten* ist, das zur Disposition steht, und um dessen Erforschung es zu tun ist.

Um was genau geht es einem solchen Zugriff im Falle der Diskussion um die Wissensökonomie? Als Kernaspekte der emergierenden Wissensökonomie sind im soziologischen Diskurs eine Vielzahl von Phänomenen auszumachen: Die Entstehung neuer „tertiärer" bzw. „wissensintensiver" Geschäftsfelder (Patente, Beratung, Bildung, Neue Medien, Finanzdienstleistungen), die Entstehung und Verbreitung neuer Technologien (Informations-, Bio-, Nanotechnologie) und die Ausweitung und fortschreitende Anwendungsorientierung technowissenschaftlicher Forschung, die Beschleunigung von Innovationsprozessen (und damit verbunden die Verkürzung der Halbwertzeiten von Wissen), die wachsende Bedeutung von kalkulativen Praktiken (Rating, Auditing, Benchmarking), die wachsende Bedeutung und Veränderung der Formen und Inhalte von Qualifikationen („lebenslanges Lernen", „Soft Skills"). Die Entstehung dieser Phänomene geht einher mit dem Verschwinden des

Althergebrachten, d.h. etwa dem Bedeutungsverlust von industrieller Produktion, starren Karrieremustern etc.

Diese Phänomene werden als Gegenstände soziologischer Analyse ausgemacht. Ihre soziologische Analyse findet unter multiparadigmatischen Bedingungen statt. Ein Leitgedanke bei der Zusammenstellung dieses Bandes war die Annahme, dass ein des Öfteren als Mangel der soziologischen Disziplin ausgeflaggter Sachverhalt sich ebenso gut positiv wenden lässt: Gemeint ist eben der multiparadigmatische Zustand der Soziologie, also die Tatsache, dass seit dem Beginn soziologischen Denkens im Zuge der krisenhaften Herausbildung der modernen Gesellschaft bis heute das Nebeneinanderbestehen einer Mehrzahl inkongruenter soziologischer Paradigmen zu verzeichnen ist. Es scheint einer Überprüfung wert, ob dieser multiparadigmatische Zustand nicht selber noch als strategisches Mittel soziologischer Erkenntnisgewinnung fruchtbar gemacht werden kann. Dabei geht es nicht um Theorienvergleich im herkömmlichen Sinne, also um Theorienvergleich als Selbstzweck, an dessen Ende vornehmlich Relationenwissen steht. Sondern es geht darum, dass die jeweilige Beschreibung des Neuen – was überhaupt als neu erscheint und artikuliert werden kann – selbst abhängt von den unterschiedlichen zugrundegelegten theoretischen Prämissen und epistemologischen Arrangements, und dass die Reflexion auf diesen Sachverhalt es im besten Fall ermöglichen kann, dass sich heterodoxe Theorieangebote wechselseitig in produktiver Weise irritieren können. Noch ein weiterer Punkt kommt hinzu: Wenn davon ausgegangen werden kann, dass die heute wohl erst ihre Schatten vorauswerfende Wissensökonomie einen Strukturbruch innerhalb der Entwicklung der modernen Gesellschaft darstellt – in seiner Dimension vergleichbar mit dem Übergang von der Agrargesellschaft zur Industriegesellschaft, aber dennoch gänzlich anders gelagert –, dann ist nicht davon auszugehen, dass die überlieferten soziologischen Theorieangebote davon selbst unaffiziert bleiben. Im Gegenteil: Das bruchlose Anknüpfen an den überlieferten Theoriebestand – egal, ob es sich hierbei um handlungs- oder strukturtheoretische oder gar beide Paradigmen integrierende Bemühungen handelt – erweist sich, das zeigt der Blick auf die aktuellen Debatten recht deutlich, offenbar nicht immer als gangbar. Die Konstruktion von systematischen Kategorien (Deutungsmustern) erweist sich hierbei häufig als etwas, dem die Verabsolutierung eines bestimmten historischen Arrangements von Individuum und Institutionen bzw. Gesellschaft zugrunde liegt. Zusammen mit dem gegenwärtig zu verzeichnenden gesellschaftsstrukturellen Wandel kommt mitunter Bewegung in die Paradigmenkerne vorherrschender Theorien, und vielleicht liegt hierin auch die Chance einer Ablösung schulspezifischen Kadavergehorsams zugunsten einer neuen, unvoreingenommenen Interessiertheit. Dies erweist sich möglicherweise als eine geeignete Perspektive, um der schon oft beklagten post-modernen Beliebigkeit zu entgehen, ohne auf Orthodoxie umzuschalten.

Die Beiträge des vorliegenden Bandes sind unter dem Titel des „kognitiven Kapitalismus" versammelt. Dies soll auf den spezifischen, über die eingangs angeführte *ganzheitliche* Perspektive hinaus gegebenen, thematischen Bezugsrahmen soziologischer Theorie verweisen. Die Soziologie im engeren Sinne ist Produkt der Industriegesellschaft. Sie ist von ihren Anfängen bei Saint Simon und Comte über Durkheim, Weber und Simmel bis hin zu den Theoretikern des 20. Jahrhunderts wie Parsons, Adorno oder Habermas Theorie der *industriellen* Gesellschaft und deren Strukturen, Integrationsformen und Konflikte sowie der damit verbundenen Formen gesellschaftlicher Individuierung gewesen. Sie ist sich hierbei ihres Status als Wissenschaft bzw. Theorie des Kapitalismus bewusst gewesen, wenngleich unter Kapitalismus im Einzelnen recht unterschiedliche Dinge verstanden wurden. Für die Soziologie stellt sich damit die Frage, ob die zeitgenössischen Phänomene einen fundamentalen Bruch in der Logik der Entwicklung der Moderne darstellen. Der Rekurs auf den Begriff des kognitiven Kapitalismus hat im vorliegenden Band einen anderen Bedeutungsgehalt als in den gleichnamigen, vor allem im französischen und italienischen Diskursraum angesiedelten Forschungsprogrammen, impliziert.[1] Dort fungiert der Begriff vor allem als Chiffre für ein wissenschaftlich-technisch induziertes „Über-sich-selbst-Hinausgehen" des modernen Kapitalismus: Längst habe der Kapitalismus die Vergesellschaftung der Arbeit in einer Weise vorangetrieben, dass sich – gleichsam hinter dem Rücken der ihre Partialinteressen vertretenen Individuen – eine Art „objektiver Kommunismus der Sachen" etabliert habe, der nur noch von den kapitalistischen Produktionsverhältnissen als seinen Fesseln befreit werden müsse. Von einer solchen Vorfestlegung wird hier entschieden Abstand genommen. Die Kopplung von „Kapitalismus" und „Kognition" wird nicht als bereits festgezurrtes Gesamtpaket offeriert, sondern soll einen Problemkomplex markieren: Das Festhalten

---

[1] Siehe dazu den Beitrag von Hanno Pahl in diesem Band.

am Kapitalismusbegriff *überhaupt* speist sich aus der Erwägung, dass in den Debatten um die Wissensgesellschaft dieselbige oftmals implizit oder explizit als post-kapitalistische Gesellschaft beschrieben wird, eine Konzeption, die sich bis zu den soziologischen Grundlagenarbeiten von Daniel Bell (1973) zurückverfolgen lässt. Entsprechende Argumentationsweisen setzen den Kapitalismusbegriff allerdings stillschweigend mit einer bestimmten historischen Phase kapitalistischer Vergesellschaftung in eins, nämlich mit jener, die auch als Industriegesellschaft bezeichnet wird. Setzt man den Kapitalismusbegriff aber abstrakter an – und so war es nicht zuletzt in der Kritik der politischen Ökonomie von Marx gemeint – dann bezeichnet „kapitalistisch" zunächst einmal nichts weiter als die (hier systemtheorienah formulierte) Durchsetzung eines spezifischen Knappheitsregimes selbstreferentieller ökonomischer Kommunikation, das u.a. gekennzeichnet ist durch: (1.) Eine gesellschaftliche Produktion privater Produzenten samt ex post Vergesellschaftung der Arbeitsprodukte, (2.) die Anwendung von Arbeitskraft zu Verwertungszwecken, (3.) einen der Ökonomie inhärenten, systematischen Steigerungsimperativ („erweiterte Reproduktion", Rationalisierungsstrategien zur Erhöhung des relativen Mehrwerts), (4.) die Ausdifferenzierung verschiedener Revenuequellen (etwas unpopulär ausgedrückt: eine Klassendifferenzierung). So weit wir sehen können, lässt sich – ganz abgesehen, welche Qualität dieser Ökonomie beigemessen wird – der hiermit bezeichnete Handlungszusammenhang auch heute noch finden, und wir meinen sogar: mehr denn je.

Wenn es also eine basale Identität des Ökonomischen in der modernen Gesellschaft gibt, die in den eben genannten Aspekten besteht, auf welcher Ebene liegen dann die Veränderungen, die gegenwärtig zu verzeichnen sind? Unseres Erachtens liegen sie maßgeblich – und damit kommen wir auf den oben bereits angesprochenen Punkt zurück, der die Soziologie als prädestinierten Beobachter bestimmt hat – in den *Kopplungen dieser Ökonomie mit ihren individuellen/psychischen, sozialen und natürlichen Umwelten.* Und sie liegen auch darin, dass es sich beim Ökonomischen in der modernen Gesellschaft nicht um ein ein für alle Mal abgrenzbares Feld handelt, sondern dass eher von einer Art Mäandern des Ökonomischen auszugehen ist. Es müsste der Soziologie im Übergang vom Industriekapitalismus zum kognitiven Kapitalismus deshalb um die Erkundung der Frage gehen – und hier sei noch einmal an Dirk Baecker (2003, 16) verwiesen – wie die „Einheit und Differenz von Tauschen,

Rechnen und Sparen das Wirtschaften ebenso wie das Herrschen und Protestieren, Erkennen und Widerlegen, Anklagen, Verteidigen und Richten, Lieben und Abkühlen, Erziehen und Erwachsenwerden, Glauben und Bezweifeln sowie das Machen und Beurteilen von Kunst erleichtern und erschweren". Um einen einzigen Punkt beispielhaft herauszugreifen: Wenn es so etwas gibt wie eine sich in der Moderne durchhaltende Logik der Ökonomie – mag sie nun formelartig beschrieben werden als G–W–G' oder als Zahlung/Nicht-Zahlung oder nochmals anderweitig – so ist damit nur ein abstrakter Imperativ bzw. eine Funktionslogik benannt, aber noch wenig bis gar nichts darüber ausgesagt, in welcher Weise das ökonomische System konkret auf seine Umwelt zugreift und wie es von dieser irritiert wird. Christoph Deutschmann (2001, 95ff.) hat dies exemplarisch für den Fall des historisch-variablen Zusammenspiels ökonomischer Kapitalverwertungsimperative mit betrieblichen Rationalisierungsmustern festgehalten, wenn er schreibt: „Technologische Leitbilder und organisatorische ‚Mythen' werden durch Erfinder kreiert, durch Unternehmen umgesetzt, sie verbreiten sich, etablieren sich – und müssen dann Neuem Platz machen". Die Funktion solcher Leitbilder erblickt Deutschmann (ebd., 141) darin, „den in der Vermögensform des Geldes angelegten Anspruch auf absoluten Reichtum in eine durch soziales Handeln zu bearbeitende Form zu übersetzen. Das kapitalistische Basisritual besagt ja nur, daß Kapital wachsen muß, sagt aber nichts über die praktischen Wege und Mittel aus, dieses Wachstum herbeizuführen". Was hier aus einer primär industriesoziologischen Perspektive vorgetragen wurde dürfte sich ebenso beziehen lassen auf alle anderen Schnittstellen von Wirtschaft und Gesellschaft. Immer geht es um ein Zusammenspiel aus ökonomischer Systemlogik und umweltinduzierter Kontingenz, und immer öfter scheint hierbei Wissen (und Nicht-Wissen) zur kritischen Variable zu werden. Genau dies – nicht mehr, aber auch nicht weniger – soll die Kopplung von „Kognition" und „Kapitalismus" im vorliegenden Band zum Ausdruck bringen.

2. Strukturierung der Beiträge

Die Beiträge in diesem Band sind entlang von drei Perspektiven arrangiert, wobei diese Unterscheidung nicht im orthodoxen Sinne klar abgrenzbarer „Schulen" verstanden werden soll, sondern zunächst einmal lediglich als heuristisches Grobraster zur basalen Orientierung: Wir unterscheiden handlungstheoretisch ansetzende bzw. interpretative Zugänge einerseits und strukturtheoretische Zugänge zum Objektbereich andererseits, weil hierin eine sicher immer noch relevante Binnendifferenzierung des Fachs gesehen werden kann (vgl. prägnant Vanberg 1975). Hierbei setzen wir strukturtheoretische Zugriffe systemtheoretischer Provenienz nochmals von jenen Beiträge ab, die an die Marxsche Kritik der politischen Ökonomie anknüpfen, ein Theorieprogramm, das – wie Habermas (1981, 489ff.) dargelegt hat – sowohl handlungstheoretische wie systemtheoretische Elemente enthält, ohne dass diese bereits als solche ausdifferenziert wären. Dies geschieht allerdings vor dem oben erläuterten Hintergrund, dass die empirischen Entwicklungsdynamiken zunehmender Wissensbasierung von Wirtschaft und Gesellschaft die tradierten Paradigmenkerne nicht unberührt lassen, sondern vielmehr zu Anpassungsbewegungen führen.

Die *erste Sektion* umfasst vier Texte, die zwar allesamt dem handlungs- bzw. interaktionstheoretisch ansetzenden Paradigma zugeordnet werden können, ihrer konkreten Ausgestaltung und Zugriffsweise nach aber dennoch recht stark variieren. Der Beitrag von Karin Knorr Cetina steht in der Tradition interpretativ verfahrender Mikrosoziologie, zugleich wird in ihm ein Forschungsprogramm skizziert, das soziologisches Neuland betritt. Beide Aspekte scheinen hier aufs Engste miteinander verkoppelt zu sein: Weil der Fokus mikrosoziologischer Ansätze primär auf die konstitutive Bedeutung interaktiver Vermittlungsformen für die Genese und Reproduktion von Subjektivität und Gesellschaft abstellt, ist es auch diese Perspektive, die den Weg auf das freigibt, was bei Knorr Cetina als „liminale Sozialität" beschrieben wird: eine zunehmende Ersetzung zwischenmenschlicher Beziehungen durch Objektbeziehungen. Auch Herbert Kalthoffs Beitrag entstammt interpretativen Forschungsperspektiven, und auch dieser Text geht jedoch über traditionelle Anwendungsfelder weit hinaus. Wenn dort auf die Notwendigkeit einer empirisch ausgerichteten Wissenssoziologie hingewiesen wird, der es um die Rekonstruktion des Wissens ökonomischer Akteure zu gehen habe, so zielt dieses Verfahren nicht auf eine subjektiven Sinn und psychologische Befindlichkeiten auslotende Hermeneutik, sondern adressiert die soziale Wirkungsmächtigkeit kalkulatorischer Subjektivität. In Uwe Vormbuschs Text wird – thematisch qua Accounting dem Beitrag von Herbert Kalthoff nahestehend – mit der Unterscheidung von Handlungsintentionen und (systemischen) Handlungsfolgen gearbeitet, wie man sie in ähnlicher Weise in Jürgen Habermas' *Theorie des kommunikativen Handelns* ausgearbeitet finden kann. Die Suche nach avanciertem theoretischen Rüstzeug, das es (jenseits Foucault) ermöglichen könnte, sich der neuen Präponderanz zahlenbasierter Steuerungsformen zu nähern, führt Vormbusch zur Wiederentdeckung des „verhinderten Klassikers" Werner Sombart, der im Zuge seiner Grundlagenstudien zur doppelten Buchführung bereits von obiger Unterscheidung Gebrauch gemacht hat. Auch im Beitrag von Lars Meyer findet sich ein Bezug auf das zweistufige Gesellschaftsmodell von Habermas, gleichwohl geht es auch dort um eine theoretische Fortschreibung. Der bei Habermas anvisierte integrative Brückenschlag von Handlungs- zu Strukturtheorie wird im Zuge einer Analyse der unter post-industriellen Bedingungen veränderten Konstellation von Handlungsrationalität und sozialer Integration selbst noch modifiziert, indem die Grenzbestimmungen von Lebenswelt und System überdacht werden.

Die drei Beiträge der *zweiten Sektion* lassen sich dem systemtheoretischen Paradigma zuordnen, gleichwohl lassen sie sich differenzieren entlang ihrer jeweils unterschiedlichen Nähe zur Systemtheorie Niklas Luhmanns. Der Beitrag von Tobias Schulz-Isenbeck kombiniert systemtheoretische und betriebswirtschaftliche Überlegungen und erschließt in diesem Zuge mit der Finanzökonomie einen Objektbereich, der in den Texten Luhmanns vergleichsweise wenig aus eigenem Recht thematisiert wurde. Das Zentrum der gesellschaftstheoretischen Analysen Luhmanns bestand – im Vorwort zu *Die Gesellschaft der Gesellschaft* wird nochmals eigens daran erinnert (vgl. Luhmann 1997, 12) – nicht zuletzt darin, die Autopoiesis-Perspektive für die primären Funktionssysteme der Gesellschaft auszuarbeiten. Demgegenüber traten Überlegungen von deren interner Differenzierung vergleichsweise in den Hintergrund, eine Forschungslücke, die der Beitrag von Tobias Schulz-Isenbeck zu schließen beiträgt. Der Beitrag von Loet Leydesdorff thematisiert mit der Triple-Helix-Theorie einen eigenständigen Forschungsansatz, der zwar massiv auf Überlegungen systemtheoretischer Provenienz abstellt, sich zugleich aber auch von anderen Theorieangeboten inspirieren lässt. Mit Blick auf die Grundlagenarbeiten Luhmanns ließe sich formulieren: Die Triple-Helix-Theorie konzentriert sich auf ko-evolutionäre Entwicklungsprozesse zwischen den Teilsystemen von Wirtschaft, Wissenschaft und Politik und arbeitet damit an der Konkretisierung der Evolutionsdynamik innerhalb der funktional differenzierten Gesellschaft selbst. Helmut Willke hat bereits vor längerer Zeit Modifikationen vor allem am Gesellschaftsbegriff der Systemtheorie vorgenommen (vgl. Willke 2000). Anders als Luhmanns tendenziell umfangslogische Bestimmung von Gesellschaft als dem Ensemble füreinander erreichbarer Kommunikationen stellt Willke – motiviert nicht zuletzt durch steuerungstheoretische Implikationen – ab auf Gesellschaft als spezifische Formbildung innerhalb des Sozialen. Hier erhält die bei Luhmann nur wenig beachtete Dimension der Selbststeuerung sozialer Systeme einen besonderen Stellenwert, eine Überlegung, die Willke im vorliegenden Beitrag unter anderem für eine Diskussion der Frage der sich wandelnden Kollektivgüter im Übergang zur Wissensgesellschaft fruchtbar macht.

Die Texte der *dritten Sektion* sind aus der Perspektive einer der kritischen Theorie entstammenden „neuen Marx-Lektüre" formuliert. Dies impliziert – grob gesprochen – eine Distanzierung von jeglichen Formen des Weltanschauungsmarxismus, und stattdessen eine Bezugnahme auf die Marxsche Kritik der politischen Ökonomie, die sowohl deren Offenheit wie deren Fragmentcharakter betont. Andererseits halten die Protagonisten der neuen Marx-Lektüre an der Aktualität des Marxschen Theorieprogramms fest, die sich nicht zuletzt aus dem bei Marx gewählten hohen Abstraktionsniveau sowie dem Potential einer qualitativen Werttheorie, die bis dato von Kritikerseite (ebenso wie von zahlreichen Parteigängern des „Marxismus") nur in hochgradig verzerrter Weise rezipiert wurde, ergibt. Hanno Pahls Beitrag setzt an den Grundlagen genau dieser Werttheorie an und expliziert – zum Teil auch gegen missverständliche und popularisierende Argumentationsstränge bei Marx selbst „aninterpretierend" – einige Überlegungen zum Verhältnis von Arbeit, Wissen und Wertschöpfung. Vor diesem Hintergrund skizziert sein Beitrag dann eine alternative Lesart von kognitivem Kapitalismus. Sabine Pfeiffers Beitrag knüpft in kritisch-konstruktiver Weise an die (vor allem) deutschen industriesoziologischen Debatten der 1970er Jahre an, in denen das Marxsche Theorem der reellen Subsumtion für eine empirische Analyse des damaligen Kapitalismus, speziell der Durchsetzung tayloristischer Produktionsparadigmen, fruchtbar gemacht wurde. Indem sie die totalisierenden Tendenzen der damaligen Ansätze kritisch beleuchtet, gewinnt sie zugleich eine Perspektive, um die Analyse gegenwärtiger Steuerungsformen, wie sie vor allem Seitens der englischen kritischen Accountingforschung thematisiert werden, zu problematisieren.

3. Übersicht über die einzelnen Beiträge

Karin Knorr Cetina liefert in ihrem Beitrag *Umrisse einer Soziologie des Postsozialen*. Ihre Grundüberlegung besteht darin, dass, obgleich Menschen von Natur aus als soziale Wesen zu gelten haben, die Formen dieser Sozialität weitreichenden historischen Veränderungen unterliegen. Diese an sich nicht neue These erhält eine besondere Brisanz und offeriert eine fruchtbare analytische Perspektive dadurch, dass Knorr Cetina in gegenwärtigen Transformationsprozessen nicht einfach einen weiteren Wandel in der Struktur des Sozialen erblickt, sondern vielmehr einen mehrdimensionalen Rückzug des Sozialen überhaupt diagnostiziert. Als Kontrastfolie, um entsprechende Tendenzen jüngeren Datums zu konturieren, referiert der Text vornehmlich auf jene Positionen, die unter dem Label „Vergemeinschaftung versus Vergesellschaftung" die Genese der modernen Gesellschaft beschrieben haben. Zeichnete sich der Übergang zur modernen Gesellschaft durch ein Anwachsen des Sozialen aus – geradezu durch dessen Entdeckung (ein Prozess, den Knorr Cetina nicht zuletzt gekoppelt sieht an die Genese sozialwissenschaftlichen Denkens) – weisen gegenwärtige gesellschaftliche Transformationen in eine andere Richtung: Allenthalben lässt sich ein Rückzug des Sozialen vermelden, vom Abbau sozialstaatlicher Absicherungen über neuartige Individualisierungsschübe bis hin zur anwachsenden Deutungshoheit naturalistischer Epistemologien und Theorieprogramme bei der Erklärung gesellschaftlicher Sachverhalte. An die Stelle der vorherigen Phase „dichter" Sozialität scheint heute, so Knorr Cetina, ein Arrangement „liminaler" Sozialität zu treten, in dem postsoziale Objektwelten als Interaktionspartner von Menschen sowie als Mediatoren gesellschaftlicher Synthesis zunehmend von größerer Bedeutung werden. Der Beitrag beschränkt sich bei der Beschreibung der neuartigen postsozialen Phänomene nicht allein auf eine soziologische Perspektive, sondern macht sich sozialpsychologische Theorien (und deren Wandel) zu nutze, um korrelierende Veränderungen auf der Ebene psychischer Dispositionen aufzuweisen.

Herbert Kalthoffs Beitrag trägt den Titel *Zwischen Wirtschaftstheorie und ökonomischer Praxis. Zur Soziologie ökonomischen Wissens*. Das Thema des Textes bildet die Frage einer wirtschaftssoziologischen Erforschung des professionellen Wissens ökonomischer Akteure, ihrer Praktiken und analytischen Werkzeuge, und markiert damit ein Feld, das von der „Neuen Wirtschaftssoziologie" bis dato übergangen wurde. Kalthoff bezieht sich auf den noch neuen Bereich der „Social Studies of Finance", denen es analog zu den bereits etablierten „Social Studies of Science and Technology" um eine empirische Analyse der interaktiven Erzeugung und Wirkungsmächtigkeit wissenschaftlichen Wissens geht, nun aber auf dem Feld des Ökonomischen. Durch einen solchen Zugriff wird es möglich, Wirtschaftspraxis und Wirtschaftstheorie nicht wie in der Wirtschaftssoziologie gemeinhin üblich als zwei voneinander getrennte Sphären zu betrachten, sondern abzustellen auf deren Zusammenhang. Konkret bildet den Schwerpunkt der Ausführungen bei Kalthoff die zuerst von Michel Callon aufgestellte These einer möglichen Performation bzw. Performativität ökonomischer Theorien, also die Annahme, dass das theoretisch generierte Wissen über ökonomische Zusammenhänge die selben Zusammenhänge nicht nur äußerlich beschreibt, sondern in konstitutiver Weise verändert. Der vorliegende Text rekonstruiert wesentliche Argumentationsweisen und Prämissen der „Social Studies of Finance" und skizziert vor diesem Hintergrund Perspektiven einer Soziologie ökonomischer Kalkulation, die auch hier mit dem Repräsentationsparadigma bricht und abstellt auf die Hervorbringung ökonomischer Objekte durch kalkulative Praktiken und Artefakte.

Der Beitrag von Uwe Vormbusch beschäftigt sich mit dem Accounting und der Accountingforschung und trägt den Titel *Eine Soziologie der Kalkulation: Werner Sombart und die Kulturbedeutung des Kalkulativen.* Vormbusch fokussiert sich in diesem Beitrag nicht auf die vor allem englische Accountingforschung der Gegenwart, sondern stellt darauf ab, dass die doppelte Buchführung bereits vor etwa hundert Jahren ein Thema der Soziologie dargestellt hat, namentlich bei Werner Sombart und Max Weber. Weil es allerdings keine bis heute reichende Kontinuität dieser frühen Debatten gab, sondern sie stattdessen weithin in Vergessenheit geraten sind, ist es umso wichtiger, sich ihres Gehalts zu vergewissern, um zusätzliche Theoriemittel an die Hand zu bekommen, um die neue Prominenz zahlenbasierter Steuerungsformen erschließen zu können. Von unverminderter Aktualität des Sombartschen Zugriffs erweist sich nach Vormbusch vor allem dessen zweistufiger Analysefokus: Sombart stellt nicht nur ab auf die Buchführung als technische Innovation, sondern analysiert die Relevanz kalkulativer Praktiken sowohl strukturtheoretisch mit Blick auf das Wirtschafts*system* wie handlungstheoretisch durch Rekurs auf die Handlungs*motive* der beteiligten Akteure. Diese Doppelläufigkeit ist dabei für Sombart nicht nur eine solche des wissenschaftlich-analytischen Zugriffs, sondern kennzeichnet die doppelte Buchführung selbst, die damit in den Blick gerät als unverzichtbares katalysatorisches Moment der Genese der modernen kapitalistischen Wirtschaft. Von dieser Warte aus – der Kapitalrechnung als Movens ökonomischer Dynamik – wendet sich Vormbusch schließlich der Gegenwart zu: Hier – so die pointierte These – fungiert zahlenbasierte Steuerung nicht zuletzt als Mechanismus, um zur Erneuerung eines „kapitalistischen Geistes" qua Herstellung kalkulativer Subjekte beizutragen.

Lars Meyers Beitrag trägt den Titel *Arbeit und kommunikatives Handeln in post-bürokratischen Organisationen – Über Grenzverschiebungen zwischen Lebenswelt und System in der post-industriellen Ökonomie.* In seinem Beitrag beschäftigt sich Meyer mit theoretischen Analysen post-tayloristischer, „subjektivierter" Arbeitsformen (Wissensarbeit, Dienstleistungen) wie sie in der bundesdeutschen Debatte im Anschluss an die Theorie des kommunikativen Handelns von Habermas eingebracht wurden. Diese Arbeiten, so wird gezeigt, orientieren sich an der Frage, ob und ggf. inwiefern sich post-tayloristische Arbeitsformen als Ausdruck von Grenzverschiebungen zwischen System und Lebenswelt interpretieren lassen. Aufbauend auf eine Rekonstruktion der Grundgedanken des soziologischen Wirtschaftskonzepts der Theorie des kommunikativen Handelns werden drei Aspekte des Rekurses auf die Habermassche Gesellschaftstheorie im Zusammenhang mit der Debatte um neue Arbeitsformen diskutiert: 1. geht es hier zunächst um Interpretationen, die die Einführung neuer Steuerungskonzepte in Zusammenhang mit der Entwicklung post-traditionaler Lebenswelten bringen. 2. geht es dann um neuere Arbeiten, die die Bedeutung von „kommunikativem Handeln" in der Arbeitsorganisation untersuchen und als „Eindringen der Lebenswelt" ins System interpretieren, die allerdings im Wesentlichen als ein Mittel der Produktivitätssteigerung begriffen werden. 3. wird auf eine an Habermas anschließende Interpretation von Dienstleistungen als einer damit erfolgenden „Entkopplung der Entkopplung von System und Lebenswelt" hingewiesen. Die bisherigen Interpretationen werden am Ende zur These zugespitzt, dass unter den Bedingungen entgrenzter und selbstorganisierter Arbeit im Anschluss an Habermas, nicht nur die Lebenswelt – bzw. kommunikative Rationalität – ins System eindringt, sondern dass zugleich die Reproduktion der Lebenswelt zu einer Quelle der Systemreproduktion wird.

Der Beitrag von Tobias Schulz-Isenbeck lautet: *Eigene Entscheidungen und das Wissen der anderen – Multiple Risikoreflexion und strukturelle Kopplungen bei Private Equity-Investitionen.* Bei Private Equity-Fonds handelt es sich um Kapitalanlagegesellschaften, die Eigenkapitalinvestitionen in Unternehmen tätigen, die in der Regel nicht an einem organisierten Finanzmarkt gehandelt werden. Anhand einer Analyse der dort anzutreffenden multiplen Beobachtungsverhältnisse beleuchtet Schulz-Isenbeck eine Schnittstelle, die gemeinhin mit der Unterscheidung von Finanzökonomie und Realökonomie markiert wird. Im vorliegenden Text wird diese Unterscheidung systemtheoretisch re-konzeptualisiert als Differenz von Wirtschaftssystem und Finanzsystem als jeweils autopoietisch operierenden Systemen, die aber auf Basis mannigfacher struktureller Kopplungen einander wechselseitig affizieren. Als Vorteil erweist sich hierbei die Spezifik einer Systemtheorie der Wirtschaft, die – so wurde dies einmal von Dirk Baecker gefasst – explizit darauf abstellt, zu beobachten, wie in der Wirtschaft selbst beobachtet wird. Es geht also nicht um die in den Wirtschaftswissenschaften vorherrschende Praktik von Modellbildung, sondern um eine theoretisch angeleitete Rekonstruktion empirischer Beobachtungskonstellationen. Schulz-Isenbeck arbeitet vier Beobachtergruppen bzw. -positionen heraus, denen im Falle von Private Equity Fonds eine herausragende Bedeutung zugesprochen werden kann: (1.) den Fonds selbst, (2.) externen Prüfungs- und Beratungsgesellschaften, (3.) den finanzierenden Banken und (4.) dem Management der Zielgesellschaft. Sein Beitrag skizziert detailliert die Genese entscheidungsrelevanten Wissens im Kontext obiger Organisationssysteme und stellt dabei insbesondere ab auf die Bedeutung externen Wissens und der Entscheidungen Dritter für die eigenen Investitionsentscheidungen.

Der Beitrag von Loet Leydesdorff modelliert wechselseitige Beziehungen zwischen Universitäten, Wirtschaft und Regierungen anhand der Triple-Helix-Theorie zu einem systematischen Modell einer wissensbasierten Ökonomie. Der Beitragstitel lautet: „*Während auf hoher See ein Sturm tobt...": Innovationssysteme, regionale Entwicklung und wissensbasierte Ökonomie aus der Perspektive des Triple-Helix-Modells.* Einsatzpunkt ist die Frage, auf welche Weise es möglich ist, Indikatoren aufzustellen, mit denen wissensbasierte Systeme sowohl theoretisch wie empirisch erfasst werden können, um vorherrschender Kritik zu begegnen, die davon ausgeht, dass es sich beim Etikett der Wissensbasierung in erster Linie um ein rhetorisches Konzept handelt. Leydesdorff weist jene Modelle zurück, die monokausal argumentieren und beispielsweise allein bei Nachfrageorientierung oder bei technologischer Entwicklung ansetzen. Innovation sei geradezu per Definitionem ein Phänomen, das an der Schnittstelle mehrerer Dimensionen entsteht, weshalb ein Forschungsansatz von Nöten ist, der genau diesem Sachverhalt Rechung tragen kann. Der Triple-Helix-Ansatz wird dabei als Perspektive ausbuchstabiert, die in der Lage ist, vorherrschende alternative Forschungsansätze zur Wissensbasierung der Wirtschaft zu integrieren. Sowohl die These des „Modus 2" wie auch die Forschungsansätze zu (nationalen) Innovationssystemen werden bei Leydesdorff kritisch rekonstruiert und durch eine dritte Ebene, die neo-klassische Theorie der Marktdynamik, ergänzt. Der wechselseitige Informationsaustausch zwischen Universitäten, Wirtschaft und Regierungen, der auf Grundlage dieser multidimensionalen Theorie erfasst werden kann, dient bei Leydesdorff als Anhaltspunkt, um die Wissensökonomie als emergenten Effekt ebendieser Netzwerkstrukturen zu bestimmen. Der Text endet mit einem Ausblick auf die Möglichkeit einer empirischen Oparationalisierung.

Der Titel von Helmut Willkes Beitrag lautet *Wissensgesellschaft. Kollektive Intelligenz und die Konturen eines kognitiven Kapitalismus*, in seinem Zentrum steht die Frage nach kollektiver Intelligenz als genuinem Kollektivgut der Wissensgesellschaft. Hierin ist bereits eine erste Kernthese enthalten ist: Kollektivgüter sind nicht als historische Universalien anzusehen, sondern es ist von einem Wandel dieser Güter im Prozess der fortschreitenden Evolution der modernen Gesellschaft auszugehen. Für die gegenwärtige Genese der Wissensgesellschaft geht Willke – in Analogie zum relativen Bedeutungsverlust klassischer Wirtschaftsgüter, die zwar nicht irrelevant werden, gegenüber wissensbasierten Gütern aber in den Hintergrund treten – von einem neuartigen Arrangement in der staatlichen Bereitstellung von Kollektivgütern aus. Einige wenige grundlegende Kollektivgüter halten sich durch (Sicherheit, Steuerhoheit), zahlreiche andere werden schrittweise aus der Sphäre staatlicher Zuständigkeit ausgelagert (etwa Post, Telekommunikation, Bahn), wohingegen mit kollektiver Intelligenz ein neuartiges Kollektivgut im Entstehen begriffen ist. Aber – und dies bildet dann den Fokus der materialen Überlegungen Willkes – es ändern sich nicht allein die Arten der Kollektivgüter, von entscheidender Bedeutung ist auch die Art und Weise, *wie* die jeweiligen Kollektivgüter staatlicherseits bereitgestellt werden können. Willke wendet sich gegen traditionelle Vorstellungen direkter Steuerung durch Politik und bestimmt die Aufgabe von Politik im Kontext kollektiver Intelligenz als eine supervisorische Unterstützung funktionssystemischer Selbststeuerungskapazitäten.

Der Beitrag von Hanno Pahl widmet sich unter dem Titel *Kognitiver Kapitalismus revisited. Arbeit, Wissen und Wert in der Kritik der politischen Ökonomie* einer Re-Justierung des Konzepts des kognitiven Kapitalismus. Der Text diskutiert die Frage, wie das Verhältnis von Wissen, Arbeit und Wertschöpfung auf der Basis der Marxschen Kritik der politischen Ökonomie konzeptualisiert werden kann. Als Einstieg dient eine kritische Rekonstruktion der Position von André Gorz, wonach der heute emergierende kognitive Kapitalismus als struktureller Kulminationspunkt kapitalistischer Entwicklung überhaupt zu begreifen sei. Pahl zeigt auf, dass Gorz mittels eines Kausalschlusses von Veränderungen in der Produktivkraftstruktur (eine zunehmende Wissensbasierung der Produktion) auf eine Transformation der Gesellschaft als Ganzer schließt, eine Position, die sich herleitet von einer als problematisch einzustufenden Adaption des Marxschen Theorems einer Dialektik von Produktivkräften und Produktionsverhältnissen. Im Fortgang wird aufgezeigt, dass dieses Theorem von Marx im Zuge der Ausarbeitung seiner Theorie der kapitalistischen Wirtschaft zurückgenommen wird, weil es sich als mit den dort gewonnenen werttheoretischen Einsichten inkompatibel erweist. Indem (der späte) Marx die moderne Ökonomie als Produktionssphäre wie Zirkulationssphäre übergreifenden Systemzusammenhang begreift, erschließt es sich, dass Prozesse sozialer Evolution keinesfalls einer selbstläuferischen Technikentwicklung folgen, sondern maßgeblich bestimmt werden durch strukturelle Kopplungen der Ökonomie mit ihrer Umwelt. Der Text schließt mit einem Ausblick, in welcher Weise das Konzept des kognitiven Kapitalismus als Phasenmodell zur Analyse gegenwärtiger Transformationsprozesse in Stellung gebracht werden könnte.

Wie schon der Beitrag von Uwe Vormbusch beschäftigt sich auch der Text von Sabine Pfeiffer mit dem Accounting und der Accountingforschung. Er trägt den Titel: *Accounting, Alltäglichkeit und Arbeit – Plädoyer für eine dialektische Analyse kalkulativer Praktiken*. Sabine Pfeiffer skizziert Perspektiven, wie die kritische angloamerikanische Accountingforschung, die seit wenigen Jahren auch in Deutschland verstärkt rezipiert wird, durch Rekurs auf die marxistisch geprägte deutsche Industriesoziologie erweitert und modifiziert werden könnte. Konkret geht es ihr darum, die relativ neuen Ansätze etwa des organisierten Rechnens abzugleichen mit dem älteren Theorem der reellen Subsumtion. Ein zentraler Vorwurf gegenüber den dominanten poststrukturalistischen Ansätzen in der Accountingforschung besteht in der dortigen Hypostasierung der Machtwirklungen moderner Zahlenregime, die es – ganz entgegen den Intentionen der Forscher – tendenziell verunmögliche, die Grenzen und Bruchstellen neuer Steuerungsformen zu identifizieren. Einen ähnlichen Kardinalfehler konstatiert Pfeiffer auch für die Subsumtionsdebatte der 1970er Jahre, weshalb sie in beiden Fällen für einen dialektischen Analysefokus plädiert, der sich nicht darauf versteift, die Herrschaft der Zahlen als totalitären Prozess zu beschreiben, sondern auch dessen immanente Grenzen auslotet. Hierbei diagnostiziert Pfeiffer zum einen eine Schlüsselstellung der Kategorie des Arbeitsvermögens, zum anderen rekurriert sie – französische Schützenhilfe einmal anders in Anspruch nehmend als heute gemeinhin üblich – auf den Begriff der Alltäglichkeit bei Henri Lefèbvre.

Wir bedanken uns herzlich bei allen Beiträgerinnen und Beiträgern für Ihre Mitwirkung und die unkomplizierte Zusammenarbeit.

Hanno Pahl und Lars Meyer, Zürich und Bremen im Juni 2007

Literatur

Baecker, D. (2006): Wirtschaftssoziologie, Bielefeld
Baecker, D. (2003): Geldfunktionen und Medienkonkurrenz. In: D. Baecker (Hg.), Viele Gelder, Berlin
Bell, D. (1973): The Coming of the Post-industrial Society. A Venture of Social Forecasting, New York
Deutschmann, C. (2001): Die Verheißung des absoluten Reichtums, Frankfurt/M./New York
Habermas, Jürgen (1981): Theorie des kommunikativen Handelns, 2 Bände, Frankfurt/M.
Luhmann, Niklas (1997): Die Gesellschaft der Gesellschaft, Frankfurt/M.

Vanberg, Viktor (1975): Die zwei Soziologien. Individualismus und Kollektivismus in der Sozialtheorie, Tübingen

Willke, Helmut (2000): Die Gesellschaft der Systemtheorie. In: Ethik und Sozialwissenschaften. Streitforum für Erwägungskultur, 11. Jahrgang, S.195-208

Umrisse einer Soziologie des Postsozialen[1]

Karin Knorr Cetina

Die Soziologie des Postsozialen unternimmt den Versuch, ein tiefergehendes Verständnis gegenwärtiger Veränderungen sozialer Formen und von Sozialität im Allgemeinen zu entwickeln. Grundsätzlich geht es postsozialer Theorie um die Analyse von und Auseinandersetzung mit gesellschaftlichen Kontexten, in denen bisherige soziale Prinzipien und Strukturen ausgehöhlt werden und andere Elemente und Verhältnisse an deren Stelle treten. Auch wenn Menschen von Natur aus soziale Wesen sind, die Formen ihrer Sozialität unterliegen historischen Veränderungen, die in Perioden kumulativer historischer Übergänge besonders hervortreten. Der Begriff *postsozial* wirft dabei Licht auf Transformationsvorgänge, welche die bisherigen Kernkonzepte menschlicher Interaktion und Solidarität in Frage stellen und die gegenüber früheren Formen hoher Sozialität auf mehr begrenzte soziale Formen und alternative Bindungsformen verweisen. Postsoziale Entwicklungen werden von Veränderungen in der Struktur des Selbst gestützt. Zu ihrer Analyse müssen Modelle herangezogen werden, die über die Meadschen und Freudschen Konzepte hinausgehen. Solche Modelle betonen stärker die autoaffektive Seite des Selbst sowie dessen nicht-soziale Einbindungen. Der Begriff *postsozial* bezieht sich zudem auf die massive Ausbreitung von Objekt-Welten innerhalb des Sozialen und verweist auf Arbeits- und Freizeitumgebungen, die Beziehungen zu Objekten sowohl fördern wie fordern. Ein postsoziales Umfeld ist ein solches, in dem Objekte an die Stelle von Menschen als Interaktionspartner treten und traditionelle, über Interaktion

---

[1] Aus dem Englischen übersetzt von Alexandra Hessling und Hanno Pahl. Der englische Originaltext ist erschienen in George Ritzer (Hg.): Encyclopedia of Social Theory, London 2005.

vermittelte soziale Einbettungen ersetzen. Denkbar ist ebenso, dass zwischenmenschliche Verhältnisse über Objekte vermittelt werden und diese in zunehmendem Maße auf Objekte angewiesen sind. Postsozialität impliziert darüber hinaus Verschiebungen in kollektiven Phantasien und Vorstellungen die von sozialen und politischen Themen weg und hin zu anderen Themen führen. Wir suchen unser Seelenheil heute nicht länger in der Gesellschaft, sondern anderswo: in den Bio-Wissenschaften, in den Möglichkeiten des Finanzbereichs oder im Informationswissen. Der Begriff des Lebens spielt hier eine größere Rolle als die Idee der Gesellschaft, und der Begriff des „life-enhancement" ist wichtiger als der der „Erlösung" von den Problemen der Welt durch gesellschaftlichen Maßnahmen.

Sozialität als historisches Phänomen: Expansion und Rückgang

Der gegenwärtige Rückzug sozialer Prinzipien und Strukturen ist nicht der erste dieser Art. Eine der großen Einschätzungen klassischen sozialwissenschaftlichen Denkens ist die Annahme, dass die Entwicklung zur modernen Gesellschaft mit der Vernichtung von Formen der Vergemeinschaftung und von sozialen Traditionen einherging. Was auf diese Zerstörung folgte und an ihren Platz trat, war allerdings kein a-soziales oder nicht-soziales Umfeld, sondern vielmehr eine Periode hoher Sozialität – gekennzeichnet durch die Etablierung des Wohlfahrtsstaates, die Genese komplexer Organisationen und Sozialstrukturen sowie einen Aufschwung der Sozialwissenschaften, der seinerseits weitere institutionelle Veränderungen stimulierte.

Die erste Expansionsphase sozialer Prinzipien zentrierte sich während des 19.Jahrhunderts und der ersten Jahrzehnte des 20.Jahrhunderts um die Herausbildung der Sozialpolitik und des Nationalstaats. Sozialpolitik wie wir sie heute kennen entsprang dem, was Wittrock und Wagner (1996) die „Nationalisierung sozialer Verantwortung" (ebd., 98ff.) nennen: die Formulierung sozialer Rechte neben individuellen Rechten und das Einsetzen des Staates als dem natürlichen Träger und Bereitsteller von Formen der Arbeitsregulierung, Altersversorgung, Arbeitslosenversicherung und von öffentlichen Bildungseinrichtungen. Ein zweiter Expansionsschub sozialer Prinzipien, der mit dem ersten eng verbunden ist, bestand in der Durchsetzung der Sozialwissenschaften bzw. des sozialwissenschaftlichen Denkens und der damit verbundenen sozialen Phantasie. Neue Vorstellungen über jene Mächte, die das menschliche Schicksal bestimmen, waren eine Folge der Institutionalisierung von Sozialpolitik: Diese Mächte wurden nun zunehmend als unpersönliche, d.h. genuin soziale Mächte wahrgenommen. Anstatt eine automatische Anpassung der Individuen an sich ändernde Umweltbedingungen anzunehmen, konzentrierten sich die neuen Ideen auf vorherrschende Ungleichheiten und ihre sozialen Ursachen: Ein Beispiel hierfür wäre die Analyse sozialer Ursachen von Arbeitsunfällen (Rabinbach 1996). Die Soziologie spielte eine wesentliche Rolle bei jenem Mentalitätswandel, durch den Individuen fortan als Träger der individuellen Kosten kollektiver Strukturen ins Blickfeld gerieten. Als Mills (1959) sich für eine *sociological imagination* aussprach, versuchte er mit einem einzigen Begriff jene sozialen Kräfte zu umschreiben, die von Individuen zwar nicht reflektiert wurden, die aber gleichwohl deren Leben bestimmen und ändern konnten. Ein dritter Bereich der Expansion sozialer Prinzipien und Strukturen war das Feld sozialer Organisationen. Der Aufstieg des Nationalstaats implizierte das Anwachsen bürokratischer Institutionen. Der Anstieg industrieller Produktion brachte die Fabrik und das moderne Unternehmen mit sich, medizinische Versorgung fand ihre Verkörperung in Krankenhäusern und die Institutionalisierung der modernen Wissenschaften fand in Forschungsuniversitäten und Laboratorien statt. Industrielle, nationalstaatliche Gesellschaften sind undenkbar ohne komplexe moderne Organisationen. Komplexe Organisationen sind lokalisierte soziale Arrangements, die dem Managen von Aktivitäten im kollektiven Rahmen mit Hilfe sozialstruktureller Mittel dienen. Ein vierter Kontext der Expansion des Sozialen war der sozialer Strukturen. Die Klassendifferenzierung moderner Gesellschaften ist selbst sowohl ein Resultat der Industriellen Revolution und ihrer politischen Konsequenzen wie auch von Prozessen sozialen und politischen Messens und Kategorisierens.

Es gehört zu den Erfahrungen der Gegenwart, dass die eben beschriebene Expansion sozialer Prinzipien und sozial konstituierter Umwelten zu einem Stillstand gekommen ist. In vielen europäischen Ländern und in den USA wird der Sozialstaat mit allen seinen Ausprägungen von Sozialpolitik und kollektiver Absicherung gegen individuelle Risiken generalüberholt, manche würden sagen: abgebaut. Der Thatcherismus in Großbritannien wie der „Neoliberalismus" im Allgemeinen können als ein teilweise erfolgreicher Versuch betrachtet werden, die im vergangenen halben Jahrhundert errungenen sozialen Rechte anzufechten (Urry 2000, 165). Sozialwissenschaftliche Erklärungen und soziales Denken rennen, neben anderen Dingen, gegen alternative, biologische und ökonomische Erklärungsversuche menschlichen Verhaltens an und müssen in Konkurrenz zu diesen ihren Wert beweisen. Die Mobilisierung sozialer Phantasie war ein Versuch, die kollektive Basis individueller Dispositionen und Nöte zu identifizieren und Mechanismen zu entwickeln, auf diese zu reagieren. Diese kollektive Basis wird heute eher in der Ähnlichkeit der genetischen Basis von sozial unverbundenen Mitgliedern der Bevölkerung gesucht. Soziale Strukturen und soziale Beziehungen scheinen auch an Bedeutung zu verlieren. Bereits das Individuum der industrialisierten Gesellschaft wurde als *homeless mind* bezeichnet, als ein entwurzeltes und verwirrtes Selbst, dessen Notlagen zur Expansion der zuvor diskutierten sozialen Prinzipien beitrug (Berger et al.). Aber bis weit ins 20. Jahrhundert hinein erscheint dieses Selbst als durch traditionelle Familienstrukturen getragen und abgesichert. Was heute in soziologischen Analysen für im Verschwinden begriffen angesehen wird, sind genau diese „ursprünglichen sozialen Beziehungen" (Lasch 1978). Wenn komplexe Organisationen sich in Netzwerke auflösen, geht einiges von der vielschichtigen strukturellen Tiefe hierarchisch organisierter sozialer Systeme verloren. So wird beispielsweise die globale Architektur von Finanzmärkten heute eher durch technologische Infrastrukturen ermöglicht als durch soziale Organisationssysteme. Globalisierung impliziert demnach keine weitere Expansion sozialer Komplexität. Im Gegenteil: Die Installation einer „Weltgesellschaft" scheint allein durch das Zusammenwirken von Individuen und elektronisch vermittelten Interaktionsstrukturen machbar zu werden, ja wird vielleicht auf der Basis solcher Strukturen überhaupt erst plausibel. Der Begriff der Gesellschaft selbst, der auf den Nationalstaat und auf horizontale Konzepte sozialer Strukturen bezogen ist, verliert im Zeitalter der Globalisierung viel von seiner Bedeutung. Postsoziale Transformationen beinhalten ein Aushöhlen und Ausdünnen von sozialen Formen wie wir sie bisher kannten. Sie implizieren, dass sich Sozialität in allen eben beschriebenen Weisen verringert.

Was Soziologen in diesem Kontext diagnostiziert haben ist ein weiterer Schub von Individualisierung (z.B. Beck 1992). Diese Interpretation konstatiert korrekt einen Anstieg subjektzentrierter Formen gegenüber kollektiven Strukturen. Aber sie ist nichtsdestotrotz einseitig insofern, als sie die gegenwärtigen Transformationen allein aus der Perspektive eines Verlusts menschlicher Beziehungen und überlieferter Formen des Sozialität betrachtet. Was postsoziale Theorie anstatt des schlichten Szenarios einer „De-Sozialisierung" anbietet ist eine Analyse neuer, alternativer Formen der Selbst- und Fremdbindung, eine Analyse von Veränderungen in der Struktur des Selbst, die diesen Formen entgegenkommt und eine Analyse von Formen sozialer Imagination, die Sozialität mit neuen Versprechungen und Möglichkeiten in Verbindung bringen.

Das Soziale und das postsoziale Selbst:
Vom inneren Zensor zu Strukturen des Wünschens

Der Phase hoher Sozialität entspricht das Modell eines sozialen Selbst, bei dem das Selbst aus einem Ich und einem „internalisierten Anderen" besteht, wobei die letztere Komponente als Repräsentant der Gesellschaft und als innerer Zensor gedacht wurde. Bei Mead wird der innere Zensor als der „generalisierte Andere" bezeichnet. Er ist eng gekoppelt an die intrasubjektive, konformistische Vergangenheit des Selbst und an das Selbst als Objekt, das Mead als „me" bezeichnet. Ihm gegenüber steht das „I", das spontane, unvorhersehbar handelnde, nichtfolgsame Selbst. Das „I" ist in der Lage, Realität kognitiv zu kreieren und vom „me" sowie von den Normen der Gesellschaft durch die Re-Definition von Situationen zu entfliehen. Das „me" und der „generalisierte Andere" sind vergleichbar mit dem „you" bei Peirce. Peirce begriff das „you" als ein kritisches Selbst, das die Gesellschaft repräsentiert und an das alles Denken adressiert war. Diese Begriffflichkeiten ähneln auch dem Freudschen Konzept des „Über-Ich", dem regulativen Prinzip in einer internen Dynamik von Moralität und Abweichung. In der Meadschen Theorie geht das Selbst aus einer solchen Dynamik hervor. Es entsteht im Kontext der Rollenübernahme durch das Übernehmen der Perspektive des Anderen, zunächst inter-personal im Kontakt mit einer engen Bezugsperson, dann intra-personal.

Dieses „I-you-me"-System des sozialen Selbst und seine entwickelte Version (Wiley 1994, 34ff., 44ff.) kann konfrontiert werden mit einem zweiten Modell, in dem das Selbst nicht als ein Verhältnis zwischen Individuum und Gesellschaft verstanden wird, sondern als eine Struktur von Wünschen im Verhältnis zu einem kontinuierlich erzeugten Mangel.

Dieses Modell des Selbst lässt sich unter anderem von Lacan herleiten (Wiley 1994, 33). Ebenso wie Freud stellt auch Lacan die Frage nach den Triebkräften des Subjekts. Aber anders als Freud leitet er dessen Antriebskräfte nicht aus einem instinkthaften Impuls ab, dessen ultimatives Ziel in einer Reduktion körperlicher Spannungen besteht, sondern stattdessen aus dem Spiegelstadium in der frühkindlichen Entwicklung. In dieser Phase wird das Kind durch die Ganzheitlichkeit seines Bildes im Spiegel beeindruckt, während es gleichzeitig realisiert, dass es in seiner täglichen Erfahrung ein Bündel von Inkapazitäten darstellt. Das Wünschen wird aus der Sehnsucht gegenüber dem perfekten Spiegelbild oder den spiegelnden Projektionen der Eltern geboren; der Mangel ist permanent, denn es wird immer eine Distanz zwischen der subjektiven Erfahrung von etwas, das wir nicht sind und nicht können, geben, und dem Gaukelbild im Spiegel, oder dem anscheinenden „Ganzsein" der Perfektheit von Anderen (Alford 1991, 36ff.). Beide Konzeptionen mögen insofern als ähnlich erscheinen, als dass beide die Diskrepanz zwischen dem „I" und einem Modell betonen, aber dennoch sind sie durchaus verschieden. Aus der Idee des Selbst als durch einen inneren Zensor hervorgebracht resultiert ein Ego, das Schuldgefühlen unterworfen ist, Rebellion erfährt und versucht, sozialen Erwartungen zu entsprechen. Im Gegensatz dazu führt das Modell vom Selbst als permanente Wiederholung von Mangel zum Streben, den Mangel zu eliminieren. Das erste Modell resultiert in Handlungen, die versuchen, Handlungen an internalisierte Normen anzupassen. Oder es führt zu abweichendem Verhalten, das Grenzen übertritt die dem Handelnden bewusst sind. Das zweite Modell bezieht sich auf Handlungen die durch die Unüberwindbarkeit des Mangels angespornt sind, oder durch neue Bedürfnisse, die simultan mit der partiellen Erfüllung älterer Bedürfnisse entstehen. Im ersten Modell wird der freie Fall der Handelnden aus der Gesellschaft dadurch kontinuierlich gestoppt, dass sich die Handelnden selbst immer wieder an sozialen Normen und Traditionen orientieren(oder von anderen dazu gebracht werden) und somit in die ontologischen Sicherheit der Gesellschaft zurückkehren. Im zweiten Fall gibt es keine ontologische Sicherheit spendende Gesellschaft mehr. Das „You" ist das idealisierte Selbst im Spiegel oder der perfekte Andere. Der Handelnde erscheint von Schuldkomplexen befreit. Aber er oder sie ist wie ein Vagabund, auf ständiger Suche nach Wunschobjekten und diese wieder demontierend, sobald er oder sie sich neuen Zielen zuwendet.

Dieser Nexus von Wünschen ist autoaffektiv und selbstverstärkend. Als eine Struktur des Begehrens und Wünschens wird das Selbst durch kontinuierlich erneuerte und neu entdeckte Mängel erweitert, die seine Motivation und sein Gefühlsleben stetig erneuern. Das Meadsche „I-you-me"-System negiert diese autoaffektive Seite des Selbst, die nicht dessen Selbstliebe ist, sondern seine Bereitschaft, sich in den Zirkel kontinuierlich erneuerter Wünsche binden zu lassen. Was wir vom Lacanschen Spiegelstadium übernehmen können ist die Idee eines Selbst, das empfänglich für solche autoaffektiven Ketten ist. Man muss das Spiegelstadium als eine Beschreibung dessen, was passiert, wenn ein Kind sich erstmals im Spiegel erkennt, nicht unbedingt als korrekt ansehen. In der gegenwärtigen Gesellschaft manifestiert sich der Spiegel in einer Medien-, Image- und Wissenskultur. Er ist nicht länger entweder ein physikalischer Spiegel oder die Aktivität der primären Bezugsperson. Stattdessen wird die Widerspiegelungsfunktion durch Medien und professionelle Image-Industrien erfüllt, die Bilder projizieren und Ganzheit inszenieren. Der Spiegel ist auch in den „Tempeln des Konsums" gegenwärtig, die bezaubernde Versionen möglicher Formen des Selbst anbieten – dies hat bereits Ritzer (1999, 8ff.) anhand von Konsumkathedralen und anderen Orten des Konsums analysiert.

In einer Medien-, Image- und Wissenskultur, die kontinuierlich eine Dynamik von Mängeln und Wünschen reproduziert und reaktiviert, könnte das reflexive Selbst des Spiegelstadiums die gegenwärtige Form des Selbst besser beschreiben als das „I-you-me"-System. In diesem Sinne ist die gegenwärtige Medien-, Image- und Wissenskultur auch eine postsoziale Kultur, die postsoziale Formen des Selbst stimuliert und verstärkt. Die Übereinstimmung von Mangel/Wunsch-Zuständen und gegenwärtigen Lebensstilen resultiert auch daraus, dass wir uns nicht länger auf die normative Führung und starken Kontrollstrukturen stützen können, die für die Genese eines inneren Zensors und für Dynamiken von Schuld und Rebellion notwendig wären. Die Liberalisierung von Partnerschafts- und Familienbeziehungen – die unter anderem von Lasch (1978) und Beck (1992) beschrieben wurden – die Enttraditionalisierung der Erziehung und die Individualisierung von Entscheidungen verhindern zusammen die Herausbildung einer starken „I-you-me"-Dynamik, die auf der Internalisierung eines Zensors basiert. Mead, Freud und andere, die zum „I-you-me"-Modell beigetragen haben, produzierten nicht nur eine abstrakte Theorie des Selbst. Ihre Konzeptionen spiegelten gesellschaftliche Erfahrungen wider, also bestimmte Muster von Bindung und Sozialisation, die in der gegenwärtigen Gesellschaft nicht länger dominieren.

Bindungsarbeit und die Bindung des Selbst und des Anderen

Wenn die Medien- und Imagekultur postsoziale Tendenzen verstärkt, kann ähnliches für die Wissenskultur vermutet werden. Das Selbst, das in einer Wunsch/Mangel-Dynamik gefangen ist, kann Objekte des Begehrens in wissensbasierten Umwelten finden und sich an diese binden. Dies erweitert die Fragstellungen postsozialer Entwicklungen in Richtung auf Arbeitskontexte und setzt das Thema nicht-menschlicher Objekte auf die Agenda.

Charakteristisch für die Wissensgesellschaft ist professionelle Arbeit, die nicht länger mit dem Marxschen Begriff der entfremdeten Arbeit beschrieben werden kann. Industrielle („instrumentelle", „entfremdete") Arbeit kann im Sinne einer Funktionalität verstanden werden, bei der die Handlungen der Arbeitenden zum integralen Bestandteil eines Maschinensystems werden. Diese Form von Arbeit kann aufgrund ihrer zentralen Charakteristika (Mangel an Einzigartigkeit, Austauschbarkeit, Messbarkeit, Trennung von Mitteln und Zwecken) als abstrakt und vom Resultat der Arbeit entfremdet betrachtet werden (Berger et al. 1974, 24, 39). Die Logik des industriellen Produktionsprozesses beeinflusst auch die sozialen Verhältnisse und in spezifischer Weise Identität, die als getrennt von anderen und anonymisiert betrachtet werden kann. Allerdings sind in den heutigen westlichen Gesellschaften nur noch weniger als 20 Prozent der arbeitenden Bevölkerung im Produktionssektor beschäftigt. Ein zunehmender Prozentsatz der Bevölkerung arbeitet in wissensbasierten Industrien und Dienstleistungen, z.B. „Image-Industrien" sowie Wissenschaft und Bildung. Diese Dienstleistungen sind eher durch ein Komplexer-Werden des Arbeitsprozesses gekennzeichnet, als durch Vereinfachung und Rationalisierung: Hochentwickelte und anspruchsvolle Instrumente ersetzen hier einfache Maschinen, die Leistungskriterien beziehen sich nicht so sehr auf Geschwindigkeit, Quantität und große Mengen, sondern auf Qualität, Innovation und personenbezogene Dienstleistungen. Es existieren weniger explizite Regeln als die Forderung nach eigenständigem Handeln sowie eine nach Informationsverarbeitungskapazität und der Erweiterung von Wissen (Hage/Powers 1992, 50ff.). Die Objekte dieser Tätigkeit sind nicht allein Ziel und Output von Arbeitsaktivitäten, sondern zugleich Dinge, mit denen die Handelnde eine Beziehung eingeht. Sie stellen relationale Ansprüche und bieten relationale Möglichkeiten für diejenigen, die mit ihnen zu tun haben. Als Objekte von Innovation und Forschung sind sie charakteristischerweise offen, Fragen generierend und komplex. Es handelt sich eher um Prozesse und Projektionen als um endgültige und fertige Dinge (Rheinberger 1992). Beobachtung und Analyse enthüllt solche Dinge, indem sie ihre Komplexität erhöht anstatt sie zu reduzieren. In diesem Sinne sind solche Objekte das genaue Gegenteil von Werkzeugen wie Hämmern und Bohrern, die man eher mit einer „black box" vergleichen kann. Objekte wissensbasierter Arbeit erinnern hingegen eher an offene Schubladen mit einem ins Unendliche weisenden System von Ordnern und Unterordnern. Da Wissensobjekte sich immer im Prozess materialer Definition befinden, erhalten sie ständig neue Eigenschaften und wechseln diejenigen, die sie haben. Dies bedeutet jedoch auch, dass Wissensobjekte nie völlig erreichbar sind, dass sie, wenn man so will, nie sie selbst sind. Was wir im Arbeitsprozess antreffen, sind Repräsentationen oder Substitute, die einen grundsätzlicheren Objektmangel verdecken.

Der offene, sich entwickelnde Charakter solcher Objekte entspricht in einzigartiger Weise den „Strukturen des Wünschens", durch die das postsoziale Selbst charakterisiert werden kann: Diese Objekte sorgen durch die Zeichen, die sie abgeben, und die ihre Mangel und Erzeugungsbedürftigkeit präsentieren, für die stetige Kontinuität einer Kette von weiteren Wünschen, das Objekt zu komplementieren. Objekt-Beziehungen solcher Art implizieren ein großes Maß von Reziprozität, Perspektivenübernahme und manchmal sogar Solidarität (verdeutlicht in Knorr Cetina 1997) zwischen menschlichen Subjekten und nichtmenschlichen Objekten. Entsprechende Objekt-Beziehungen gibt es natürlich auch in der klassischen Industriearbeit, sie sind aber ein strukturelles Erfordernis und eine Quelle von Innovation bei wissensbasierten Arbeiten. Es fällt schwer, sich einen erfolgreichen Wissenschaftler oder High-Tech-Spezialisten vorzustellen, der nicht in einer solchen Weise mit seinen Arbeitsobjekten verbunden ist. Wenn entsprechende Arbeitsumgebungen sich ausbreiten und auch auf das häusliche Leben übergreifen, könnten Objekt-Beziehungen menschliche Beziehungen in verstärktem Umfang vermitteln oder ersetzen. Objekte könnten auch die Risikogewinner der zunehmenden Krisen menschlicher Beziehungen werden. Empirische Studien legen nahe, dass für Beschäftigte in Wissensindustrien Arbeit keine negative Erfahrung darstellt, sondern im Gegenteil der Arbeitsplatz der Ort ist, an dem sie sich emotional mehr zuhause fühlen, als in ihrem häuslichen Leben (Hochschild 1997). Objektbeziehungen haben sich in die Domänen des Konsums ausgebreitet, ein Bereich, der uns wieder zurück zu den Arbeiten der Medien- und Image-Industrien bringt, der auch hinsichtlich der dort involvierten Objekte betrachtet werden kann. Viele technische Objekte, die man kauft, um sie zu benutzen, stellen ebenfalls relationale Ansprüche, offerieren Anknüpfungspunkte für Bedürfnisse und zeigen somit ähnliche Qualitäten wie diejenigen in wissensbasierten Arbeitsumgebungen. Zahlreiche Konsumobjekte haben eine duale Struktur in dem Sinne, dass sie zugleich nutzbare Produkte sind, daneben aber auch Objekte weiterer Forschung und technologischer Entwicklung (Autos, Computer), künstlerischem Designs (Mode, Werbung) oder von Analyse (Finanzmärkte). Diese duale Struktur wiederholt sich, wenn ein Instrument wie ein Computer einerseits dem sofortigen Gebrauch dient, andererseits für Nutzer ein Entdeckungsprogramm darstellt, das ein relationales Engagement des Subjekts mit dem Objekt impliziert. Darüber hinaus wird ein Subjekt, das ein innerliches Verhältnis mit einem Konsumobjekt wie einem Auto, einem Computer oder einem modischen Outfit entwickelt hat, durch die permanente Fortentwicklung von Objekten zur Ausbildung weiterer Bedürfnisse verlockt. In diesem Sinne demonstriert der Konsumbereich, wie Objekte nicht allein die Bedürfnisse einer Person ansprechen, sondern zugleich eine kontinuierliche Erneuerung des Wünschens hervorbringen.

Objektbeziehungen tendieren dazu, mehr als eine bloß formale Entsprechung zwischen einem Selbst als einer Kette von Wünschen und dem veränderbaren Charakter postindustrieller Objekte zu enthalten. Sie werden angereichert durch eine semiotische Dimension (ein Objekt signalisiert was ihm noch fehlt und ein Subjekt interpretiert diese Signale), durch Rollenübernahme (Subjekte nehmen die Position der Objekte ein), durch Überkreuzungen (Objekte besetzen das Bewusstsein eines Subjekts) und durch „flow experience" (Csikszentmihalyi 1996). All diese Dimensionen spezifizieren Objektbeziehungen. Die unterschiedlichen relationalen Bestandteile kennzeichnen eine Interspezieskommunikation zwischen einem Subjekt, das eine Sache tut und einem Objekt, das mit etwas anderem erwidert.. Postsoziale Bindungen sind, verglichen mit menschlichen Bindungen, eine Form von liminaler Sozialität.

Die Kultur des Lebens und der Aufstieg lebenszentrierter Vorstellungen

Die oben gedeuteten Objektbeziehungen verweisen von einem menschenzentrierten Bild der Gesellschaft weg und zurück zur Natur und zur materiellen Welt. Auf der Seite des Subjekts verweisen sie nicht nur auf ein temporalisiertes Selbst, das seinen Wünschen in der Objekt-Welt nachgeht, sondern ebenfalls darauf, dass dieses Selbst materiellen Objekten und der Natur näher steht, als dem Menschenkonzept der Aufklärung, das bislang für die Soziologie ein Leitbild darstellte. So wie Annahmen über Rationalität durch Forschungen über die kognitiven Fähigkeiten des Menschen abgelöst werden, verliert der homo sapiens an IQ und gewinnt Emotionen, Affekte und körperliche Dimensionen (Elster 1998). Er oder sie gewinnt zusätzlich an Offenheit und Wandlungsfähigkeit – durch technologische, biologische, genetische und chirurgische ebenso wie durch psychologische Eingriffe und „Verbesserungen". So wie „Objekte" im Wissens- und Medienzeitalter nicht mehr als feste materielle Dinge definiert werden können, so stimmt auch die Bezeichnung „Subjekt" nicht mehr mit den klassischen Konzepten überein, die auf Vernunft, Intentionen, Handlungen und evtl. innere Konflikte abstellten. Das postsoziale Subjekt ist auch ein posthumanistisches Subjekt. Es ist Teil einer Kultur des Lebens, d.h. einer Kultur, die fokussiert ist auf materielle, technologische und informationelle Prozesse.

Mit der Aufklärung und der Ausbreitung sozialer Phantasie war die Hoffnung auf eine Perfektion menschlicher Gesellschaften im Sinne von Gleichheit, Frieden, Gerechtigkeit und Wohlfahrt verbunden, die in der Marxistischen Vision einer sozialistischen Revolution festgehalten ist. Diese Hoffnungen sind mit dem Zusammenbruch des Marxismus verschwunden; aber das Versprechen sozialen Heils hat sich mittlerweile auf andere Bereiche verlagert, von denen Heilserwartungen inspiriert werden. Was heute denkbar geworden ist, ist die Vervollkommnung des Lebens: durch „life enhancement" auf individueller Ebene, aber auch durch eine auf ganze Bevölkerungen bezogene Biopolitik, durch den Schutz und die reflexive Manipulation der Natur, durch die Idee intergenerationaler Gerechtigkeit (anstelle von Verteilungsgerechtigkeit). Der

Begriff des Lebens kann als eine Metapher und ein verankerndes Konzept für eine kulturelle Wende dienen: Von einer Kultur des Sozialen zu einer naturzentrierten Kultur. „Leben" überbrückt Trennungen zwischen dem Natürlichen, dem Menschlichen und den Informationswissenschaften und steht für eine Serie von phänomenologischen, biologischen, ökonomischen und anderen Prozessen. In den Sozialwissenschaften wird lebenszentriertes Denken durch die Untersuchung von Selbstrealisierung und Selbstinszinierung in einer „ICH" bezogenen Kultur illustriert. Das Objekt und Bezugssystem ist mehr und mehr das Subjekt und weniger die Gesellschaft. Theorien der Identität und von Identitätspolitik, über das Selbst und über Subjektivität stellen Beispiele für solche Trends dar, ebenso wie jene Ideen, die in den zahlreichen, psychologischen Ratgebern vermittelt werden, und die Fragen der psychisch-emotionalen Bereicherung des Lebens diskutieren. Hoffnungen und Versprechungen in Bezug auf das individuelle Leben kommen auch aus der Finanzsphäre, wo – unterstützt durch die Profession der Finanzanalysten – exzessive Vorstellungen in finanzielle Szenarien als Möglichkeiten, das eigene Leben zu bereichern, investiert werden. Dies wird unterstützt durch institutionelle Veränderungen des Pensionssystems, deren Struktur sich von solidarischen Prinzipien, in denen das Einkommen der arbeitenden Bevölkerung zugunsten der Rentenempfänger umverteilt wird, hin zu individuellen Leitbildern, in denen der Einzelne eigenvorsorglich handelt, entwickelt hatten. Eine massive Quelle des lebenszentrierten Denkens sind die *Life Sciences* selbst. Sie produzieren einen Strom von Forschungen, der Vorstellungen über die genetische, biologische und technische „Verbesserung" individuellen Lebens inspiriert. Beispiele sind die Präimplantationsdiagnostik und das Screening, *germ-line-engeneering* (genetische Veränderungen, die an die Nachkommenschaft weitergegeben werden können), Psychopharmaka, die das Selbstgefühl verbessern, biotechnologische Mittel, die die Lebensspanne erweitern und das Klonen von Menschen. Sie suggerieren eine Vervollkommenbarkeit individuellen Lebens, aber sie implizieren gleichzeitig eine Bevölkerung, die nicht primär durch soziale Bindungen integriert wird. Auf einer mehr begrifflichen und theoretischen Ebene kann die Rückkehr zu naturalistischen Theorien des Rechts und der Gerechtigkeit mit lebenszentrierten Ideen in Verbindung gebracht werden (Fukuyama 2002). Hier liegen auch Verbindungen zu Heideggers Bestimmung der menschlichen Existenz als einem *Sein zum Tode* sowie zu vitalistischen Konzepten (Lash

2003), die auf Bergson und Tarde Bezug nehmen, vor. Das begehrende, temporalisierte Selbst und seine prozessierenden, sich stets verändernden Objekte decken Dimensionen dieser Vitalität ab. Ein relevanter theoretischer Begriff ist hier der des *flows*. Obgleich er von verschiedenen Autoren in unterschiedlicher Weise bestimmt wird und Konzepte umfasst, die flow als einen Bewusstseinszustand begreifen, und andere, die den Begriff aus einer informationellen Perspektive verstehen: gemeinsam ist den Konzepten die Betonung von Dynamik und einer Zeitstruktur, die auf das Lebenskonzept verweist.

Liminale Sozialität

Neomarxistischen Denkern zufolge eignen sich post-fordistische, wissensbasierte Systeme eher das Leben der Arbeitnehmer an als deren Arbeit, denn die Arbeitsformen lassen sich nur schwer von Freizeit unterscheiden und hängen eng mit der individuellen Lebenszeit zusammen. Die „Life-Enhancement"-Literatur sowie die bioethischen Kontroversen über das Recht von genetischen und technischen Anreicherungen des Erbgutes legen es nahe, an Individuen und Bevölkerungen zu denken, die selbst maßgeblich mit der Aneignung ihres Lebens und des Lebens ihrer Nachkommen beschäftigt sind. Konflikte über die „Aneignung des Lebens" (Lash 2003) anstelle von solchen über die Aneignung von Mehrwert – zwischen ökonomisch Handelnden, Individuen und dem Staat sowie nichtmenschlichen Objekten (wie etwa Viren) – könnten eine postsoziale Umwelt definieren. Allerdings sind die Konfliktlinien dabei nicht traditioneller Art. Beispielsweise verfolgen viele der oben genannten Individuen ihre Bedürfnisse und Wünsche in Einklang mit anstatt in Opposition zu ihren organisationalen bzw. unternehmerischen Umwelten. In wissensintensiven Bereichen ist die neue Konstellation eine von Wissensarbeitern, die durch Objekt-Beziehungen geprägt sind. Diese Konstellation findet in Wissensgemeinschaften, die sich um Objektwelten herum konstituieren, zusätzlichen Halt. In anderen Bereichen wie Extremsportarten oder dem high-speed trading verfolgen Individuen Objektrelationen. Zwischenmenschliche Beziehungen könnten diesen hintangestellt werden. Und auch der Sozialstaat mit seinen Zielen von sozialer Solidarität und Umverteilung operiert in einer Logik, die orthogonal zur Logik dieser neuen Kultur des Lebens steht. Er ist ausgerichtet auf horizontale Klassen anstatt auf intra- und intergenerationales Leben. Er ist skeptisch gegenüber einigen der heute durchführbaren biologischen u.a. Lebensveränderungen, und er ist auf die Bereitstellung von Dienstleistungen fokussiert, die aus der Perspektive gegebener technologischer und informationaler Möglichkeiten vielfach als defizitär erscheinen. Postsoziale Systeme beinhalten Sozialität, aber in einer rekonfigurierten, spezialisierten, stärker vermittelten und limitierten Weise. Postsoziale Verhältnisse sind menschliche Verhältnisse, die durch Objektbeziehungen vermittelt werden und sich nur mit Bezug auf diese formieren können. In einem postsozialen System könnten Informationsstrukturen vorangegangene Formen sozialer Koordination ersetzen, wie es in internationalen Finanzmärkten der Fall ist, wo hochentwickelte Hardware- und Softwaresysteme anstelle sozialer Netzwerke treten und erweiterte und intensivierte globale Handelstätigkeit ermöglichen. Postsozial kann eine Ebene von Intersubjektivität sein, die nicht länger auf *face-to-face*-Interaktion basiert, sondern vielleicht über Zeitvariableln konstruiert wird und durch die simultane Beobachtung eines gemeinsamen, elektronisch vermittelten Inhalts gekennzeichnet sind. Postsoziale Systeme können im Kontext des Internets entstehen, für das die Charakteristiken, die menschliche Beziehungen traditionell bestimmt haben (etwa Gefühle von Verpflichtung und Vertrauen), nicht länger konstitutiv und vielleicht irrelevant sind. Diese postsozialen Formen sind nicht reich an Sozialität im alten Sinn, aber sie können in anderer Hinsicht reich sein, und die soziologische Herausforderung besteht dann darin, diese neuen Konstellationen sowohl theoretisch als auch empirisch zu analysieren.

Literatur

Alford, F. C. (1991): The Self in Social Theory: A Psychoanalytic Account of its Construction in Plato, Hobbes, Locke, Rawls, and Rousseau, New Haven

Beck, U. (1992): Risk Society: Towards a New Modernity, London

Berger, P. L., Berger, B., Kellner, H. (1974): The Homeless Mind: Modernization and Consciousness, New York

Csikszentmihalyi, M. (1996): Flow: The Psychology of Optimal Experience, New York

Elster, J. (1998): Emotions and Economic Theory, in: Journal of Economic Literature 36, S. 47-74

Fukuyama, F. (2002): Our Posthuman Future: Consequences of the Biotechnology Revolution, New York

Hage, J., Powers, C. H. (1992): Post-Industrial Lives: Roles and Relationships in the 21st Century, Newbury Park

Hochschild, A. R. (1997): The Time Bind: When Work Becomes Home and Home Becomes Work, New York

Knorr Cetina, K. (1997): Sociality with Objects. Social Relations in Postsocial Knowledge Societies, in: Theory, Culture and Society 14, S. 1-30

Lasch, C. (1978): The Culture of Narcissism: American Life in an Age of Diminishing Expectations, New York

Lash, S. (2003): Empire and Vitalism, Presented at the annual meeting of the Eastern Sociological Society, Philadelphia

Mills, C. W. (1959): The Sociological Imagination, New York

Rabinbach, A. (1996): Social Knowledge, Social Risk, and the Politics of Industrial Accidents in Germany and France, in: Rueschemeyer D., Skocpol, T. (Hrsg.), States, Social Knowledge, and the Origins of Modern Social Policies, Princeton, S. 48-89

Rheinberger, H.-J. (1992): Experiment, Difference, and Writing: I. Tracing Protein Synthesis, Studies in History and Philosophy of Science 23, S. 305-31

Ritzer, G. (1999): Enchanting a Disenchanted World: Revolutionizing the Means of Consumption, Thousand Oaks

Urry, J. (2000): Sociology beyond Societies: Mobilities for the Twenty-First Century, London

Wiley, N. (1994): The Semiotic Self, Chicago

Wittrock, B., Wagner, P. (1996): Social Science and the Building of the Early Welfare State: Toward a Comparison of Statist and Non-Statist Western Societies, in: Rueschemeyer D., Skocpol. T. (Hrsg.), States, Social Knowledge, and the Origins of Modern Social Policies, Princeton, S. 90-116

Zwischen Wirtschaftstheorie und ökonomischer Praxis

Zur Soziologie ökonomischen Wissens[1]

Herbert Kalthoff

1. Einleitung

„Was ist soziologisch an der Wirtschaftssoziologie?" Mit dieser Suchfrage argumentiert Beckert (1996) für eine eigenständige, von der ökonomischen Theoriebildung unabhängige Soziologie ökonomischen Handelns. Die Arbeiten amerikanischer Soziologen (wie etwa Mark Granovetter und Viviana Zelizer) haben, so unterstreicht Beckert zu Recht, seit Beginn der 1980er Jahre zu einer „»neuen Wirtschaftssoziologie«" geführt, die „positiv auf ein soziologisches Verständnis ökonomischer Strukturen und Prozesse" abzielt und einen „gemeinsamen Nenner in der Missbilligung zentraler Elemente der Erklärung ökonomischer Phänomene in den Wirtschaftswissenschaften" formuliert (Beckert 1996, 125). Nicht das ökonomische Theorem des *homo oeconomicus* mit einer beobachtbaren (Ir-)Rationalität des Handelns ist zu kritisieren, sondern die Idee einer handlungsleitenden Präferenzordnung (vgl. Beckert 1996; 1997).

Das Verdienst amerikanischer (Wirtschafts-)Soziologen bestand insbesondere darin, das ökonomische Handeln als ein soziales Phänomen etabliert und damit für eine spezifisch soziologische Forschung geöffnet

---

[1] Dieser Beitrag stellt die stark überarbeitete und gekürzte Fassung eines Textes dar, der zuvor in der Zeitschrift für Soziologie (Jg. 33 (2004), S. 154-175) erschienen ist.

zu haben, deren Gehalt nicht in der Wiederholung wirtschaftswissenschaftlicher Standards bestand (vgl. Deutschmann 2000). Ein noch heute bestehendes Desiderat aber ließen auch diese und viele Nachfolgestudien unangetastet: die Erforschung des professionellen Wissens der Akteure, ihrer Praktiken und ihrer analytischen Werkzeuge. Auf die Ausgangsfrage von Beckert (1996) nach dem soziologischen Gehalt der Wirtschaftssoziologie können somit weitere Antworten formuliert werden. Es ist das Ziel dieses Aufsatzes, die Position einer Wirtschafts- respektive Finanzsoziologie zu skizzieren, die sich als eine Soziologie des ökonomischen Wissens oder ökonomischer Wissenspraktiken versteht, die sich auf neue praxistheoretische und wissenschaftssoziologische Überlegungen bezieht (bspw. Reckwitz 2000; Schatzki et al. 2001). Eine solche Soziologie ökonomischen Wissens und ökonomischer Praxis hat sich in den vergangenen Jahren herauskristallisiert und als interdisziplinäres Forschungsfeld etabliert. Hierzu gehören u.a. Studien über den Devisen-, Bond- und Optionshandel der internationalen Finanzmärkte (vgl. Knorr Cetina/Preda 2004; Beunza/Stark 2004; Abolafia 1996a; MacKenzie/Millo 2003; Millo 2003), das Investmentbanking (vgl. Godechot 2001; Mars 1998), den Auktionshandel (vgl. Smith 1989) und die Automatisierungstendenz an den Börsen (vgl. Muniesa 2003). Analog zu den „Social Studies of Science and Technology" bilden diese Studien das Feld der „Social Studies of Finance" (vgl. Rottenburg et al. 2000). Verschiedentlich wurde darauf hingewiesen, dass die Wirtschaftssoziologie von den praxistheoretischen Perspektiven der „Social Studies of Science and Technology" lernen kann. Ausgehend von der Frage der interaktiven Erzeugung naturwissenschaftlicher Forschungsergebnisse in Laborkontexten wird eine Übertragung der methodologischen und theoretischen Einsichten auf die ökonomische Lebenswelt angestrebt.

In der ökonomischen Allgemeinen Gleichgewichtstheorie, die wesentlich auf W. Stanley Jevons und Léon Walras zurückgeht, werden ökonomische Tauschprozesse und die ihnen zugrunde liegenden Handlungen der Akteure etwa so dargestellt: Märkte[2] sichern durch effiziente Alloka-

---

[2] Legende geworden ist die Feststellung von North (1977, 710), die Wirtschaftstheorie wisse nur wenig Systematisches über eines ihrer zentralsten Konzepte („Markt") auszusagen. Einige Wirtschaftstheoretiker verwenden den Marktbegriff synonym mit dem Begriff des Tausches, andere mit dem Begriff des Wettbewerbs, wiederum andere verstehen den Markt als soziale Organisation (vgl. Swedberg

tion von knappen Ressourcen individuellen Akteuren die Realisierung ihrer ökonomischen Ziele, was durch ökonomische Rationalität erreicht wird, die ihrerseits zwischen den verfügbaren Ressourcen und Handlungszielen vermittelt. Demnach gelingt es den eigennützigen, unabhängig handelnden Akteuren, alle notwendigen Informationen über die geldwerte Bemessung eines käuflichen Gutes einer optimalen und effizienten Kosten-Nutzen-Kalkulation zu unterziehen; zentrales Informationsmittel ist dabei der Preis eines Gutes, der sich auf wettbewerblichen Märkten mit vollständiger Information bildet und der sich – grenznutzentheoretisch gedacht – umgekehrt zur verfügbaren Menge des Gutes verhält (vgl. Pribram 1992, 521ff.). Die Realisierung ganz und gar individueller Interessen führt zu einem Pareto-optimalen Marktgleichgewicht, das allen individuellen Akteuren *in der ökonomischen Zeit des Marktes* gleiche Chancen einräumt und damit Gerechtigkeit garantiert.[3] Ausgangspunkt dieses Modells, in dem perfekte Märkte, flexible Preise, vollständige Informationen und optimierende Akteure wichtige Ausformulierungen darstellen, sind Überlegungen zur ökonomischen Interdependenz (etwa Angebot und Nachfrage) sowie zum Wert eines wirtschaftlichen Gutes. Wichtig ist hier der Informationsbegriff: Als eine interpretationsfreie, Realität abbildende Darstellung eines Faktes macht die Information die Welt transparent und ermöglicht rationales Handeln und Entscheiden. Zugespitzt: Sobald man über eine Information verfügt, verfügt man über die ökonomische Welt des Tausches, das heißt, über die soziale Welt. So besagt etwa die *Efficient Market Hypothesis*, dass der Preis von Wertpapieren zu jeder Zeit alle verfügbaren Informationen ent-

---

1994). So konzipiert etwa Walras Markt als eine ökonomische Entität, die keine institutionelle Struktur oder soziale Ordnung aufweist; die einzelnen Märkte, in denen sich Angebot und Nachfrage überschneiden, sind miteinander verknüpft und ergeben so die Gesamtwirtschaft, eine Dynamik, die relative Preise und Allokation erzeugt (vgl. Debreu 1959, 28ff., 74ff.). Beobachtet man die Praxis der wirtschaftstheoretischen Modellierung, so werden Märkte oft als gegeben gesetzt (siehe bspw. Arrow/Hahn 1971, 348).

[3] Das Konzept des *homo oeconomicus* entstand im Kontext der Grenznutzenlehre in den 1870er Jahren. Es nimmt an, dass individuelles Handeln einem rationalen Modell folgt und in adäquater Weise auf kollektive Vorgaben oder Zwänge reagiert. Mit historischem Blick entdeckt Mirowski (1984) im ökonomischen Prinzip des Gleichgewichts den Energieerhaltungssatz der Physik. Zu einer subjekttheoretischen Diskussion siehe Foucault (2004, 367ff.).

hält und daher eine gute Einschätzung des intrinsischen Wertes ermöglicht (Mizruchi/Stearns 1994, 331; Fama 1970).[4] Gänzlich unberücksichtigt bleibt in dieser Rede der Sachverhalt, dass Informationen immer nur durch Darstellungsinstrumente (bspw. Tabellen, Kartogramme, Listen) zu dem werden, was sie sind. Mit anderen Worten: Da keine theoriefreie Darstellungstechnik zur Verfügung steht, ist eine Information keine neutrale Repräsentation einer extern gegebenen Realität. Schließlich bleibt ebenso die Überlegung unberücksichtigt, dass Darstellungen auch ohne externe Referenz auskommen können und dass sie das, was sie darstellen sollen, erst hervorbringen.

Hinzuweisen ist darauf, dass an diesen Annahmen auch vielfach wirtschaftstheoretische Kritik geübt worden ist. Als ein Vertreter der „Österreichischen Schule" beschränkt etwa Hayek die Funktion von Märkten nicht auf die neoklassischen Dimensionen von Allokation, Preisdetermination und Warentausch, sondern dehnt sie auf die Kommunikation und Beobachtung von Informationen sowie auf das Zusammenspiel der Akteure und ihrer Handlungen aus. Er betont ferner, dass Informationen erst durch Interpretationen wirksam werden, die ihrerseits auf entsprechendes Wissen zurückgreifen können müssen; kritisiert wird also die Idee des allwissenden ökonomischen Akteurs (vgl. Hayek 1937; 1952, 49ff.; Arrow 1994).

Eine andere Kritik zielt auf die institutionelle Dekontextualisierung ökonomischer Handlungen: Der Institutionenökonomie zufolge, die in kritischer Distanz zum Markt- und Akteursmodell der neoklassischen Theorie steht, ist ökonomisches Handeln nicht ohne die Verankerung in sozialen Institutionen und den Effekten, die diese erzeugen, zu denken. Es wird vielmehr durch soziale Institutionen gerahmt, die ihrerseits Spielregeln des Handelns definieren, kollektives Handeln regulieren, regelmäßige Prozesse des Warentausches erzeugen und strukturieren sowie vertragliche Regelungen zum Tausch von Eigentumsrechten etablieren. Hieraus folgt, dass nicht mehr der individuelle Akteur, sondern Institutionen den analytischen Fokus bilden (vgl. North 1990; Hodgson 1993).[5]

---

[4] Zur Möglichkeit informationseffizienter Märkte und „richtiger Preise" äußern sich kritisch aus ökonomischer Perspektive Grossman/Stiglitz (1980).

[5] In diesem Zusammenhang haben auch die *Transaction Cost Economics* (etwa Williamson 1981) eine allgegenwärtige Kompetenz der Akteure in Frage gestellt

Die nun folgende Erörterung wissenssoziologisch respektive wissenschaftssoziologisch inspirierter Studien aus dem Bereich der Wirtschafts- und Finanzsoziologie orientiert sich an zentralen Fragestellungen wirtschaftssoziologischer Forschung, und zwar: Theorie des Marktes (2.), Entscheiden unter Ungewissheit (3.) sowie die Rolle der Modellierung und Kalkulation (4.). Überlegungen zur Performativität ökonomischer Praktiken und Darstellungen schließen den Aufsatz ab. Anzumerken bleibt noch, dass bekanntlich der Begriff des Wissens in der Soziologie verschiedene Zugänge entweder zu sozialen Praktiken oder zu allgemeineren gesellschaftlichen Prozessen eröffnet. Vier Richtungen seien hier genannt: Die klassische Wissenssoziologie thematisiert die kognitive Seite der Wissenserzeugung und ihre soziale Kontextierung;[6] für die sozialwissenschaftliche Phänomenologie sind Wissensprozesse Bewusstseinsakte, durch die Sinn konstituiert wird – was auch imaginative Dimensionen einschließt; praxistheoretische Ansätze und die konstruktivistische Wissenschaftssoziologie verlagern das Wissen in die technischen Artefakte, durch die Welt erzeugt wird, sowie in die körperliche und sinnliche Erfahrung der menschlichen Akteure, die nicht auf intentionale Handlungs- oder Bewusstseinsakte bezogen bleiben. Die Systemtheorie rückt die Rekursivität und Selbstreferentialität des Wissens in den Blick und damit den blinden Fleck der Wissenskommunikation, aber ebenso auch Lernprozesse. Deutlich wird an diesen Thematisierungen, dass mit dem Wissensbegriff immer die Frage verbunden ist, ob Wissen auf die empirische Referenz einer Praxis verweist oder ob es selbstreferentiell organisiert ist. Von sprachphilosophisch und poststrukturalistisch orientierten Reflexionen bis hin zur Systemtheorie wird dieser Bezug auf die externe Referenz der Wahrheit durch das Wie der Weltkonstitution durch Wissen ersetzt.

---

und die Rolle von *governance structures* betont, die die Rahmung von Tauschgeschäften – etwa Informationsbeschaffung und vertragliche Regelung – übernehmen.

[6] Kontextualisierung des Wissens und Verlust der Gewissheit übergeordneter und allgemein gültiger Bewertungskriterien waren die Folgen der Mannheimschen Überlegungen zu einer historisch gesättigten Theorie des Wissens, denn sie galt ebenfalls für jede sozialwissenschaftliche Aussage und auch für die These der Seinsrelativität selbst. Dies bedeutet auch, dass die Objektivität von Aussagen nicht mehr aus ihnen selbst abgeleitet werden kann, sondern an Konsensprozesse und ihre kommunikative Umsetzung zurückgebunden werden muss (vgl. Heintz 1993; 2000).

2. Soziologische Analysen von Märkten und Marktpraktiken

Perspektiven und Ansätze der neuen Wirtschaftssoziologie

Ein gewichtiger Teil der wirtschaftssoziologischen Forschung analysiert ökonomisches Handeln im Kontext sozialer Netzwerke, die ihrerseits als Medium und Resultat des Handelns angesehen werden. Als direkte Beziehungen („pipes") sind Netzwerke demnach Folge von und Voraussetzung für Vertrauen und Kooperation und damit für die Herausbildung von Institutionen. Innerhalb der kaum mehr zu überschauenden Netzwerkforschung lassen sich zwei Richtungen erkennen: eine dominierende strukturtheoretische Forschung und eine neoinstitutionalistisch ausgerichtete Forschung, die *governance structures* von Unternehmensnetzwerken untersucht (vgl. Windeler 2001; 2003; Emirbayer/Goodwin 1994; Sydow 1992; Kappelhoff 1993). Im Kontext dieser Forschungen werden so unterschiedliche Phänomene untersucht wie die Diffusion von Informationen und der Transfer von Wissen, die Effekte starker oder schwacher Bindungen und der unternehmensinterne Wettbewerb, die Struktur technologischer Allianzen und die Kooperation zwischen Produzenten und Zulieferern sowie die Schaffung und Stärkung sozialer Machtpositionen und Allianzen durch Netzwerke, in denen sich mehrere Unternehmen überlappen (bspw. Granovetter 1973; Uzzi 1999; Piore/Sabel 1984; Grabher 1993; Mintz/Schwarz 1985; Palmer 1983). Burt (1982) konzipiert „structural holes", mit denen er Machtbeziehungen zwischen Netzwerken und die Herausbildung neuer Positionen (Unternehmer) beschreibt, die durch den Umstand, dass sie ein Vakuum zu füllen vermögen, als Vermittler agieren können. Uzzi (1997) beschreibt die Herausbildung unterschiedlich starker sozialer Bindungen: In Netzwerken eingebettete, starke Beziehungen dienen der Zirkulation von detaillierten und vertraulichen Informationen, während schwache Beziehungen der gegenseitigen Überprüfung dienen. In seiner Analyse von Produktionsmärkten kommt White (1981) zu dem Schluss, dass die soziale Struktur von Märkten durch zwei voneinander getrennte Seiten bestimmt wird, und zwar durch die Produzenten und Konsumenten. Die Beobachtung der Produzenten ist auf die eigene Seite gerichtet, das heißt auf andere Produzenten und deren mögliche (Konkurrenz-)Produkte. Märkte sind demnach soziale Strukturen, und zwar im Sinne von „tangible cliques of producers observing each other" (White 1981, 543). Abolafia (1996a; 1996b) und Baker (1984a; 1984b; 1990) zeigen, dass Händler an den

Finanzmärkten ihre Tauschhandlungen an sozialen Netzwerken ausrichten, deren Regeln Gegenseitigkeit (Reziprozität) vorgeben, was bei Missachtung zum Ausschluss führen kann. Windolf (2002) vergleicht die nationale Ausformung von Unternehmensnetzwerken bezogen auf den Kapitalbesitz großer Unternehmen sowie die Zusammensetzung ihrer Aufsichtsräte (interlocking directorates). So ist u.a. für die deutsche und französische Situation eine enge Verbindung von Kapitalanteil (Eigentum) und Kontrollmöglichkeit auf Managementebene kennzeichnend, während in Großbritannien und in den USA eine stärkere Fragmentierung festgestellt wird.

Kennzeichen soziologischer Netzwerkanalysen ist es, dass sie die Hervorbringung und das Funktionieren von Sozialität nicht von dem sozialen Element trennen, aus dem Netzwerke bestehen. Soziale Beziehungen werden daher als systematische Bezugspunkte verstanden, deren Wirkung und Verwendung Aufschluss über Form und Gestalt von Netzwerken geben. Die Konzentration auf ein so verstandenes soziales Geschehen in den ökonomischen Lebenswelten lässt die Akteure und ihre Handlungen aber auch abhängig von der Morphologie sozialer Beziehungen erscheinen. Unklar bleibt dabei, welche Rolle das ökonomischen Wissen und seine materielle Rahmung spielen und in welcher Weise soziales Wissen (etwa Vertrauen) und ökonomisches Wissen einander ergänzen. Die Kritik an den Netzwerkanalysen richtete sich insbesondere gegen die Reduzierung auf einen Aspekt ökonomischen Handelns. So schreibt etwa Krippner (2001, 791f.): „[...] Granovetter establishes economic sociology as an exercise in abstraction in which concrete objects are examined in a single aspect rather than in their complex multidimensionality. [...] In particular, efforts to 'embed' the market by network theorists have involved such high levels of abstraction that, paradoxically, social content is distilled away from the market construct." Die Kritik zielt darauf ab, dass Netzwerkanalysen von den Inhalten ökonomischer Praktiken absehen und damit das explizite und stumme Wissen ignorieren, das diese Praktiken aber wissenssoziologisch betrachtet doch sind. Mit diesen kritischen Überlegungen wird nun nicht die Bedeutung sozialer Dimensionen für die Realisierung wirtschaftlicher Güter bestritten; betont wird dagegen vielmehr, dass der Kontext, in dem das Soziale stattfindet, unter anderem durch die Materialität der Produktionsanlagen, Verfahren, Standards, zeitliche Strukturen und auch Gefühle geprägt ist. Kurz: Ökonomische Praktiken erschöpfen sich nicht in ihrer sozialen

Einbettung. Die Einteilung des wirtschaftlichen Handelns in getrennte ökonomische und soziale Sphären und Beobachtungen aufzuheben, bedeutet demnach, Wissen zu kontextualisieren und es als Nexus eines interdependenten Herstellungs- und Konstitutionsprozesses zu analysieren.

Die soziologische Systemtheorie betont ihrerseits, dass die Ökonomie ein ausdifferenziertes soziales System und damit eine operativ geschlossene Einheit darstellt, die sich autopoietisch über ein Kommunikationsmedium (i.e. Geld) reproduziert. Das Medium (Geld) und der Eigentumskode (Haben/Nichthaben) strukturieren die Kommunikation und die Beobachtung des sozialen Systems Wirtschaft; die wichtigste Form des Geldes ist die Zahlung: „Entscheidend sind Geldzahlungen" (Luhmann 1998, 727). Damit Gründe für Allokationen und Zahlungen bereit stehen, müssen diese an sich inhaltsleeren Medien und Kodes systemspezifisch mit Inhalten gefüllt werden (etwa „Profit machen") (vgl. Luhmann 1994). Baecker (1991; 1992) hat aus systemtheoretischer Perspektive dargelegt, dass die Bank- und Finanzwirtschaft nicht allein mit Zahlungsversprechen handelt, sondern ebenfalls mit Risikotransformationen, das heißt mit den unterschiedlichen Zeithorizonten der Akteure.

Die systemtheoretische Forschung operiert mit einer Art Zwei-Welten-Modell: das „pralle Leben" (Nassehi 2004) hier, die Zahlung/Nicht-Zahlung als Reproduktionsmechanismus des Wirtschaftssystems dort. Auch wenn betont wird, dass sich die soziale Welt der Systeme nicht im binären Schematismus erschöpft, sondern „im Vorfeld [...] vielfältige Formen »wirtschaftlichen Handelns« möglich" sind (Nassehi 2004, 108), so sind es „[l]etztendlich [...] ausschließlich Zahlungen und Nicht-Zahlungen, die die Autopoiesis des Systems ausmachen" (Nassehi 2004, 108; vgl. auch Luhmann 1994, 52ff.; 1998, 756). Mit anderen Worten: Dem aus Sicht der Systemtheorie zentralen Mechanismus sind zeitlich und räumlich andere Praktiken und Ereignisse vorgelagert, die aber durch die Einheit der Kodierung ‚aufgehoben' werden. Man kann zum einen annehmen, dass mit dieser Aussage keine empirische Beobachtung vorliegt, sondern eine Setzung, die theorieinterne Gründe hat: Dann kommt es auf die Begründung der Autopoiesis an, in deren Kontext ein generalisiertes Kommunikationsmedium die Operationsweise des Systems beschreibt, in welchem es sich reproduziert. Bezugspunkte sind hier nicht empirische Referenzen, sondern andere wirtschaftstheoretische Grundbegriffe (Wert, Preis, Kapital, Arbeit etc.), die als „derivate[r] Sachverhalt" (Luhmann 1994, 55) behandelt werden. Man kann zum anderen annehmen, dass mit dem Zwei-Welten-Modell nicht allein eine theoretische Unterscheidung vorliegt, sondern auch eine Beschreibung empirischer Wirklichkeit: Dann kommt es in der ökonomischen Wirklichkeit tatsächlich und letztendlich nur darauf an, ob gezahlt oder nicht gezahlt wird. Auf den ersten Blick scheint die systemtheoretische These plausibel zu sein, denn wichtig ist ja, ob das Geld auf dem Konto ist oder nicht. Auf den zweiten Blick kann man mit dieser Setzung dennoch nicht so recht zufrieden sein, und dieses Unbehagen hat drei Gründe: Es irritiert erstens der hastige Blick auf das soziale Geschehen als Ersatz für empirische Forschung, also der Rekurs auf ein vorgängiges Wissen, durch das die Reduktion auf Zahlung/Nicht-Zahlung vorgenommen wird.[7] Es irritiert zweitens der Umstand, dass die Handlungsräume in diesem Erklärungsansatz sich nicht wechselseitig konstituieren, sondern ‚lose gekoppelt' sind oder abgeleitete Phänomene bilden. Und es irritiert drittens der Primat der binären Kodierung, der das soziale Leben auf eine abgeleitete Spur abonniert, wie ebenso eine hiermit verbundene implizite Arbeitsteilung zwischen soziologischer Gesellschaftstheorie und empirischer (Detail-)Soziologie. Mit anderen Worten: Weder scheint die Existenzweise des Ökonomischen dieser Feststellung zu entsprechen noch die damit einhergehende Reduktion empirisch belegt noch die alte Trennung zwischen Theorie und Empirie sinnvoll und begründet.

Einen wirtschaftssoziologischen Ansatz ganz eigenen, stärker (neo-) institutionalistischen Zuschnitts hat Beckert (1996; 1997; 1999) vorgelegt. Ausgangspunkt seines Konzeptes zur soziologischen Analyse von Märkten sind grundlegende Problemstellungen von Tauschprozessen jeglicher Art, und zwar Kooperation, Innovation und Ungewissheit. Auf der Grundlage der Rezeption wirtschaftstheoretischer und soziologischer Positionen – neoklassische Wirtschaftstheorie zum einen, Emile Durkheim, Talcott Parsons, Niklas Luhmann und Anthony Giddens zum anderen – entwirft Beckert ein wirtschaftssoziologisches Forschungsprogramm, das die Grenzen des Rationalmodells individuellen Handelns sowie die strukturellen und institutionellen Rahmenbedingungen berück-

---

[7] Beckert (1997, 325) nimmt an, dass die Autopoiesis des Wirtschaftssystems eine durch die Theoriekonstruktion erzeugte „Illusion" ist, sieht diese aber durch systemische Fremdreferentialität unterlaufen – ein Umstand, den die Systemtheorie selbst nicht ausschöpfe.

sichtigt, mittels derer Handlungen unter ungewissen Bedingungen möglich werden. Dabei geht Beckert davon aus, dass die gewählten Ansätze Schwächen aufweisen, die sich aber in ihrer Kombination gegenseitig neutralisieren. Systematisch betrachtet rücken verschiedene Fragen in den Blickpunkt, und zwar nach den Möglichkeiten und Mechanismen der Komplexitätsreduktion, nach der Rolle moralischer Vorstellungen individueller Akteure, nach den konkreten Formen, die die Einbettung der Wirtschaft als System in gegenwärtigen Gesellschaften annimmt sowie nach der Kompetenz zu einem reflexiven Umgang mit eigenen Erwartungen und Wertvorstellungen auf Seiten der Akteure.

Die neue finanzsoziologische Forschung (Social Studies of Finance)

Neben den skizzierten wirtschaftssoziologischen Ansätzen hat sich in jüngerer Zeit eine wissenschaftssoziologisch orientierte Finanzsoziologie herausgebildet, deren Schwerpunkt u.a. die Analyse ökonomischer Praktiken auf internationalen Finanzmärkten ist. Der wichtigste Unterschied zu den skizzierten wirtschaftssoziologischen Richtungen besteht in drei Punkten: Betonung der Rolle des ökonomischen Wissens für das Verständnis ökonomischer Praktiken, Konzentration auf die Formatierung und Performanz respektive Performativität ökonomischer Repräsentationen und Betonung der Bedeutung der technischen Infrastruktur finanz- und bankwirtschaftlichen Handelns. Neben den vielen Einzelstudien, die die Praxis auf den verschiedenen Finanzmärkten (etwa Bond- und Devisenhandel, Börse und Investment Banking) und damit die ökonomische Spezifik dieses Handelns bei der Umsetzung von finanzwirtschaftlichen Instrumenten untersuchen, hat ein Ansatz ein besondere Bedeutung erlangt, und zwar durch seine theoretisch-rahmende und programmatische Ausrichtung. Die Rede ist hier vom Formatierungsmodell Michel Callons (1998); zwei zentrale Thesen bestimmen diesen programmatischen Aufsatz:

(1) Die These der Einbettung der Ökonomie in die Wirtschaftstheorie: Die gängige soziologische Kritik an der empirischen Redundanz und Realitätsferne ökonomisch-theoretischer Kalkulationen und Modellbildungen verkennt, so Callon (1998, 1f.), sowohl den Charakter der ökonomischen Theorie als auch ihre formatierende Wirkung und die praktische Relevanz, die sie für ökonomische Kontexte besitzt. Es sei daher

analytisch wenig sinnvoll, die soziologische Forschung zum Supplement oder zum Ersatz der Wirtschaftstheorie machen zu wollen. Die Neigung der Wirtschaftssoziologie, ökonomische Praxis als eine ontologisch eigenständig funktionierende Sphäre des Sozialen zu verstehen und damit Wirtschaftheorie und Wirtschaftspraxis zu entkoppeln, sei durch einen synthetischen Blick zu ersetzen. Und so lautet die These: Es ist die Wirtschaftstheorie (*Economics*), die als eine wissenschaftliche Disziplin die wirtschaftliche Praxis (*Economy*) rahmt und formatiert; in diesem Sinne ist die Ökonomie in die Wirtschaftstheorie eingebettet (vgl. Callon 1998, 23; 30).

(2) Die These der Existenz des *homo oeconomicus*: Mit der ersten überraschenden Umkehrung der soziologischen Argumentation verknüpft Callon (1998, 22; 51) seine zweite These: Er konstatiert die Existenz rational kalkulierender Akteure als das Ergebnis spezifischer, historisch figurierter Realitäten: „[Y]es, *homo oeconomicus* does exist, but is not an a-historical reality; he does not describe the hidden nature of the human being. He is the result of a process of configuration" (Callon 1998, 22; Herv. im Orig.). Ferner ist der *homo oeconomicus* „formatted, framed and equipped with prostheses which help him in his calculations and which are, for the most part, produced by economics" (Callon 1998, 51). Die Differenz zwischen dem homo oeconomicus Callonscher Prägung und demjenigen Konzept, das in der neoklassischen Wirtschaftstheorie vorliegt, bezieht sich auf folgenden Punkt: Der *homo oeconomicus* ist in der Wirtschaftstheorie als eine auf ihre kognitiven Fähigkeiten reduzierte und atomisiert-kalkulierende Entität definiert, die von allen materiellen Mitteln der Kalkulation und der sozialen Einbettung entkleidet ist. Im Kontext der *Actor-Network Theory* geht es Callon dagegen um die Einbettung menschlicher Akteure in ein Netz nicht-menschlicher und durch die ökonomische Theorie formatierter Kalkulationsmittel, die es den Akteuren erlauben, Berechnungen anzustellen, Prognosen zu formulieren und damit auch Handlungen zu evozieren. Demzufolge ist der Callonsche *homo oeconomicus* ein Glied in einer Kette von Inskriptionen (Repräsentationen) und sozio-technischen Konstellationen. Hier liegt der soziale Ort der „capacity of economics in the performing (or what I call 'performation') of the economy" (Callon 1998, 23). Die Aufgabe der Soziologie besteht – so Callon – nicht darin, eine noch komplexere Version des *homo oeconomicus* vorzulegen, sondern in „the comprehension of his simplicity and poverty" (Callon 1998, 50).

Der Vorteil des Callonschen Programms besteht darin, die Praxis der ökonomischen Theoriebildung nicht mehr als übergeordnet und abgetrennt von den konkreten ökonomischen Praktiken zu betrachten, sondern als eingebettet in die Herstellung lokaler Ordnungen und in die Umsetzung wirtschaftlichen Handelns. Ihr liegt ferner eine veränderte Annahme darüber zugrunde, wie das Verhältnis von sozialer Wirklichkeit und Theorie zu bestimmen ist. Danach spielt etwa die neoklassische ökonomische Theorie eine konstitutive Rolle bezogen auf konkretes wirtschaftliches Handeln. Das heißt: Sie korrespondiert nicht in direkter Weise mit der sozialen Welt, auf die sie sich bezieht, sondern sie bringt die Welt des ökonomischen Handelns hervor. Als Quintessenz lässt sich festhalten, dass mit Callon (1998) die Perspektive der soziologischen Forschung auf die Performanz theoretischer Modellierungen und kognitiver Instrumente für die ökonomische Praxis verschoben wird. Dabei formen beide Thesen – Einbettung der Performanz ökonomischer Handlungen in die Wirtschaftstheorie und sozio-technisch gerahmte, kalkulierende Akteure – das Gerüst einer wissenschaftssoziologischen respektive wissenschaftsanthropologischen Perspektive, mit der Callon so unterschiedliche Aktivitäten und Phänomene wie Techniken der Kalkulation und des Marketings oder das Verhältnis von Staat und Ökonomie für die Forschung neu ausrichtet. Analytisch betrachtet werden hierdurch gängige wirtschaftssoziologische Annahmen über das Verhältnis von ökonomischer Theoriebildung und ökonomischer Praxis reformuliert. Bislang wurde häufig angenommen, dass bestimmte Formen des Tausches und damit Märkte gegeben sind, die sich dann selbst regulieren oder reguliert werden müssen. Diesen Annahmen fügt Callon hinzu, dass Märkte selbst hervorgebracht und so formatiert werden, dass sie als Institution Austauschformen und Transaktionen zulassen, mit denen kaum soziale Bindungen und Verpflichtungen eingegangen werden (vgl. Callon 1998; Callon/Latour 1997). Märkte sind demzufolge keine ungezügelten Entitäten, die auf natürliche Weise vorhanden sind und nur durch Recht und Institutionen gezähmt werden müssen, sondern staatliche Regelungen bringen Märkte erst hervor und definieren damit den Rahmen, innerhalb dessen ökonomische Akteure handeln können (vgl. Rottenburg et al. 2000).[8]

---

[8] Zur staatlichen Rahmung des ökonomischen Geschehens aus neoinstitutionalistischer Sicht vgl. Fligstein (1996; 2001).

In jüngster Zeit ist insbesondere das zentrale Konzept der „performation" (Callon 1998, 23) kritisiert worden (vgl. nur Fine 2003; Aspers 2005; Nik-Khah 2006). Dieser Begriff, der in der angelsächsischen Diskussion mit *performativity* übersetzt worden ist, geht u.a. auf die französische Forschungsrichtung einer *Économie des conventions* zurück, zu der Autoren wie Laurent Thévenot, Robert Salais und Olivier Favereau gehören. Diese Forschungsrichtung untersucht u.a. wie ökonomische Handlungen dadurch koordiniert werden können, dass Ereignisse oder Entitäten in eine Form gebracht werden, die als Information anerkannt wird und daher als legitime Verallgemeinerung partikularer Umstände (Situationen, Theorien, Personen etc.) zirkulieren kann (vgl. Latsis 2006). Dies wird als eine Investition in die Form (kurz: Formatierung) beschrieben (vgl. Thévenot 1984). Der Callonsche Vorschlag, von einer Performation zu sprechen, meint die Durchformatierung einer Entität durch eine andere. In Anlehnung an Latour (2001): Wie durch einen unsichtbaren Faden ist die ökonomische Praxis mit den Laboratorien der Wirtschaftstheorie verbunden; die Jahre zuvor entwickelten Formeln bleiben, vermittelt etwa durch Programmierer und Leitungskräfte, der Rahmen, der das Handeln der Wirtschaftsakteure bestimmt, kanalisiert und autorisiert.

Die kultursoziologische und kulturtheoretische Diskussion des Begriffs Performativität bezieht sich im Anschluss an Austin (1975; 1992) dagegen auf die Realisierung und Hervorbringungsleistung in und durch Medien (wie etwa Sprache und Körper), auf den Aufführungscharakter von Praktiken, die, sich einem Publikum darbietend, in der Wiederholung verändert (vgl. Wirth 2002). Wichtig ist der Begriff in der Geschlechterforschung (bspw. Butler 1988), in der Realisierung von Sprache (bspw. Krämer 1996), in der Analyse der Aufführung des Selbst (bspw. Goffman 1980) sowie in der Wirkung und Logik von Darstellungsmedien (vgl. Rottenburg 2002). Orientiert also die kultursoziologische und kulturtheoretische Forschung darauf, Performativität in verschiedenen Praxiskontexten bzw. Medien zu situieren, markiert Callons Begriff der Performation eine Zweiteilung der Welt, wobei die eine Welt (Wirtschaftstheorie) auf die andere Welt (ökonomische Praxis) durchgreift.

Die *Actor Network Theory* konzipiert diesen Durchgriff als eine inskribierende Übersetzung, durch die das Soziale, die Natur oder die Technik in eine bearbeitbare Schrift überführt werden (bspw. Latour 1999). Dieser semiotische Kulturbegriff bringt die Dinge, die er beschreibt, in eine andere ontologische Ordnung, während kultursoziologische oder kulturtheoretische Performativitätstheorien diese Reduzierung nicht vornehmen. Das Performations-Theorem unterscheidet sich folglich von Diskursen der Performativität insofern, als es die Codierung von Wissen in wirtschaftstheoretischen Modellen zum Ausgangspunkt der Analyse ökonomischer Praktiken macht: Beobachtet werden soll die Formatierung der ökonomischen Welt, die den Modellen der ökonomischen Theorie entspricht (bzw. entsprechen soll).

Gegen dieses Konzept ist weiterhin kritisch anzumerken, dass es dazu tendiert, die kritische Auseinandersetzung mit den Inkonsistenzen ökonomischer Theorie abzuschließen (vgl. nur Rosenberg 1979; Mirowski 1984; McCloskey 1994; Cullenberg/Dasgupta 2001, Rosenbaum 2000) und damit den soziologischen Blick auf die Praxis der ökonomischen Theoriebildung abzukürzen sowie andere soziale Dimensionen ökonomischer Praktiken tendenziell zu ignorieren. Gleichwohl wird hier die Auffassung vertreten, dass die rahmende Funktion sowohl des ökonomischen theoretischen Wissens, das etwa in Techniken, Bankprodukte und Darstellungsinstrumente eingeht, als auch der staatlichen Regelungen, die den Markt formatieren, für eine Soziologie ökonomischen Handelns von Bedeutung sind. Zugleich scheint aber auch die Rehabilitierung der sozialen Akteure sinnvoll, die in diesem Konzept in der Dynamik der Inskription aufzugehen scheinen. Anzumerken ist ebenfalls, dass bislang nur wenige Studien vorliegen, die das Programm in konkrete soziologische Forschung umgesetzt haben (vgl. Muniesa 2003).

3. Ungewissheit und ökonomische Zeit

Ein wichtiges, immer wiederkehrendes Problem, für dessen Lösung die Teilnehmer die richtige Darstellung, den richtigen Augenblick, das passende Finanzinstrument oder eine Handlungsoption suchen, stellt der Umstand dar, dass sie Entscheidungen treffen müssen, deren Grundlage und Ausgang ungewiss sind. Entscheiden unter Ungewissheit ist eine risikoreiche Aktivität, die nach mehreren Seiten hin abgesichert und deren Bedingungen immer wieder überprüft werden müssen. Wirtschaftliche Investitionen, Finanztransaktionen oder Bankkredite jeglicher Art sind Beispiele für ungewisse und risikoreiche Entscheidungen in einem ökonomischen Kontext, denn weder sind die ökonomischen Voraussetzungen sicher, die den Investitionsentscheidungen zugrunde liegen, noch die Versprechen von Schuldnern, das geliehene Geld zu den vertraglich festgelegten Zeittakten zurückzuzahlen. Ungewissheit resultiert aus der Verknüpfung verschiedener Elemente ökonomischen Handelns: Erstens existiert eine Handlungsnotwendigkeit, denn man kann in der Ökonomie nicht nicht-handeln; zweitens sind die Resultate der eigenen ökonomischen Handlungen und die der Handlungen anderer ökonomischer Akteure im Voraus nicht sicher bestimmbar; und drittens sind Produktqualität, Marktchancen der Produkte und die Erwartungen anderer Akteure unklar. Die Situation ungewisser Entscheidungen stellt die Akteure in den Grenzbereich ihres verfügbaren Wissens: Dieser Grenzbereich ist bestimmt von dem, was sie aussagen können, und dem, was durch schriftliche Darstellungen oder mündliche Aushandlungen nicht erkennbar ist. Mit anderen Worten: Das Problem der Ungewissheit besteht genau darin, dass die Grundlage, die notwendig ist, um eine optimale Entscheidung treffen zu können, unbekannt ist. Im Kontext gegenwärtiger Entscheidungen muss also durch eine retrospektive Bearbeitung vorliegender Informationen über eine Vorsorge für die Zukunft befunden werden.

Der zentrale Topos, mit dem die Soziologie das Phänomen der Ungewissheit behandelt, ist das Konzept des Vertrauens. Vertrauen, das heißt die Einstellung des Akteurs zu einer Situation, macht einseitige Vorleistungen trotz Risikostruktur möglich. Vertrauen kann diese Aufgabe übernehmen, so die Annahme, da es eine Wissensform darstellt, in der Akteure etwas, aber nicht alles wissen. Für Simmel (1992, 393) ist Vertrauen eine „Vor- oder Nachform des Wissens" und damit „als Hypothese ein mittlerer Zustand zwischen Wissen und Nichtwissen um den Menschen. Der völlig Wissende braucht nicht zu *vertrauen*, der völlig *Nicht*wissende kann vernünftigerweise nicht einmal vertrauen" (Herv. im Orig.).[9] Wenngleich die Soziologie über keine einheitliche Konzeption

---

[9] Anders die ethnomethodologische Position: Grundlage sozialer Praktiken ist immer schon die Vertrautheit mit und Selbstverständlichkeit der sozialen Ordnung, die als *taken for granted* gesetzt wird (vgl. Garfinkel 1963). In der ökonomischen Theorie wird Vertrauen etwa als Zusammenhang von risikoreicher Vorleistung und Vertrauenswürdigkeit der Person und damit als Nexus von Handlung und Erwartung ohne vertraglich geregelte Sicherheiten und Vorleistungen thematisiert (Rippberger 1998). Zur Bindung von Verhalten durch institutionell geregelte Normen vgl. Kubon-Gilke (1997); siehe ebenfalls die Arbeiten von Barber (1995); Dasgupta (1988).

von Vertrauen verfügt, so ist dennoch den soziologischen Konzepten die Vorstellung gemein, dass Vertrauen am Schnittpunkt von Zeitdimension und Sozialdimension entsteht (vgl. Gambetta 1988). In der Soziologie überwiegen daher Überlegungen, die Vertrauen weniger als utilitaristisches Handlungsmodell verstehen, sondern als soziales Vermögen von persönlichen Beziehungen oder Gemeinschaften, das immer wieder aktiv erhalten werden muss. So sprechen – wie gesehen – soziologische Netzwerkanalysen von einer Einbettung ökonomischen Handelns in die Sozialität der Akteure und rücken die Funktion des persönlichen Vertrauens in den Vordergrund. Dieses basiert auf der Intimität sozialer Beziehungen und bezeichnet die soziale Aktivität der Koordination von konkreten Personen oder Akteuren, die in ein soziales Netzwerk einander Vertrauender mündet. Versteht man persönliches Vertrauen in diesem Sinne, so verlegt man die Wirkungsweise des Vertrauens in die Relationen der Akteure. Dagegen wird mit dem Begriff des Systemvertrauens (Luhmann 1989) die Rolle formalisierter Prozeduren, institutioneller Verfahren und Regeln betont; sie ermöglichen es, komplexe Strukturen und Kooperationen aufzubauen.[10] Systemvertrauen, das für ein „reflektierte[s] Sicheinlassen auf Fiktionen, die funktionieren" (Luhmann 1989, 76) steht und somit notwendige Selbstfiktionalisierungen einschließt, wird für komplexe soziale Organisationen und Ordnungen somit zu einem Baustein ihres Funktionierens, denn es stabilisiert Abläufe, Regeln und Erwartungen, es schließt Informationslücken und es sorgt für Zeitgewinn. Gleichzeitig funktioniert Systemvertrauen nur in einem Ensemble „zahlreiche[r] Hilfsmechanismen des Lernens, Symbolisierens, Kontrollierens, Sanktionierens, und strukturiert die Weise der Erlebnisverarbeitung in einer Form, die Kraft und Aufmerksamkeit kostet" (Luhmann 1989, 99). Auch wenn angenommen wird, dass der Vollzug des Vertrauens immer einen nicht kontrollierbaren blinden Fleck impliziert, kann in ökonomischen Kontexten eine Vermischung von Erwartung und Glauben einerseits mit systematischem Nicht-Trauen andererseits beobachtet werden, das sich in der Existenz einer Kaskade von Prüfinstanzen und Kontrolltechniken materialisiert. Diese Industrie wirtschaftlicher Kontrolle arbeitet zwar an

---

[10] Diejenigen Phänomene, die das Systemvertrauen ausmachen, werden auch als „impersonal trust" (Shapiro 1987) oder als „institutional trust" (Zucker 1986) beschrieben.

einer stetigen Verbesserung der Prüftechniken, kann diese aber auch nicht voraussetzungslos betreiben (vgl. Miller 1998).

Festzustellen ist, dass der Prominenz des Themas in der Wirtschaftssoziologie mit Zurückhaltung auf Seiten der *Social Studies of Finance* begegnet wird. In ihnen wird Ungewissheit nur sekundär auf diesen zentralen Topos der Wirtschaftssoziologie bezogen, auch wenn neuere Untersuchungen über Finanzmarktaktivitäten noch einmal die Relevanz von Vertrauen und Reputation bestätigen und damit den Umstand aufzeigen, dass, wäre eine Finanzinstitution nur Finanzinstitution im Sinne formeller, rationaler Prozeduren, sie als Finanzinstitution nicht funktionieren würde (vgl. Beunza/Stark 2004; MacKenzie/Millo 2003; Hasselström 2000). Gleichwohl existiert eine diskrete Kritik an der Tendenz wirtschaftssoziologischer Forschung, Ungewissheit zu ontologisieren, das heißt in eine abstrakte Entität zu verwandeln, die unabhängig von den (menschlichen oder nicht-menschlichen) Akteuren und ihren Handlungen besteht. Wissenschaftssoziologisch oder praxistheoretisch inspirierte Studien zur Banken- und Finanzwelt klammern dagegen die Frage ein, ob Ungewissheit an sich vorliegt, denn sie steht nicht als schon Gegebenes, sondern nur als eine Annahme oder als Ergebnis zur Verfügung; das Ungewissheitstheorem gilt nicht als zentraler Ausgangspunkt für die Forschung, sondern Fragen nach beobachtbaren Praktiken der Darstellung, der Kalkulation und der Technik. Die Studien setzen somit unterhalb dieser allgemeinen Fragestellung nach ökonomischer Ungewissheit und ihrer Bearbeitung an. So hat bspw. Smith (1989, 20ff.) dargelegt, dass im Rahmen von Auktionen die Risikobearbeitung in Form von Mechanismen der richtigen Preisfindung erfolgt, durch die die Ambiguität des ungewissen Warenwertes reduzierbar ist,[11] und Abolafia (1996b) beobachtet, dass Händler im Bondhandel das Risiko einer falschen Entscheidung durch gegenseitige, misstrauische Beobachtung, Wachsamkeit und intuitives Urteilen bearbeiten. Im Investment Banking wird das Risiko der (falschen) Investition auf die Akteure verschoben, während das Risiko der Analysten in einer plausiblen Darstellung und Kalkulation der Investitionsempfehlung besteht (vgl. Mars 1998). Mit anderen Worten: Aus Sicht dieser Studien geht es nicht um eine Ungewissheit, die sich entweder kalkulieren oder nicht kalkulieren lässt, sondern um konkrete

---

[11] Zu den Mikromechanismen der Preisfindung auf den Finanzmärkten siehe aus ökonomischer Perspektive Madhavan (2000).

Praktiken der Vorhersage, des Entscheidens und der laufenden Anpassung an sich ändernde Umstände. Das heißt: Die makrotheoretische Perspektive des Ungewissheitstheorems wird in diesen Untersuchungen durch einen mikroanalytischen Blick ersetzt.

4. Soziologie der Kalkulation

Es ist in der Wirtschaftssoziologie im Anschluss an Knight (1971) eine klassische Idee, die Behandlung ungewisser Entwicklungen eng an die Möglichkeit zu koppeln, dass diese in kalkulierbare Einheiten transformiert werden können. Denn alles das, was kalkuliert werden kann, ist demnach auch beherrschbar; die Umsetzung der Kalkulation spielt aber in der Wirtschaftssoziologie nur eine untergeordnete Rolle. Anders dagegen setzen verschiedene Arbeiten aus den *Social Studies of Finance* an: Sie analysieren die Mittel der bank- und finanzwirtschaftlichen Kalkulation und berühren damit Fragen der Technik, der Umsetzung von Kalkulation und ihrer schriftlichen Darstellung. Ein (kritischer) Bezugspunkt ist die angelsächsische Tradition der Accountingforschung, die durch ihre Forschung der sozialen Bedeutung und dem Einfluss des Accounting im 20. Jahrhundert Rechnung trägt, und zwar der Fähigkeit, ökonomische Aktivitäten, Dinge oder Prozesse auf Zahlen, sogar auf eine Zahl zu reduzieren (vgl. Burchell et al. 1980; Hopwood 1983).[12] Die Accounting-Studien knüpfen an verschiedene Forschungstraditionen an wie etwa den Neoinstitutionalismus oder die Politische Ökonomie. Besonders prominent ist die Anlehnung an das Überwachungstheorem Foucaults (1977), mit dem Techniken des Accounting als Mittel der Kontrolle auf Distanz, der Disziplinierung und Ausübung sozialer und ökonomischer Macht beschreibbar werden. Demnach ermöglichen Kalkulationen eine Beobachtung von Praktiken und eine damit verbundene Kontrolle und Intervention, und zwar im Sinne einer Korrektur. Die Effekte des Accounting liegen somit im Bereich der Steuerung von Unternehmen und der Disziplinierung von Individuen. Die Kalkulation der Produktion institutionalisiert eine Disziplinordnung, die Handlungen

---

[12] Die etymologischen Dimensionen des Begriffes verweisen auf Rechnungslegung, Rechenschaft und Narration: „Accountants prepare story lines according to established formulae, and in the accountings of a good storyteller we know what counts" (Stark 1996, 1013).

über Handlungen anderer „sichtbar" macht und auch durchsetzt. Die Methoden des Accounting machen somit soziale Prozesse sichtbar und soziales Machtwissen verfügbar (etwa Robson 1992; Miller 1992; Miller/ O'Leary 1994; Loft 1986). Ein ganz grundsätzliches Problem der Erforschung ökonomischer Kalkulation besteht dennoch darin, dass die Annahme nicht belegbar ist, die Berechnungsverfahren, mit denen die ökonomischen Praktiken gemessen werden, bildeten diese Praktiken auch ab. Wollte man diese Annahme belegen, dann müsste gezeigt werden, dass die Methodik der ökonomischen Repräsentation zuverlässig arbeitet. Die Zuverlässigkeit lässt sich aber nur durch richtige Ergebnisse belegen; richtige Ergebnisse sind ihrerseits aber nur möglich, wenn die Methodik zuverlässig arbeitet. Eine zuverlässige (westliche!) betriebswirtschaftliche Methodik und richtige Ergebnisse führen so in einen Zirkel.[13] Beispielhaft wird im Folgenden eine Untersuchung vorgestellt, die kalkulative Praktiken im Kontext derivater Finanzinstrumente erforscht.

Option Pricing-Theorie

Die Geschichte der *Option Pricing Theory* gleicht einer Legende der modernen mathematischen Theorie der Finanzwissenschaft. In der zweiten Hälfte der 1960er Jahre und Anfang der 1970er Jahre von Fischer Black, Myron Scholes und Robert C. Merton – Sohn des amerikanischen Wissenschaftssoziologen Robert K. Merton – entwickelt, wird die Veröffentlichung der Arbeit zunächst von den Zeitschriften *Review of Economics and Statistics* und *Journal of Political Economy* abgelehnt, bevor sie dann 1973 erscheint (vgl. Black/Scholes 1973; Merton 1973). Nach der Veröffentlichung wird das Modell durch Finanzökonomen, die ihrerseits die Bedeutung des Arguments erkennen, sehr schnell bekannt gemacht, und schon ab 1976 beginnt das Modell mit Hilfe neuer Technologien den gesamten Optionshandel zu bestimmen. Donald MacKenzie, bekannt durch seine wissenschaftssoziologischen Untersuchungen zur Statistik und Mathematik (bspw. MacKenzie 1981), erforscht seit einigen

---

[13] Das Verhältnis von zuverlässiger Methodik und richtigen Ergebnissen wurde hier in Anlehnung an den „experimenters' regress" beschrieben (vgl. Collins/Pinch 1999, 115ff.). Die Frage, ob die Bewertung der Unternehmenszahlen durch Wirtschaftsprüfungsgesellschaften aus diesem Zirkel herausführen, wird hier eingeklammert.

Jahren die Erfolgsgeschichte dieser mathematischen Finanztheorie (vgl. MacKenzie 2000; 2003; MacKenzie/Millo 2003), und zwar bezogen auf zwei relevante Aspekte: die Erfindung und Konstruktion des Modells sowie seine Anwendung und Anpassung im *Chicago Board Options Exchange* (*CBOE*). Die folgende Darstellung stützt sich auf diese Arbeiten.[14]

Historisch betrachtet geht der *CBOE* auf die Chicagoer Handelsmesse zurück, auf der vornehmlich agrarwirtschaftliche Güter gekauft und verkauft wurden. Ihr Kennzeichen waren erstens sogenannte „pits": achteckige Stände, von denen aus die Händler ihre Käufe und Verkäufe per Stimme und Handzeichen vornahmen („*open outcry*"); zweitens staatliche Regelungen, die trotz landwirtschaftlicher Handelsüberschüsse die Preise stabilisierten und damit die Notwendigkeit reduzierten, Transaktionen abzusichern (*Hedging*) oder gar zu spekulieren. Aus dieser Situation resultierte ein geringes Handelstempo: Um 1968 wurde etwa beobachtet: „traders were »sitting on the steps of the [soya] bean pit [...] reading newspapers«" (Händler, zitiert in MacKenzie/Millo 2003, 113). Und drittens ein soziales und politisches Misstrauen gegenüber derivaten Finanzinstrumenten, das auf den Börsencrash des Jahres 1929 und die sich anschließende ökonomische Depression der 1930er Jahre zurückging. Spekulation an der Börse und der Handel mit Derivaten war – auch von offizieller Seite – dem Vorwurf des Geld- und Glücksspiels ausgesetzt.

Zu Beginn der 1970er Jahre ändern sich die Rahmenbedingungen: Die Nixon-Administration schafft die personellen Voraussetzungen in der Leitungsstruktur der *Securities and Exchange Commission* (*SEC*), die nunmehr die Konstruktion eines Marktes, auf dem Optionen gehandelt

---

[14] Optionen regeln vertraglich das Recht, eine Position (etwa ein Aktienpaket) zu kaufen und zu verkaufen, und zwar zu einem festgelegten Preis zu einem festgelegten Datum oder Zeitraum. Mit diesem vertraglich fixierten Recht ist keine Verpflichtung verbunden, den Kauf auch umzusetzen. Optionen sind keine Erfindung der global operierenden Finanzmärkte unserer Zeit, sondern werden in der Antike von den Phöniziern und Griechen (etwa von Thales von Milet, 624-546 v.Chr.) und von Kaufleuten im Mittelalter verwendet; größere Bedeutung erlangt der Optionshandel erstmals in den Niederlanden der frühen Neuzeit (erste Hälfte des 17. Jahrhunderts) (vgl. Luenberger 1998, 319f.). Die Erfolgsgeschichte des Optionshandels beginnt mit der Finanzialisierung der Ökonomie und damit mit der Dominanz internationaler Finanzmärkte.

werden können, in Angriff nimmt. Hierzu gehört die Etablierung verschiedener Rollen (unter anderem der *Market Maker*, *Floor Broker* und *Broker*), die Festlegung von Handelsprozeduren und die Reinterpretation derjenigen SEC-Regularien, die *Hedging*-Transaktionen eingrenzten. Dieser Prozess der Hervorbringung der notwendigen, auch finanziellen, Voraussetzungen für das Funktionieren des Optionshandels trägt Züge einer „collective action" (MacKenzie/Millo 2003, 115), die nicht der ökonomischen Theorie der Finanzmärkte entspricht: „[T]he very markets in which *homo oeconomicus* appears to thrive cannot be created [...] by *homines oeconomici*" (MacKenzie/Millo 2003, 116; Herv. im Orig.). In dieser Situation veröffentlichen Black, Scholes und Merton ihre Überlegungen zur Modellierung des Optionspreises: Demnach besteht das erste Handlungsproblem der ökonomischen Akteure in dem Umstand, zum Zeitpunkt t den Wert eines Gutes zum Zeitpunkt t_1 voraussagend bewerten zu müssen, um dann auf der Grundlage dieser Bewertung eine Entscheidung treffen zu können. Das zweite Problem besteht darin, den Preis der Option und damit die Prämie in Abhängigkeit von dieser Wertentwicklung festzulegen. Diese Fixierungen, die auch bei anderen Verkaufsabschlüssen eine wichtige Rolle spielen, werden umso komplexer, wenn der Objektwert, der dem Handel zugrunde liegt, nicht konstant zu- oder abnimmt, sondern einer volatilen Bewegung folgt, wie dies für Aktien, die auf internationalen Finanzmärkten gehandelt werden, der Fall ist. Unter der Voraussetzung verschiedener und vereinfachender Annahmen (etwa keine Transaktionskosten) lautet der Vorschlag von Black, Scholes und Merton wie folgt: Wenn der Preis einer Aktie dem Standardmodell einer normal verteilten Wahrscheinlichkeit (*random walk*) folgt, dann kann auch jede Transaktion abgesichert, das heißt gedeckt werden. Die Deckung geschieht durch ein kontinuierlich angepasstes Portfolio, dessen Bezugspunkt die Preisentwicklung derjenigen Aktien darstellt, auf die sich der konkrete Handel bezieht (*replicating portfolio*). Der Preis der Option (die Prämie) gleicht dabei die Kosten dieses Portfolios aus; aber die auftretende Divergenz der Preise führt zum Handel mit ihnen, denn über Arbitrage kann ein relativ risikofreier Gewinn erzielt werden, wodurch die Divergenz der Kosten von Option und Portfolio wieder ausgeglichen wird (vgl. MacKenzie 2000; MacKenzie/Millo 2003, 120ff.).

Abb. 1: Black/Scholes/Merton-Formel*

Darstellung 1:

$$C(S, E, t, r, s) = e^{-dt} S N(d_1) - E e^{-rt} N(d_2)$$

Where:

$$d_1 = [\ln(S/E) + (r - d + s^2/2)t]/s\sqrt{t}$$
$$d_2 = d_1 - s$$

Darstellung 2:

$$\frac{\partial w}{\partial t} + \frac{1}{2} s^2 x^2 \frac{\partial^2 w}{\partial x^2} + rx \frac{\partial w}{\partial x} - rw = 0$$

w : Preis der Option; x: Aktienpreis; t: Zeit
s: Volatilität, r: risikofreie Zinsrate

(*Quellen: http://www.cboe.com; MacKenzie/Millo 2003)

Die Entwicklung der mathematischen Formel des *Option Pricing*-Modells (siehe Abb. 1) folgte – wie MacKenzie (2003) darstellt – weniger festgelegten mathematischen Regeln, sondern den Regeln der *bricolage* und des *tinkering* (hierzu auch Heintz 2000, 137ff.). Dies lag u.a. in dem fehlenden mathematischen Wissen zentraler Akteure begründet. Nicht unmittelbar bekannt war etwa, wie auf der Basis einer logarithmischen Differentialgleichung ein Null-Beta (β)-Portfolio konstruiert werden kann. Gelöst wurde dieses Problem durch Bezug auf Vorarbeiten jener Zeit (insbesondere auf das *Capital Asset Pricing Model*) und durch die Berücksichtigung stochastischer Berechnungsmethoden, die von Merton eingebracht wurden (vgl. MacKenzie 2003).

Die Veröffentlichung des Modells im Jahre 1973 übte zwei Effekte aus, die für die weitere Entwicklung des Chicagoer Optionshandels (*CBOE*) wichtig wurden: Zum einen entfiel, da das Risiko nun rational bestimmbar schien, der Verdacht, dass der Handel mit derivaten Produkten einem Glücksspiel ähnelt; zum anderen veränderte das Modell die Vorstellung von Risiko und vom ökonomischen Umgang mit ihm: In diesem Sinne stellte es ein kognitives Instrument der Kalkulation und Entscheidung dar. Gleichwohl entsprach die Realität des CBOE nicht den Annahmen, die dem Modell unterlagen; vier ineinander greifende Entwicklungen waren die Voraussetzung dafür, dass das Modell zur Realität machenden und verkörpernden Entität werden konnte. Erstens veränderten sich die Finanzmärkte dergestalt, dass eine Reihe von Annahmen, die 1973 noch unwahrscheinlich waren, passend wurden; zweitens wurde das Modell getestet, auf seine empirische Validität überprüft und angepasst; drittens wurde das veränderte Modell im Handel als ein „guide to trading" (MacKenzie/Millo 2003, 123) zunehmend wichtiger und rahmte damit den eigenen Erfolg: Es wurde zur „public property of the entire floor" (Mac Kenzie/Millo 2003, 126), das bis in die Sprache der Händler den Handel rekonfigurierte; viertens wurde das Problem, dass die Anpassung eines Portfolios die schnelle Verfügbarkeit von Informationen über Preisentwicklungen auf den Aktienmärkten voraussetzt, durch die einsetzende Revolutionierung der Kommunikations- und Informationstechnologie gelöst: Rechner, Informationsterminals und Handcomputer, die die Information per Infrarottechnologie vom Händler zum Rechner übertragen, bestimmen heute das Bild. Der beinahe erfolgte Crash im Oktober 1987 führte schließlich dazu, dass im CBOE nicht mehr das klassische *Option Pricing*-Modell, sondern das so genannte Cox-Ross-Rubinstein-Modell verwendet wird: Es kombiniert Marktprozesse und das praktische Wissen der Händler (vgl. MacKenzie/Millo 2003, 128-131).

MacKenzie und Millo untersuchen – wie dargelegt – die Homogenisierung des Optionshandels durch die Erfindung eines Kalküls und die Einführung neuer Technologien, wobei sie die technologische Komponente dieser Praxis aus der Perspektive der *Actor-Network Theory* respektive der *Social Studies of Science and Technology* betrachten: Die Umsetzung einer Kalkulation erfolgt demnach im Zusammenspiel eines Netzwerkes von *humans* und *non-humans*, wobei diese Idee einer Sozio-Technik die Trennung von sozialen und materiellen Aspekten der Kalkulation aufhebt und systematisch zu einer Entität verknüpft. Ihre Arbeiten bestätigen die Annahme der Performanz ökonomischer Theorie insofern, als sie die Rahmung der Praktiken durch ein ökonomisches Modell und durch kognitive Instrumente, die sich an es anlehnen, empirisch detailliert belegen. Sie kritisieren zugleich aber auch die Verkürzung der *Actor-Network Theory*, durch die andere soziale Phänomene – etwa die „moralische Gemeinschaft" der Akteure – unthematisiert bleiben.

5. Schluss

In diesem Aufsatz ging es darum, einige zentrale Themen der neuen, wissenschaftssoziologisch und praxistheoretisch ausgerichteten Wirtschafts- und Finanzsoziologie systematisch zu betrachten. Herausgearbeitet wurden die bislang vorliegenden Konzepte der „laws of the markets" (Callon), des Umgangs mit Ungewissheit und der historischen und technischen Hervorbringung ökonomischer Berechnungen. Ein Thema kristallisiert sich dabei als wichtig für die weitere Forschung heraus, und zwar „ökonomische Kalkulation" und Fragen nach ihrer technischen Rahmung, Medialität und Performativität; damit nehmen diese wirtschafts- bzw. finanzsoziologischen Studien eine thematische Orientierung auf, die auch in den *Science and Technology Studies* prominent ist (vgl. Pickering 1995; Lenoir 1998). Kalkulation und ihre Umsetzung verweisen nicht zuletzt auf Werkzeuge, mit denen dies geschieht (etwa: Formeln, Tabellen, Schrift) und die ihrerseits durch ihre eigene Rhetorik kognitive Praktiken stabilisieren. Als solche sind sie ein zentraler Bestandteil des Managements ökonomischer Ungewissheit und der Entscheidungsfindung.

In diesem Zusammenhang wird einem analytischen Konzept eine besondere Erklärungskraft ökonomischer Handlungen eingeräumt: Die Rede ist vom Begriff der Performanz bzw. der Performativität. In den zurückliegenden Jahren wurde die sprachliche Performanz wirtschaftstheoretischer Diskurse innerhalb der Wirtschaftstheorie selbst zum Gegenstand der Forschung.[15] Im Rahmen der in diesem Aufsatz diskutierten Arbeiten der neuen Wirtschafts- und Finanzsoziologie spricht – wie dargelegt – Callon (1998, 23) von der Performanz der Wirtschaftstheorie, die ökonomische Praktiken einbettet. Das heißt: Mit der These der performativen Hervorbringung der ökonomischen Praxis fokussiert Callon (1998) nicht die inhärenten Bedingungen dieser Praxis als Praxis, sondern die außerhalb der Theorie liegende Wirkung der Theorie, die ihrerseits nur durch die Verwendung im Kontext der Formatierungsarbeit erzielt und von Vermittlern umgesetzt wird. Die Verwendung des Performanz- bzw. Performativitätsbegriffs meint in diesem Fall somit For-

---

[15] Die Studien verwenden klassische Rhetorikkonzepte, den Diskursbegriff Foucaults und das semiotische Konzept der Mythen (vgl. McCloskey 1994; Amariglio 1990; Cullenberg/Dasgupta 2001; Henderson et al. 1992).

matierung des Sozialen durch die Produktion und Verwendung formeller Informationen, was die Analyse der historischen Durchsetzung von Konzepten (etwa der *Option Pricing Theory*) einschließen kann. Damit eine solche Investition in die Form ihr Ziel auch erreicht, muss sie neben der Simplifizierung von Komplexität, die sie durchführt, auch Vermittler hervorbringen, die die Ausgangsentitäten relativ getreu repräsentieren, um die Kette der Übersetzung reversibel zu halten (vgl. Callon/Law 1989).

Die Konstruktion von Wirklichkeit und ihre Selbstreferentialität sind in diesen Studien, so lässt sich resümieren, der Gehalt des Performanz- bzw. Performativitätsbegriffs: Mit dem verfügbaren Wissen der ökonomischen Theorie und mit den verfügbaren Zeichen der mathematischen Sprache werden ökonomische Prozesse dargestellt. Kultur- und literaturwissenschaftliche Lesarten betonen stärker, dass Performanz gerade darin zu sehen ist, dass etwas durch etwas anderes aufgeführt, wiederholt und verkörpert wird. Die Frage, welches Element diese Rolle in der Welt der Geschäftsbanken und Finanzmärkte übernimmt, führt auf die Spur der „symbolischen Maschinen" (vgl. Heintz 1993; Krämer 1991) und damit zur Rolle der Schrift in ökonomischen Lebenswelten: Als „operative Schrift" (vgl. Krämer 1997) verkörpern und modellieren sie Information und Kalkulation.[16] Die Bedingung der Möglichkeit, Formeln zu entwickeln und praktisch zu erproben (etwa die Black/Scholes/Merton-Formel) ist an diese performative Kraft der operativen Schrift und an ihre Erprobung gebunden. Es wäre nun analytisch zu kurz gegriffen, die Umsetzung von Formeln und Kalkulationen lediglich funktional zu betrachten und ihnen den Effekt zuzuschreiben, dass sie Schichten des ökonomischen Handelns sichtbar und damit verfügbar machen. Nein, Modellierungen und Kalkulationen machen nicht einfach etwas sichtbar, das zuvor unsichtbar war – so als existierte eine direkte empirische Referenz der Repräsentation –, sondern sie verweisen auf die Arbeit an der Darstellung, die das, was sie darstellt, in die Welt einführt.

Für die weitere Erforschung der ökonomischen Kalkulation als einer Praxis erscheinen mir zwei Aspekte wichtig. Eine Soziologie der ökono-

---

[16] Schrift ist das Medium, in dem dargestellt und zugleich operiert, festgehalten und vergessen werden kann; Schrift rekonfiguriert die Konstellation von Anwesenheit und Abwesenheit und konstituiert die Wahrnehmung von (empirischen) Gegenständen durch deren schriftliche Darstellung (ausführlich: Luhmann 1998, 249ff.; Gumbrecht/Pfeiffer 1993).

mischen Kalkulation hat deren Welt konstituierenden Charakter in den Blick zu nehmen. Es geht weniger darum, dass ökonomische Objekte und Praktiken durch Formeln, Gleichungen und Berechnungen dargestellt werden oder Abwesendes durch Inskriptionsprozesse repräsentiert wird, sondern dass sie durch die *tools* der Kalkulation hervorgebracht werden, eine Kalkulation, die ihrerseits Uniformität, Vergegenständlichung und Herrschaft einschließt. Das, was die finanz- und bankwirtschaftliche Soziotechnologie der Kalkulation hervorbringt, ist zwar der ökonomischen Welt inhärent, aber dennoch nicht von der Aktivität und den Mitteln der Hervorbringung zu trennen. Ökonomische Kategorien und ihre (wirtschafts-)theoretische Unterlegung führen zu einem Gegenstandsentwurf, der ökonomische Prozesse so ordnet, wie sie in der (technisch gestützten) Kalkulation gebraucht werden. *Etwas berechnen* heißt dann, Dinge durch Uniformierung und Funktionalisierung kommensurabel zu machen. Da Kommensurabilität die Differenzen von Dingen und Praktiken einebnet, indem sie diese in Zahlen transformiert und damit einen einheitlichen und verbindlichen Ausdruck stiftet, werden Beziehungen zwischen Dingen und Praktiken hergestellt, die zuvor inexistent waren (detailliert Kalthoff 2005; 2007).[17] Das heißt: Nicht das Risiko (etwa beim Optionshandel) bedingt die ökonomische Darstellung und Entscheidung, sondern die Kalkulation und ihre technischen und schriftlichen Medien bedingen das Hervorbringen des Risikos – und damit den Markt, das Geschäft und den Gewinn.

Literatur

Abolafia, M. Y. (1996a): Making Markets: Opportunism and Restraint on Wall Street, Cambridge

Abolafia, M. Y. (1996b): Hyper-Rational Gaming, in: Journal of Contemporary Ethnography, 25, S. 226-250

---

[17] An dieser Stelle bestehen Anschlussmöglichkeiten an die Forschungen zur Kommensurabilität. Sie wird wie folgt verstanden: „Commensuration is the expression or measurement of characteristics normally represented by different units according to a common metric. Utility, price and cost-benefit ratios are common examples of commensuration, although the logic of commensuration is implicit in a very wide range of valuing systems" (Espeland/Stevens 1998, 315).

Amariglio, J. L. (1990): Economics as a Postmodern Discourse, in: Samuels, W.J. (Hrsg.), Economics as Discourse. An Analysis of the Language of Economists, Boston, S. 14-46

Arrow, K. J. (1994): Methodological Individualism and Social Knowledge, in: The American Economic Review 84, S. 1-9

Arrow, K. J., Hahn, F. H. (1971): General Competitive Analysis, San Francisco, Edinburgh

Aspers, P. (2005): Performativity, Neoclassical Theory and Economic Sociology, in: Economic Sociology 6 (2), S. 33-39

Austin, J. L. (1975): Performative Äußerungen, in: Austin, J. L., Wort und Bedeutung. Philosophische Aufsätze, München, S. 245-268

Austin, J. L., (1992): How to do Things with Words, New York [1962]

Baecker, D. (1991): Womit handeln Banken? Eine Untersuchung zur Risikoverarbeitung in der Wirtschaft, Frankfurt/M.

Baecker, D. (1992): Für eine Soziologie der Banken, in: Sociologia internationalis 30, S. 101-116

Baker, W. E. (1984a): The Social Structure of a National Securities Market. American Journal of Sociologie 89, S. 775-811

Baker, W. E. (1984b): Floor Trading and Crowd Dynamics, in: Adler, P.A., Adler, P. (Hrsg.), The Social Dynamics of Financial Markets, Greenwich, S. 107-128

Baker, W. E. (1990): Market Networks and Coporate Behavior, in: American Journal of Sociology 96, S. 589-625

Barber, B. (1995): All economies are ‚embedded‘: the career of a concept, and beyond, in: Social Research 62, S. 387-413

Beckert, J. (1996): Was ist soziologisch an der Wirtschaftssoziologie, in: Zeitschrift für Soziologie 25, S. 125-146

Beckert, J. (1997): Die Grenzen des Marktes. Die sozialen Grundlagen wirtschaftlicher Effizienz, Frankfurt/M./New York

Beckert, J. (1999): Agency, Entrepreneurs, and Institutional Chance. The Role of Strategic Choice and Institutionalised Practices in Organisations, in: Organisation Studies 20, S. 777-799.

Beunza, D., Stark, D. (2004): Tools of the Trade: The Socio-Technology of Arbitrage in a Wall Street Trading Room, in: Industrial and Corporate Change 13, S. 369-401

Black, F., Scholes, M., (1973): The Pricing of Options and Corporate Liabilities, in: Journal of Political Economy 81, S. 637-654

Burchell, S., Clubb, C., Hopwood, A., Jughes, J., Nahapiet, J., (1980): The Roles of Accounting in Organizations and Society, in: Accounting, Organizations and Society 5, S. 5-27

Burt, R. (1992): Structural Holes. The Social Structure of Competition, Cambridge

Butler, J. (1988): Performative Acts and Gender Constitution. An Essay in Phenomenology and Feminist Theory, in: Conboy, K. (Hrsg.), Writing on the Body, New York, S. 401-417

Callon, M. (1998): Introduction: The embeddedness of economic markets in economics, in: Callon, M. (Hrsg.), The Laws of the Market, Oxford/Malden, S. 1-57

Callon, M., Latour, B. (1997): ‚Tu ne calculeras pas!' Ou comment symétriser le don et le capital, in : Revue de MAUSS 9, S. 45-70

Callon, M., Law, J. (1989): La proto-histoire d'un laboratoire ou le difficile mariage de la science et de l'économie. Innovation et ressource locales, in : Cahiers du centre d'études de l'emploi 32, S. 1-34

Collins, H., Pinch, T. (1999): Der Golem der Forschung. Wie unsere Wissenschaft die Natur erfindet, Berlin [1993]

Cullenberg, S., Dasgupta, I. (2001): From Myth to Metaphor. A semiological analysis of the Cambridge capital controversy, in: Cullenberg, S., Amariglio, J., Ruccio, D.F. (Hrsg.), Postmodernism, economics and knowledge, London, New York, S. 337-353

Dasgupta, P. (1988): Trust as a commodity, in: Gambetta, D. (Hrsg.), Trust. Making and breaking cooperative relations, Oxford, S. 49-72

Debreu, G. (1959) Theory of Value. An Axiomatic Analysis of Economic Equilibrium. New York, London

Deutschmann, C. (2000): Geld als ‚absolutes Mittel': Zur Aktualität von Simmels Geldtheorie, in: Berliner Journal für Soziologie 10, S. 301-313

Emirbayer, M., Goodwin, J. (1994): Network analysis, culture, and the problem of agency, in: American Journal of Sociology 99, S. 1411-1454

Espeland, W. N., Stevens, M. L. (1998): Commensuration as a social process, in: Annual Review of Sociology 24, S. 313-343

Fama, E. F. (1970): Efficient Capital Markets: A Review of Theory and Empirical Work, in: Journal of Finance 25, S. 383-417

Fine, B. (2003): Callonistics. A disentanglement. Economy and Society 43, S. 478-484

Fligstein, N. (1996): Markets as Politics: A Political-Cultural Approach to Market Institutions, in: American Sociological Review 61, S. 656-673

Fligstein, N. (2001): The Architecure of Markets, Princeton

Foucault, M. (1977): Überwachen und Strafen. Die Geburt des Gefängnisses, Frankfurt/M.

Foucault, M. (2004): Geschichte der Gouvernementalität II. Die Geburt der Biopolitik, Frankfurt/M.

Gambetta, D. (1988): Trust: Making and Breaking Cooperative Relations, Oxford

Garfinkel, H. (1963): A Conception of, and Experiments with, ‚Trust' as a Condition of Stable Concerted Action, in: Harvey, D. J. (Hrsg.), Motivation and Social Interaction: Cognitive Determinants, New York, S. 187-238

Godechot, O. (2001): Les traders. Essai de sociologie des marchés financiers, Paris

Goffman, E. (1980): Rahmen-Analyse. Ein Versuch über die Organisation von Alltagserfahrungen, Frankfurt/M. [1974]

Grabher, G. (1993): The embedded firm. On the socioeconomics of industrial networks, London/New York

Granovetter, M. (1973): The Strength of Weak Ties, in: American Journal of Sociology 78, S. 1360-1380

Grossman, S., Stiglitz, J. E. (1980): On the Impossibility of Informationally Efficient Markets, in: American Economic Review 70, S. 393-408

Gumbrecht, H. U., Pfeiffer, K. L. (Hrsg.) (1993): Schrift, München

Hasselström, A. (2000): ‚Can't buy me love': Negotiating ideas of trust, business and friendship in financial markets, in: Kalthoff, H., Rottenburg, R., Wagener, H.-J. (Hrsg.), Facts and figures. Economic representations and practices, Marburg, S. 257-275

Hayek, F. A. (1937): Economics and Knowledge, in: Economica 17, S. 33-54

Hayek, F. A. (1952): Individualismus und wirtschaftliche Ordnung, Erlenbach

Heintz, B. (1993): Die Herrschaft der Regel. Zur Grundlagengeschichte des Computers, Frankfurt/M./New York

Heintz, B. (2000): Die Innenwelt der Mathematik. Zur Kultur und Praxis einer beweisenden Disziplin, Wien/New York

Henderson, W., Dudley-Evans, T., Backhouse, R. E. (Hrsg.) (1992): Economics and Language, London/New York.

Hodgson, G. M. (1993): The Economics of Institutions, Aldershot

Hopwood, A. G. (1983): On Trying to Study Accounting in the Contexts in Which It Operates, in: Accounting, Organizations and Society 8, S. 287-305

Kalthoff, H. (2005): Practices of calculation. Economic representation and risk management, in: Theory, Culture & Society 22 (2), S. 69-97

Kalthoff, H. (2006): Zahlenwelten. Studien zur Praxis bankwirtschaftlichen Wissens, Stuttgart (im Erscheinen)

Kappelhoff, P. (1993): Soziale Tauschsysteme. Strukturelle und dynamische Erweiterungen des Marktmodells, München

Knight, F. (1971): Risk, Uncertainty and Profit. With a Foreword by George J. Stigler, Chicago/London [1921]

Knorr Cetina, K/Preda, A. (Hrsg.) (2004): The Sociology of Financial Markets. Oxford: Oxford University Press.

Krämer, S. (1991): Berechenbare Vernunft. Kalkül und Rationalismus im 17. Jahrhundert, Berlin/New York

Krämer, S. (1996): Sprache und Schrift oder: Ist Schrift verschriftete Sprache?, in: Zeitschrift für Sprachwissenschaft 15, S. 92-112

Krämer, S. (1997): Kalküle als Repräsentation. Zur Genese des operativen Symbolismus in der Neuzeit, in: Rheinberger, H.-J., Hagner, M., Wahrig-Schmidt, B. (Hrsg.), Räume des Wissens. Repräsentation, Codierung, Spur, Berlin, S. 111-122

Krippner, G. R. (2001): The elusive market: Embeddedness and the paradigm of economic sociology, in: Theory and Society 30, S. 775-810

Kubon-Gilke, G. (1997): Verhaltensbindung und die Evolution ökonomischer Institutionen, Marburg

Latsis, J. (2006): Convention and Intersubjectivity: New Developments in French Economics, in: Journal of the Theory of Social Behaviour 36, S. 255-277

Latour, B. (1999): Pandora's Hope. Essays on the Reality of Science Studies, Cambridge

Latour, B. (2001): Eine Soziologie ohne Objekt? Anmerkungen zur Interobjektivität, in: Berliner Journal für Soziologie 11, S. 237-252 [1994]

Lenoir, T., (Hrsg.) (1998): Inscribing science: Scientific texts and the materiality of communication, Stanford

Loft, A. (1986): Towards a Critical Understanding of Accounting: The Case of Cost Accounting in the U.K., 1914-1925, in: Accounting, Organizations and Society 11, S. 137-169

Luenberger, D. G. (1998): Investment science, New York u.a.

Luhmann, N. (1989): Vertrauen: Ein Mechanismus der Reduktion sozialer Komplexität, Stuttgart [1968]

Luhmann, N. (1994): Die Wirtschaft der Gesellschaft, Frankfurt/M.

Luhmann, N. (1998): Die Gesellschaft der Gesellschaft. Erster Teilband, Frankfurt/M.

MacKenzie, D. (1981): Statistics in Britain, 1865-1930: The Social Construction of Scientific Knowledge, Edinburgh

MacKenzie, D. (2000): Long-Term Capital Management: A sociological essay, in: Kalthoff, H., Rottenburg, R., Wagener, H.-J. (Hrsg.), Facts and figures. Economic representations and practices, Marburg, S. 277-287

MacKenzie, D. (2003): An Equation and its Worlds: Bricolage, Exemplars, Disunity and Performativity in Financial Economics. Social Studies of Science (im Erscheinen)

MacKenzie, D., Millo, Y. (2003): Constructing a Market, Performing Theory: The Historical Sociology of a Financial Derivatives Exchange, in: American Journal of Sociology 109, S. 107-145

Madhavan, A. N., (2000): Market microstructure: A survey, in: Journal of Financial Markets 3, S. 205-258

Mars, F. (1998): ‚Wir alle sind Seher'. Die Praxis der Aktienanalyse, Dissertation, Universität Bielefeld

McCloskey, D. N. (1994): Knowledge and persuasion in economics, Cambridge

Merton, R. C. (1973): Theory of Rational Option Pricing, in: Bell Journal of Economics and Management Science 4, S. 141-183

Miller, P. (1992): Accounting and Objectivity: The Invention of Calculating Selves and Calculable Spaces, in: Annals of Scholarship 9, S. 61-85

Miller, P. (1998): Finding Things Out, in: Accounting, Organizations and Society 23, S. 709-714

Miller, P., O'Leary, T. (1994): Governing the calculable person, in: Hopwood, A. G., Miller, P. (Hrsg.), Accounting as a social and institutional practice, Cambridge, S. 98-115

Mintz, B., Schwartz, M. (1985): The Power Structure of American Business, Chicago

Mirowski, P. (1984): Physics and the ‚marginalist revolution', in: Cambridge Journal of Economics 8, S. 361-379

Mizruchi, M. S., Stearns, L. B. (1994): Money, Banking and Financial Markets, in: Schmelser, N.J., Swedberg, R. (Hrsg.), The Handbook of Economic Sociology, Princeton, S. 313-341

Muniesa, F. (2003): Des marchés comme algorithmes: sociologie de la cotation électronique à la Bourse de Paris, PhD Thesis, École Nationale Supérieure des Mines, Paris

Nassehi, A. (2004): Die Theorie funktionaler Differenzierung im Horizont ihrer Kritik, in: Zeitschrift für Soziologie 33, S. 98-118

Nik-Khah, E. (2006): What the FCC auctions can tell us about the performativity theses, in: Economic Sociology 7 (2), S. 15-21

North, D. C. (1977): Markets and Other Allocation Systems in History: The Challenge of Karl Polanyi, in: Journal of Euopean Economic History 6, S. 703-716

North, D. C. (1990): Institutions. Institutional Change and Economic Performance, Cambridge

Palmer, D. (1983): Broken Ties: Interlocking Directorates and Intercorporate Coordination, in: Administrative Science Quarterly 28, S. 40-55

Pickering, A. (1995): The Mangle of Practice. Time, Agency, and Science, Chicago and London

Piore, M., Sabel, C. (1984): The Second Industrial Devide, New York

Pribram, K. (1992): Geschichte des ökonomischen Denkens, Frankfurt/M.

Rippberger, T. (1998): Ökonomik des Vertrauens. Analyse eines Organisationsprinzips, Tübingen

Reckwitz, A. (2000): Die Transformation der Kulturtheorien. Zur Entwicklung eines Theorieprogramms, Weilerswist

Robson, K. (1992): Accounting Numbers as ‚Inscription': Action at a Distance and the Development of Accounting, in: Accounting, Organization and Society 17, S. 685-708

Rosenberg, A. (1979): Can economic science explain everything?, in: Philosophy of the Social Science 9, S. 509-529

Rosenberg, E. (2000): What is a market? On the Methodology of a Contested Concept, in: Review of Social Economy 58: 455-482

Rottenburg, R. (2002): Weit hergeholte Fakten. Eine Parabel der Entwicklungshilfe, Stuttgart

Rottenburg, R., Kalthoff, H., Wagener, H.-J. (2000): In search of a new bed: Economic representations and practices, in: Kalthoff, H., Rottenburg, R., Wagener, H.-J. (Hrsg.), Facts and figures. Economic representations and practices, Marburg, S. 9-34

Schatzki, T. R., Knorr Cetina, K., Savigny, E. von (Hrsg.) (2001): The Practice Turn in Contemporary Theory, London

Shapiro: P. (1987): The Social Control of Impersonal Trust, in: American Journal of Sociology 93, S. 623-658

Simmel, G. (1992): Soziologie. Untersuchungen über die Formen der Vergesellschaftung, Frankfurt/M. [1908]

Smith, C. W. (1989): Auctions. The Social Construction of Value, Berkeley und Los Angeles

Stark, D. (1996): Recombinant Property in East European Capitalism, in: American Journal of Sociology 101, 993-1027

Sydow, J. (1992): Strategische Netzwerke: Evolution und Organisation. Wiesbaden: Gabler.

Swedberg, R. (1994): Markets as Social Structures, in: Smelser, N. J., Swedberg, R. (Hrsg.), The Handbook of Economic Sociology, Princeton, S. 255-282

Thévenot, L. (1984): Rules and implements: investment in forms, in: Social Science Information 23, S. 1-45

Uzzi, B. (1997): Social Structure and Competition in Interfirm Networks: The Paradox of Embeddedness. Administrative Science Quarterly 42, S. 35-67

Uzzi, B. (1999): Embeddedness in the Making of Financial Capital: How Social Relations and Networks Benefit Firms Seeking Financing, in: American Sociological Review 64, S. 481-505

White, H. C. (1981): Where Do Markets Come From?, in: American Journal of Sociology 87, S. 517-547

Williamson, O. E. (1981): The Economics of Organization: The Transaction Cost Approach, in: American Journal of Sociology 87, S. 548-577

Windeler, A. (2001): Unternehmensnetzwerke. Konstitution und Strukturation, Opladen

Windeler, A. (2003): Spuren im Netzwerkdschungel. Typen von Unternehmensnetzwerken und Besonderheiten ihrer Koordination, in: Hirsch-Kreinsen, H., Wannöffel, M. (Hrsg.), Netzwerke kleiner Unternehmen. Praktiken und Besonderheiten internationaler Zusammenarbeit, Berlin, S. 35-60

Windolf, P. (2002): Corporate Networks in Europe and the United States, Oxford

Wirth, U. (2002): Der Performanzbegriff im Spannungsfeld von Illokution, Iteration und Indexikalität, in: Wirth, U. (Hrsg.), Performanz. Zwischen Sprachphilosophie und Kulturwissenschaften, Frankfurt/M., S. 9-60

Zucker, L. G. (1986): Production of trust: Institutional sources of economic structure. 1840-1920, in: Staw, B. M./Cummings, L. L. (Hrsg.), Research in organizational behavior, Greenwich, S. 53-111

Eine Soziologie der Kalkulation

Werner Sombart und die Kulturbedeutung des Kalkulativen

Uwe Vormbusch

Die Kritik an der verbreiteten Unterstellung, Kalkulation sei ein technisch neutrales Mittel zur Erreichung von (politischen, wirtschaftlichen, sozialen) Sachzielen, ist der Ausgangspunkt der kritischen angelsächsischen Accounting-Forschung der Gegenwart (vgl. Puxty 1993; Becker 2003; Vollmer 2003b; Vormbusch 2004). Die soziologischen Ursprünge eines Denkens, welches die Buchführung als „Schrift des Kapitals" (Baecker 1993) in den Mittelpunkt gesellschaftstheoretischer Überlegungen zur Genese des modernen Kapitalismus stellt, sind jedoch bereits 100 Jahre alt. Sie liegen bei Werner Sombart und Max Weber – in dieser Reihenfolge. Mit Blick auf diese Arbeiten frohlocken Miller/Napier (1993, 636) gut achtzig Jahre später: „No longer would bookkeeping be relegated to the margins of history, now it was placed at centre stage". Für Beide – den soziologischen Klassiker Weber und den verhinderten Klassiker Sombart – war die Rationalisierung der Buchführung nicht allein eine technische Innovation. Sie hat vielmehr den Kapitalismus als solchen erst möglich gemacht. Weber (z.B. 1973, 347) hielt sie für eine der Sondererscheinungen des okzidentalen Kapitalismus, für Sombart war die Genese des Kapitalismus ohne das Wechselspiel von Buchführung und kapitalistischem Geist schlicht nicht denkbar. Während Sombart sehr ausführlich den inneren Verbindungen von unternehmerischer Buchführung als Strukturelement des sich entwickelnden Kapitalismus einerseits, persönlicher und kultureller „Rechenhaftigkeit" andererseits nachgeht, behandelt Weber die „rationale Kapitalrechnung" ausschließlich als eine funktionale Voraussetzung des kapitalistischen Unternehmens – und bleibt damit auf der „Außenseite" des Kalkulativen. Lediglich in den ebenso kurzen wie berühmten Passagen der „Protestantischen Ethik" werden die Verbindungen zwischen den Glaubensüberzeugungen und Heilserwartungen bestimmter Strömungen des Protestantismus und der Neigung zu unternehmerischem, kalkulierenden, ökonomisch rationalen und gewinnorientierten Erwerbshandeln aufgezeigt. Nimmermüdes Kalkulieren ist für Weber hier Bestandteil der Werkheiligkeit des asketischen Protestantismus und Mittel der diesseitigen Versicherung von Heilsgewissheit. Rechenhaftigkeit ist in diesem Zusammenhang kein Laster, sondern eine Tugend – und ein mächtiges Motiv wirtschaftlichen Tätig-Seins.

Sowohl vor diesem theoriegeschichtlichen als auch dem gegenwärtigen wirtschaftspolitischen Hintergrund ist es erstaunlich, dass sich – zumindest in Deutschland – eine *Soziologie der Kalkulation* gerade erst zu entfalten beginnt (vgl. Vollmer 2003a/b, der eine „Soziologie des Rechnens" anmahnt; die Arbeiten aus dem Umkreis der neueren Finanzsoziologie: Knorr-Cetina/Preda 2004; Kalthoff 2004; die Arbeiten zum „Finanzkapitalismus": Deutschmann 2002; Streeck/ Höpner 2003; Windolf 2005). Diese Ansätze zur Untersuchung der gesellschaftlichen Form des Kalkulativen und der kalkulativen Form des Gesellschaftlichen (und es wäre bereits spannend zu diskutieren, ob sich ein solches Label für die genannten Projekte als tragfähig erweist) sehen sich historisch betrachtet der Schwierigkeit einer unterbrochenen theoretischen Auseinandersetzung mit dem Kalkulativen gegenüber. Scheinbar, so Miller (2005, 30) seien die Soziologen „von einem Terrain verbannt worden, das von offenbar komplexen quantitativen Techniken besiedelt wird, die sie bereitwillig als gesellschaftlich bzw. gesellschaftspolitisch neutrale Methoden bar jeden soziologischen Interesses akzeptierten". Und so können heute – gut einhundert Jahre nach Weber und Sombart – nicht mehr als „rudimentäre Ansätze einer Soziologie kalkulativer Praktiken" (ebd., 31) erkannt werden.

Werner Sombart: Buchführung und Kapitalismus
als soziogenetische Einheit

Weber und Sombart untersuchen die Buchführung im Zusammenhang der Genese des okzidentalen Kapitalismus – d.h. in ihrer „Kulturbedeutung". Es geht keineswegs nur um technische Innovationen der

Buchführung und der Organisation von Wirtschaftsunternehmungen, sondern um das Wechselspiel der gesellschaftlichen Wirkung und der gesellschaftlichen Bedingtheit der Buchführung. Ihre Frage nach dem Verhältnis von Kalkulation und modernem Kapitalismus impliziert die doppelte Frage nach der Relevanz kalkulativer Praktiken für das Wirtschafts- und Gesellschafts*system* und für die Handlungs*motive* der Gesellschaftsmitglieder.

Die Eigenart des europäisch-amerikanischen Kapitalismus liegt für Sombart wie für Weber in der Verbindung einer neuen Wirtschaftsgesinnung – des „kapitalistischen Geistes" – mit Veränderungen der wirtschaftlichen Organisations- und Verkehrsformen, denn kapitalistische Verkehrsformen – hier stimmen beide vollkommen überein – habe es in unterschiedlichen Epochen und Weltregionen gegeben (vgl. Weber 1958, 303). Für Sombart stellt die Buchführung die fehlende analytische Verbindung zwischen der Organisation von Unternehmungen und der Entfaltung des Erwerbstriebes als Teil des „kapitalistischen Geistes" her. Sie ist für ihn das Scharnier, mittels dessen das kapitalistische Handlungssystem und das Inventar wirtschaftlicher Motive und Antriebe miteinander verbunden werden. Folgt man der von Sombart vorgeschlagenen Argumentation, dann liegt die soziogenetische Bedeutung der doppelten Buchführung darin, dass sie auf beiden Vergesellschaftungsebenen – sowohl der Ebene der systemischen Verknüpfung von Handlungen und Handlungsfolgen als auch auf der Ebene der psychischen Dispositionen und Motivlagen – wirksam geworden ist; hierdurch ist die wechselseitige Durchdringung der kapitalistischen Entwicklungsdynamik auf den Ebenen von Person, Kultur und System und damit der Siegeszug des Kapitalismus überhaupt erst möglich geworden. Ohne doppelte Buchführung kein Kapitalismus, so die provokante These Sombarts.

Um den Stellenwert der doppelten Buchführung im Rahmen des gesellschaftlichen Entwicklungsmodells Sombarts besser verstehen zu können, soll dieses hier in knapper Form skizziert werden. Die historische Entwicklung ist für Sombart durch eine Abfolge von Wirtschaftssystemen gekennzeichnet, auf ihn gehen die Begriffe des Vor-, Früh-, Hoch- und Spätkapitalismus zurück.[1] Allerdings galt sein Hauptinteresse weni-

---

[1] Zum Begriff des Wirtschaftssystems bei Sombart vgl. z.B. „Die Ordnung des Wirtschaftslebens" in Ebner/Peukert 2002, 265ff.

ger der Ausarbeitung einer systematischen Stufenfolge von Wirtschaftssystemen, d.h. einem übergreifenden Stufenmodell historisch-gesellschaftlicher Veränderung, als vielmehr speziell dem kapitalistischen Wirtschaftssystem. Stufentheorien waren auch zum damaligen Zeitpunkt nichts Neues. Die historische Schule der Nationalökonomie lehnte bekanntlich ökonomische „Gesetze" mit überzeitlichem Charakter ab und verwendete stattdessen Stufenkonzepte mit je spezifischen wirtschaftlichen Handlungsprinzipien. Auf der anderen Seite hatte Karl Marx bereits etwa fünfzig Jahre vor Sombart seine – gegen den Relativismus der historischen Schule gewandte – Theorie des Historischen Materialismus vorgelegt. An dieser orientiert sich auch Sombarts Begriff des Wirtschaftssystems, mit dem Unterschied allerdings, dass Sombart neben der „Ordnung des Wirtschaftslebens" (in der Marxschen Terminologie den „Produktionsverhältnissen") und der „Technik" (den „Produktivkräften") eine dritte Grundkategorie, die des „Geistes im Wirtschaftsleben", einführt.[2] Dementsprechend wird für Sombart (z.B. 2002a, 289ff.) eine geschichtliche Epoche durch die besondere Verbindung einer Wirtschaftsordnung mit der Dominanz eines bestimmten wirtschaftlichen Geistes charakterisiert, wobei dieser Geist nicht auf die Sphäre des im engeren Sinne Wirtschaftlichen beschränkt ist, sondern die Gesamtheit aller Lebensverhältnisse durchdringt. Sombart differenziert diesen Geist im Wirtschaftsleben grundlegend in den „Unternehmungsgeist" – den Parsons (1987) als die dynamische und Schumpeter (1987) als seine „schöpferisch-zerstörerische" Komponente ausmachen –, und die „bürgerlichen Tugenden" bzw. den breiten Strom des „ökonomischen Rationalismus", zu dem sowohl Sparsamkeit, Mäßigung und Triebregulation als auch eine spezifische „Moral des Geschäfts"[3] und eine die frühbür-

---

[2] Sombart ist es, der mit den knappen Ausführungen in der ersten Auflage von „Der moderne Kapitalismus" (1902) noch vor Weber den „kapitalistischen Geist" und seine Bedeutung für den gesellschaftlichen Wandel thematisierte. Auch wenn Sombart diesen Geist zu jener Zeit noch im Rahmen einer Sichtweise interpretierte, die dem abstrakten Verwertungsstreben des Kapitals einen kausalen Erklärungsvorrang einräumt, ist doch ihm das Verdienst zuzurechnen, als erster auf seine Bedeutung für die Genese des Kapitalismus hingewiesen zu haben (vgl. hierzu Appel 1992; Takebayashi 2003).

[3] „Es bedeutet auch eine Moral, die den Zweck verfolgt, geschäftliche Vorteile zu erlangen: also eine Moral fürs Geschäft, eine Moral aus Geschäft. [...] Es erscheint von nun ab vorteilhaft (aus Geschäftsrücksichten), bestimmte Tugenden zu pflegen

gerliche Kultur insgesamt prägende „Rechenhaftigkeit"[4] gehören. Dieses dem kapitalistischen Wirtschaftssystem komplementäre Set von Einstellungen, Motivlagen, Handlungsdispositionen und Leitbildern formiere sich in Europa seit dem späten Mittelalter. Die Entstehung des kapitalistischen Geistes verortet Sombart historisch also bereits einige Jahrhunderte vor Weber. Die Wirtschaftsethik, wie sie sich in bestimmten Vorstellungen einer „Geschäftsmoral" und den alle Lebensbereiche prägenden bürgerlichen Tugenden wie Tüchtigkeit, Sparsamkeit und Temperiertheit äußert, ist Teil eines weiter gefassten Systems der Lebensführung, welches bei bestimmten Eliten rational-methodischen Charakter annehme. Auch wenn Sombart und Weber geteilter Meinung über die Ursprünge und demzufolge auch über den historischen Zeitpunkt des Auftretens dieser methodisch-rationalen Lebensführung und des ökonomischen Rationalismus sind, so teilen sie neben der charakteristischen Betonung des Geistes im Wirtschaftsleben das Interesse an Buchführungstechniken für die Analyse der kapitalistischen Entwicklungsdynamik. Die Genese des Kapitalismus ist erstens, so ihre gemeinsame Überzeugung, an die Psychogenese affiner Handlungsdispositionen bzw. Motivlagen gebunden. Zweitens – und hier trennen sich ihre Wege – deutet Sombart diese Psychogenese im Zusammenhang der Kulturbedeutung bestimmter technisch-kultureller Innovationen, insbesondere der Buchführung, und nicht vor dem Hintergrund einer religiös begründeten Ethik. Insbesondere diese Sombartsche Zusammenhangsthese öffnet eine gesellschaftstheoretisch reiche Perspektive auf den Zusammenhang von Kalkulation und Kapitalismus. Denn so gesehen findet das Kalkulative nicht allein auf der Ebene des Wirtschaftssystems im Sinne der Repräsentation ökonomischer Prozesse seinen Ausdruck. Es reicht stattdessen bis in die subjektiven Handlungsmotive, die individuellen Antrie-

---

oder – sie doch wenigstens zur Schau zu tragen, oder sie zu haben und zu zeigen. Diese Tugenden lassen sich unter einem Sammelbegriff zusammenfassen: das ist die bürgerliche Wohlanständigkeit." (Sombart 1923, 162)

[4] Hierunter versteht Sombart (1923, 164) „die Neigung, die Gepflogenheit, aber auch die Fähigkeit, die Welt in Zahlen aufzulösen und diese Zahlen zu einem kunstvollen System von Einnahmen und Ausgaben zusammenzustellen". Für Sombart geht „Rechenhaftigkeit" als ein Aspekt des ökonomischen Rationalismus weit über die technischen Aspekte der Aufstellung einer Bilanz hinaus. Die Rechenhaftigkeit ist in ihrer Kulturbedeutung nicht vom Gesamtkomplex bürgerlicher Tugenden und der methodisch-rationalen Lebensführung zu lösen.

be und ihre kulturelle Verankerung hinein und prägt diese in einer für die Herausbildung des kapitalistischen Wirtschaftssystems entscheidenden Weise. Selbst wenn Sombart sein historisches Entwicklungsmodell nie in der Weise systematisch dargestellt habe, dass es dem Anspruch einer geschlossenen Theorie genüge (so jedenfalls Parsons 1987, 305f.), so lassen sich doch die folgenden Zusammenhänge aufzeigen:

Das Wirtschaftssystem des Kapitalismus

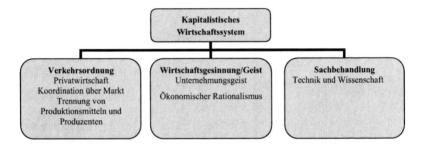

Der kapitalistische Geist

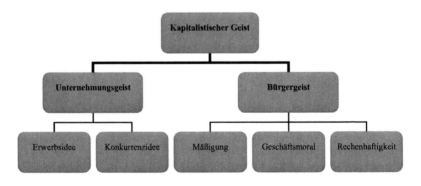

Die historischen Veränderungen des kapitalistischen Geistes (von Unternehmungsgeist, Konkurrenz- und Erwerbsidee, bürgerlichen Tugenden, Geschäftsmoral und Rechenhaftigkeit) können ebenso wenig aus Veränderungen der Sachbehandlung (der „Produktivkräfte" bei Marx) und der Verkehrsordnung (der „Produktionsverhältnisse") abgeleitet werden wie umgekehrt. Gesellschaftlicher Wandel vollzieht sich bei Sombart entsprechend im Zusammenspiel von Wirtschaftsgesinnung und Wirtschaftssystem. Insbesondere die von ihm 1902 (d.h. in der ersten, später revidierten Fassung von „Der moderne Kapitalismus") vertretene Auffassung hebt dabei auf die Veränderung der Werthaltungen der Menschen vor dem Hintergrund der Veränderungen materieller Bedingungen ab. Werkgeschichtlich betrachtet folgt Sombart damit zunächst Marx in seinem Interesse an den materiellen Bedingungen gesellschaftlicher Reproduktion – bezieht sie jedoch auf die Veränderung kollektiver Werthaltungen und Handlungsdispositionen, ein von Marx unter Verweis auf materielle Interessen und Klassenlagen vernachlässigter Zusammenhang. Dem Verwertungsstreben des Kapitals stellt er die historische Untersuchung der Wirtschaftsgesinnung einer Epoche zur Seite. Vermutlich ist es der für seine frühen Arbeiten entscheidende Einfluss von Marx, der ihn zu der These veranlasst, dass es technisch-organisatorische Innovationen im Bereich der Buchführung, m.a.W. die Entwicklung eines spezifischen Sets von Produktivkräften ist, welche die geistigen und psychischen Bedingungen des entstehenden Kapitalismus dergestalt modifizieren, dass sich Handlungsmotive und Handlungsbedingungen zu einem kapitalistisch geprägten Wirtschafts*system* zusammenschließen können.

Das dynamische Element des Wechselspiels von Geist und Struktur, darauf hat vor allem Parsons (1967, 1987) aufmerksam gemacht, ist für Sombart dabei der wirtschaftliche Geist. Dieser ist auf einer ersten Gliederungsebene (siehe Schaubild) zusammen mit der wirtschaftlichen Verkehrsordnung und dem Stand der Technik ein konstitutives Element des gesamten Wirtschafts*systems*. Parsons' Behauptung, dass es vor allem der Geist im Wirtschaftsleben sei, der in Sombarts Theorie das dynamische Element der gesellschaftlichen Entwicklung darstelle, ist dabei einerseits nahe liegend. Sombart selbst hat die Bedeutung des Wirtschaftsgeistes für die gesellschaftliche Entwicklung immer wieder unterstrichen. Andererseits verfehlt diese Einschätzung Parsons' den Versuch Sombarts, ebenso im Anschluss an wie in Ablehnung zentraler Überzeugungen von Marx zwischen idealistischen und materialistischen

Positionen einen eigenen Weg zu finden, und damit den Kern seiner Geschichtsinterpretation und seines Gesellschaftsmodells. Sombart sah wie Weber das Wechselspiel von Ideen- und Interessenkonstellationen als ausschlaggebend an (vgl. Schluchter 1979, 206). Die formative Kraft der Bilanz für die Entfesselung und Formung des Erwerbstriebs als Teil des kapitalistischen Geistes ist ein Beispiel für dieses – beide Seiten prägende – Wechselspiel zwischen dem vorherrschenden Geist und den Strukturmomenten des Wirtschaftssystems. Die herausragende Bedeutung der Buchführung beschreibt Sombart in diesem Zusammenhang so: „Man kann schlechthin Kapitalismus ohne doppelte Buchführung nicht denken: sie verhalten sich wie Form und Inhalt zueinander. Und man kann im Zweifel sein, ob sich der Kapitalismus in der doppelten Buchführung ein Werkzeug, um seine Kräfte zu betätigen, geschaffen oder ob die doppelte Buchhaltung erst den Kapitalismus aus ihrem Geiste geboren habe" (Sombart 1987, 118).

Die Verzahnung von wirtschaftlichem Handlungssystem und den Handlungsmotiven und -antrieben der Wirtschaftssubjekte erfolgt zum einen über die Kulturwirkungen der doppelten Buchführung, durch ihre Verschränkung mit Erwerbstrieb und Unternehmungsgeist, und zum anderen durch ihre Funktion für die Autonomisierung des „Geschäfts", d.h. der frühkapitalistischen Unternehmung. Diesbezüglich trägt die Buchführung entscheidend zur „Emporhebung eines selbständigen Wirtschaftsorganismus über die einzeln wirtschaftenden Menschen hinaus" bei (Sombart 1987, 101). Das frühkapitalistische Unternehmen in Europa und vornehmlich in Italien entsteht in einem langwierigen Prozess ab dem späten 12. Jahrhundert als eine – juristisch, bilanziell und kreditwirtschaftlich – eigenständige Einheit, zu einem durch die institutionellen Kontexte des Unternehmensrechts, der Rechnungslegung und der Kreditwirtschaft regulierten, systemisch integrierten Handlungszusammenhang. Das Konzept eines als überindividueller Handlungs- und Rechenschaftszusammenhang autonomisierten „Geschäfts" steht zusammen mit der Idee, dass man mit Arbeit seinen Lebensunterhalt verdienen könne, für Sombart am Anfang des okzidentalen Kapitalismus. Im frühkapitalistischen Geschäft verbinden sich beide Vorstellungen und die doppelte Buchführung gibt ihnen ihre kalkulative Gestalt. Als Träger der einzelnen Wirtschaftsakte erscheint nicht länger die Person des Kaufmanns, sondern die Unternehmung, welche „ein eigenes, das Leben der Individuen überdauerndes, Leben führt" (ebd.). Aus den vom 12. bis mindestens dem 17./18. Jahrhundert dauernden Veränderungen geht schließlich das kapitalistische Unternehmen als Geschäftseinheit hervor. Analytisch lässt sich diese Einheit in die Komponenten der *Rechtseinheit*, der *Rechnungseinheit* und der *Krediteinheit* auflösen. Baecker (1993, 259f.) fasst dies als einen dreifachen Ausdifferenzierungsprozess: „In den Beschreibungen von *firma*, *ratio* und *ditta* stecken drei präzise angegebene Unwahrscheinlichkeiten der „Verselbständigung des Geschäfts" als „Vermögensorganisation", als die Sombart die Entwicklung des modernen Unternehmens beschreibt" (ebd., 260). In der frühkapitalistischen Unternehmung begegnen sich die Entwicklungen einer zunehmenden Ordnung und Entpersönlichung des Wirtschaftsprozesses und der zunehmenden Entgrenzung des Erwerbstriebes im Sinne seiner Lösung von allen Beschränkungen des mittelalterlichen Bedarfsprinzips. Hiermit ist ein entscheidender Wendepunkt in der Entwicklung des modernen Kapitalismus markiert. Welche Rolle spielte die Buchführung hierbei?

Historisch verortet Sombart in weitgehender Übereinstimmung mit Weber als auch mit Wirtschaftshistorikern (Weber 1958, 238ff.; Weber 1973, 344ff.; Yamey 1949; 1964; Winjum 1971; Bryer 1993a/b) die Ursprünge der doppelten Buchführung in das Italien des 13. und 14. Jahrhunderts, in die italienischen Stadtstaaten, nach Genua, Pisa, Mailand und insbesondere nach Florenz, das „Newyork des Quattrocento" (1923, 136). Sie tauchte in den norditalienischen Stadtstaaten zwischen 1250 und 1350 auf (Bryer 1993b, 114). Während die Buchhaltungstechniken des mittelalterlichen Handwerks geradezu durch ihre „Unvollkommenheit und namentlich Höchstpersönlichkeit", durch das „wüste Durcheinander von allerhand Aufzeichnungen" gekennzeichnet sind (Sombart 1916, 111; vgl. Hoskin/Macve 1986, 120f.), seien Ansätze zu ihrer systematischen Ordnung zuallererst in den öffentlichen Haushalten der italienischen Stadtstaaten ab dem 13. Jahrhundert zu beobachten (zum Folgenden vgl. Sombart 1987, 101ff.). In Mailand, Pisa und Florenz müssen ab dem 13. Jahrhundert eigens eingesetzte Beamte jährlich Auskunft über das öffentliche Schuldwesen geben. In Florenz wird ein Inventar des beweglichen und unbeweglichen Vermögens aufgenommen. Das Breve Pisano von 1286 verlangt die Führung zweier getrennter

---

[5] Die Innovationen der Buchführung sind an Innovationen der Organisationsformen des Handels und des Gewerbes gekoppelt, welche hier nicht näher erörtert werden können (vgl. Weber 1958, 180ff.; Bryer 1993b).

Bücher, eines für die Einnahmen, das andere für die Ausgaben. Für Florenz ist eine Bilanz bereits für die Jahre 1336-1338 nachweisbar, für Rom für das Jahr 1368, für Mailand 1463. Die Systematisierung der Buchführung erfolgt im Wesentlichen in drei Schüben:

1. Am Anfang ihrer Systematisierung steht die Form des Kontos. Während die Aufzeichnungen mittelalterlicher Kaufleute sich durch ihren notizenhaften und nicht für die öffentliche Rezeption gedachten Charakter auszeichnen, wird durch das Konto erstmalig die „ungegliederte und auf die Person eines Schreibers zugeschnittene Notizensammlung entzweigebrochen, ..." (Sombart a.a.O., S. 112).

2. Die zweite wesentliche Innovation stellte die Einführung einer „Doppelschreibung" dar, die Praxis also, jeden Posten in zwei einander gegenüberliegende und komplementäre Konten gleichzeitig zu buchen, so dass die Zuflüsse einer Seite die Abflüsse der anderen darstellen. Durch diese *doppelte Buchführung* „werden sämtliche Konten eines Geschäfts gleichsam wie mit einem Band zu einem Bündel zusammengeschnürt" (ebd., 113).

3. Der dritte Schritt bestand darin, die bis dato geführten Bestandskonten um ein Gewinn- und Verlustkonto und ein Kapitalkonto zu ergänzen, um so den gesamten Kapitalkreislauf abbilden zu können. „Erst mit der Einstellung dieser Konten kann sich der von der doppelten Buchhaltung zu erfassende Kreislauf des Kapitals ohne Unterbrechung vollziehen: aus dem Kapitalkonto über die Bestandskonten durch das Gewinn- und Verlustkonto in das Kapitalkonto zurück" (ebd., 114).

Als das erste wissenschaftliche System der doppelten Buchführung bezeichnet Sombart (in Übereinstimmung mit vielen Anderen) das 1494 veröffentlichte System des Fra Luca Pacioli[6]. Sombart geht davon aus, dass die doppelte Buchführung auch empirisch „schon während der frü-

---

[6] Fra Luca Pacioli gilt als eines der „Universalgenies" der Renaissance. Das in seiner „Summa de Arithmetic Geometria Proporitioni et Proportionalita" enthaltene Kapitel stellt keinen genuin eigenen Ansatz dar, sondern die zu seiner Zeit ausführlichste Darstellung buchhalterischer Technik – geschrieben in der Volkssprache Italienisch, nicht in der Gelehrtensprache Latein. Sein Zielpublikum sind Geschäfts- und Kaufleute. Thompson (1994, 55f.) weist darauf hin, dass Paciolis Werk vermutlich auch deshalb solchen Erfolg hatte, weil es als erstes Buch über Buchführung gedruckt und damit weitläufig distributierbar wurde.

kapitalistischen Epoche zur vollen Entfaltung gekommen" sei (ebd., 117). Selbst Yamey (1949, 100f.), der Sombarts Generalthese eines soziogenetischen Zusammenhangs neuer Buchführungstechniken mit der Durchsetzung des Kapitalismus entschieden ablehnt[7], stützt diese Annahme: es habe zu jener Zeit bereits eine ausgearbeitete Technik der doppelten Buchführung gegeben, diese sei bereits in den frühesten Texten gut definiert, um schließlich im siebzehnten Jahrhundert weitgehend standardisiert gewesen zu sein. Auch Winjum (1971, 340) schließt sich dieser Einschätzung an, differenziert jedoch zwischen den italienischen Stadtstaaten. Während in den Filialen der florentinischen Handels- und Bankhäuser seit dem 14. Jahrhundert regelmäßig auch Bilanzen aufgestellt worden und an die Zentrale in Florenz gesendet worden seien, sei die Buchführungspraxis trotz der prinzipiellen Verfügbarkeit der Bilanztechnik in Venedig anders einzuschätzen. Hier sei aufgrund der niedrigeren Komplexität und der relativen Unabhängigkeit der Einzelgeschäfte die Notwendigkeit einer jährlichen Bilanzierung nicht als dringend angesehen worden.

Die doppelte Buchführung steht stellvertretend für das methodische und theoretische Anliegen Sombarts, das kapitalistische Wirtschaftssystem als Verbindung struktureller und ideeller Bewegungsmomente zu betrachten. Neben der Ordnung aller wirtschaftlichen Vorgänge sieht Sombart (1987, 119) eine Wirkung der doppelten Buchführung in der Trennung des abstrakten Gewinnziels „von allen naturalen Zwecken der Unterhaltsfürsorge" und damit von den Prämissen einer Bedarfswirtschaft. Der Ordnung der äußeren Wirtschaftsvorfälle entspricht sozusagen die Herstellung einer inneren Ökonomie, welche die Motivstruktur der Wirtschaftssubjekte grundlegend zu verändern weiß. An die Stelle der mittelalterlichen *Bedarfs-* tritt die rational-kontinuierliche *Erwerbs*orientierung. Damit aber ist eine radikale Veränderung der wirtschaft-

---

[7] Die Kritik von Wirtschaftshistorikern und -theoretikern an der „Sombartthese" (Yamey 1949; 1964; für eine vermittelnde Position Winjum 1971; vgl. Miller/ Napier 1993) konzentriert sich bedauerlicherweise auf technische Fragen der Verbreitung und der empirischen Anwendung der doppelten Buchführung in Europa seit der frühen Neuzeit. Sombarts eigentliches Anliegen, die Funktion der doppelten Buchführung im Rahmen eines allgemeinen gesellschaftlichen Entwicklungsmodells und in ihrer Funktion der Transformation der Erwerbsmotive bestimmter ökonomischer Eliten zu skizzieren, wird in diesem Zusammenhang nicht gewürdigt..

lichen Handlungsmotive bezeichnet. Die doppelte Buchführung stellt so gesehen ein ökonomisches Deutungsmuster dar, welches die Aufmerksamkeit der Wirtschaftssubjekte auf einen einzigen Zweck lenkt: die Vermehrung des Buchgewinns. „Wer sich in die doppelte Buchhaltung vertieft, vergißt alle Güter- und Leistungsqualitäten, vergißt alle organische Beschränktheit des Bedarfsdeckungsprinzips und erfüllt sich mit der einzigen Idee des Erwerbes [...]" (ebd., 120). Die doppelte Buchführung ist das Medium der Durchsetzung einer ebenso abstrakten wie entgrenzten Profitorientierung. Gleichzeitig vollzieht sich über sie ein enormer Schub der Rationalisierung der Wirtschaft; alle wirtschaftlichen Vorgänge werden in quantitativen Begriffen darstellbar, Wirtschaft erhält die (letztlich inhaltsbestimmende) Form der „allgemeinen Rechenhaftigkeit" (ebd.). Alle wirtschaftlichen Erscheinungen nur in Quantitäten zu erfassen, löst einen enormen Schub sowohl für die formale Rationalisierung des Wirtschaftslebens als auch für die Abstraktifizierung des Erwerbsprinzips, d.h. seine Loslösung von bedarfsorientierten Erwägungen, aus. Die wirtschaftliche Welt wird in Ziffern aufgelöst, demzufolge „heißt Wirtschaften Rechnen." (ebd.). Die doppelte Buchführung ist somit ein wesentlicher Bestandteil der Konstruktion gesellschaftlicher Wirklichkeit *unter kapitalistischen Bedingungen* und *gleichzeitig konstituiert sie das spezifisch Kapitalistische* dieser Wirtschaft mit (neben Betriebsförmigkeit, kontinuierlichem Erwerb, kapitalistischem Geist): durch die mit ihr implizierte Quantifizierung, durch die praktische Organisation des Kreislaufs des Kapitals und schließlich durch die hiermit implizierte Idee der Vermehrung des Kapitals um des Kapitals willen. Indem sie in dieser Weise den Begriff und die Vorstellung von Kapital erst schafft, schafft sie gleichzeitig die spezifische Vorstellung der kapitalistischen Unternehmung als der Organisationsform des Prozesses der Kapitalverwertung. Die Einheit des Geschäfts leitet sich nicht mehr aus der unverwechselbaren Person des Unternehmers ab, vielmehr tritt sie „dem Unternehmer als ein Selbständiges gegenüber, das nach inneren, eigenen Gesetzen bewegt wird" (ebd., 123). Mit diesen Überlegungen zu einer durch abstrakten Zahlengebrauch und organisiertes Rechnen konstituierten eigenständigen Realität nimmt Sombart Interpretationen der postmodernen Schule heutiger Accounting-Theoretiker vorweg (vgl. Macintosh 2001). Die Bilanz erzeugt als das paradigmatische kapitalistische Zeichensystem eine neue *doppelte* Realität für die Wirtschaftssubjekte. Diese tritt dem Unternehmer in ihrer entwickelten Form als etwas Objektives, als systemisch verankerter Handlungszwang gegenüber, an dem er sich bei Strafe des Untergangs zu orientieren hat. Sie bildet aber auch einen Teil seiner inneren Realität und formiert als solche die Handlungs*motive* kapitalistischen Wirtschaftens.

Aus der Perspektive der soziologischen Nachwelt stand die skizzierte „Sombart-These" (Yamey 1949) ebenso wie Sombart selbst im Schatten Webers, welcher die Genese und die Gestalt der modernen Buchführung jedoch nicht systematisch untersucht. Es ist Sombart, nicht Weber, der die kulturelle, ökonomische und gesellschaftliche Bedeutung der doppelten Buchführung ausführlich analysiert. Die Buchführung erscheint so – noch weit vor den Arbeiten der kritischen Accountingforschung des 20. Jahrhunderts – nicht als ein technisches Instrument zur Lösung von Sachproblemen, sondern als eine Kulturtechnik, durch welche der Erwerbstrieb zugleich *entfesselt* als auch in spezifisch kapitalistischer Weise *geformt* werden konnte. Während es für Weber die innerweltlichen Wirkungen bestimmter Glaubensüberzeugungen, insbesondere des Protestantismus sind, welche den ursprünglich rohen und gewalttätigen Erwerbstrieb in ein Handlungsmotiv des disziplinierten, temperierten und gleichzeitig entgrenzten Kapitalismus umformen, ist es bei Sombart die doppelte Buchführung, welche dieses gleichsam unbehauene und ungestüme Erwerbsmotiv in rational-kalkulierte Bahnen lenkt.

Diese historisch einmalige Formierung gesellschaftlicher Subjektivität bildet von Anfang an eine widersprüchliche Einheit. Auf der einen Seite steht Mäßigung in allen Lebensäußerungen und rationales Kalkül, auf der anderen Seite ein von allem menschlichen Maß gelöstes „Unendlichkeitsstreben". Der Entgrenzung und Abstraktifizierung des Erwerbsmotivs steht die Mäßigung als regulatives Prinzip aller übrigen Lebensbereiche gegenüber. Zeichnete sich der „Bourgeois alten Stils" noch dadurch aus, dass „das Geschäft nur Mittel zum Zweck des Lebens geblieben" ist (Sombart 1923, 196), so ändert sich dies mit der Abstraktifizierung des Gewinnziels durch Buchführung, Bilanz und die Autonomisierung des Geschäfts radikal. Mit der auf den Ebenen des Handlungssystems und der Motivbasis zugleich wirksam werdenden Buchführung wird „der Endpunkt des Strebens eines Unternehmers in die Unendlichkeit gerückt. Für den Erwerb ebenso wenig wie für die Blüte eines Geschäfts gibt es irgendwelche natürliche Begrenzung …" [….] „An keinem noch so fernen Punkte kann der Gesamtgewinn so hoch steigen, dass man sagen könnte: es ist genug" (ebd., 218f.).

Fazit und Ausblick

Die doppelte Buchführung konstituiert das kapitalistische Unternehmen, systemtheoretisch formuliert, als Einheit der Differenz von Einzahlungen und Auszahlungen, Soll und Haben. Sie ist für Sombart kein technisches Instrument zur Lösung von Sachfragen, sondern eine Kulturtechnik, deren Bedeutung für die Entfaltung des okzidentalen Kapitalismus kaum überschätzt werden kann. Im Kontext seines historischen Entwicklungsmodells des Kapitalismus nimmt die Buchführung diejenige Scharnierfunktion zwischen Motivbasis und Handlungssystem des Kapitalismus ein, welche Max Weber der protestantischen Ethik zuweist. Die „praktischen Antriebe zum Handeln" sieht Weber in der „Wirtschaftsethik" einer Religion begründet, Sombart hebt die Bedeutung der Kapitalrechnung hervor[8]. Zur Genese des modernen Kapitalismus tragen folgende Kulturwirkungen der Buchführung bei: Sie ermöglicht (zusammen mit der Verrechtlichung und dem Aufbau eines Kreditsystems) *erstens* die Entpersönlichung, Abstraktifizierung und Autonomisierung des kapitalistischen Unternehmens. Sie schafft damit *zweitens* erst den Begriff des Kapitals und fördert die Idee einer Akkumulation des Kapitals um seiner selbst willen. Und *drittens* entfaltet sich erst durch die Buchführung und die Bilanz der Erwerbstrieb in einer spezifisch kapitalistischen Weise. Die Einheit des Geschäfts als Folge seiner dreifachen Autonomisierung in rechnungstechnischer, kreditwirtschaftlicher und juristischer Hinsicht leitet sich nicht mehr aus der Person des Unternehmers ab, vielmehr tritt sie diesem als ein soziales Verhältnis (als Ausdruck des Verwertungszwangs des Kapitals, der gesellschaftlichen Arbeitsteilung und dem Stand der Technik) gegenüber. Im Sinne Durkheims stellt die doppelte Buchführung gewissermaßen eine „soziale Tatsache" dar. Diese hat Zwangscharakter, weil sie vom individuellen Wollen unabhängig ist, und sie wird auf dem Weg der Internalisierung in die Motivstruktur zu-

---

[8] Die „Genesis des kapitalistischen Geistes" (Sombart 1987b, 90ff.) gibt Aufschluss darüber, dass Sombart die doppelte Buchführung nicht für das einzige Scharnier zwischen Wirtschaftsmotiven und Wirtschaftsordnung hielt: Im Mittelalter nehme aufgrund der Kosten für die Durchführung der Kreuzzüge die „Wertung des Geldbesitzes an Intensität" zu. Der (so verstandene) Kampf um der Ehre Gottes willen führte letztlich – in paradoxer Verkehrung der ursprünglichen Absichten – zu einer „Verweltlichung der gesamten Lebensauffassung" (ebd., 91). Es kommt zu einer „Erhebung des absoluten Mittels – des Geldes – zum höchsten Zweck", zur Umwertung eines Mittels (zu heiligen Taten) zu einem Zweck, der alle Mittel heiligt.

nächst einer kleinen Elite von Kaufleuten zu einem integralen Bestandteil des (unternehmerischen) Selbst. Sie stellt damit für den Wirtschaftsbürger eine äußere und eine innere Macht zugleich dar. Erstens ist sie ein Werkzeug, das der Kaufmann anzuwenden hat, um sein Geschäft funktional in das kapitalistische Wirtschaftssystem integrieren zu können. Sie repräsentiert zweitens den Geist einer unabschließbaren, entgrenzten und von allem menschlichen Maß abstrahierenden Erwerbsidee und macht diesen Geist handlungswirksam. Aufschlussreich sind in diesem Zusammenhang die Unterschiede zwischen Sombart und Weber. Während Weber den Glaubensüberzeugungen des Protestantismus und schließlich der Berufsidee eine zentrale Bedeutung für die Entgrenzung und gleichzeitige Temperierung des Erwerbstriebs zuspricht, konzentriert sich Sombart auf die Autonomisierung des Geschäfts in seiner doppelten Bedeutung als Organisationsform der frühkapitalistischen Unternehmung und als Modus der Entgrenzung und Formung des Erwerbstriebs. Die doppelte Buchführung ist in diesem Sinne nicht lediglich ein Ergebnis dessen, was unternehmerisch sowieso getan worden wäre. Sie ist nicht nur End-, sondern auch Ausgangspunkt, nicht nur Resultat, sondern auch *Motiv* wirtschaftlichen Handelns.

Erst in den vergangenen zehn, zwanzig Jahren – also in einer sehr späten Phase dessen, was Sombart als „Spätkapitalismus" bezeichnete – haben kalkulative Praktiken in Feldern wie Auditierung, Accounting und Rechnungslegung einen neuen gesellschaftlichen Stellenwert erlangt. Damit gewinnt auch Sombarts Frage nach dem Zusammenhang kalkulativer Praktiken, des Wirtschaftssystems und wirtschaftlicher Handlungsmotive an Aktualität, selbst wenn seine Theorie aus heutiger Sicht – aufgrund des Fehlens eines plausiblen Akteurs- und Handlungsmodells als auch einer institutionellen Analyseebene – Mängel aufweist. Die Ausdehnung des Kalkulativen in Wirtschaft und Gesellschaft ist u.a. am Bedeutungsgewinn von Wirtschaftsprüfungsgesellschaften, Rating-Agenturen und Investmentbanken im Rahmen des sogenannten Finanzkapitalismus (vgl. Sablowski 2003; Nölke 2003) abzulesen. Dass Unternehmensberatungen Universitäten, Wohlfahrtsverbände und Krankenhäuser beraten, bedeutet *organisatorisch* und *institutionell* das Vordringen eines Effizienzkalküls in bislang insbesondere ihrem „Geist" nach als „eigenlogisch" zu verstehende Bereiche. In welcher Weise die neuen Steuerungsanreize und die komplementären Legitimationspraxen nicht nur die organisatorischen Strukturen, sondern auch die Handlungsdispositionen und vorherrschenden Deutungsmuster verändern, bleibt empirisch zu untersuchen. *Gesellschaftlich* ist es ein Zeichen für die Verschiebung des legitimatorischen Zentrums von Entscheidungen vom politischen und Wissenschaftssystem zum institutionalisierten Feld der „Accountancy". Es zeichnet sich eine Art historischer Rollentausch von Wissenschaftlern und Accountants ab, eine neue – materielle und kulturelle – Wertigkeit des Kalkulativen, welche Power (1994, 4) treffend als einen „shift from preoccupations with the scientificity of accounts to the financial accountability of science" bezeichnet hat. Kalkulative Praktiken und die mit ihnen verknüpften Professionen und Organisationen schicken sich an, kulturell hegemonial zu werden. Dies hat vermutlich sehr viel mit veränderten weltwirtschaftlichen Bedingungen im Kontext des Finanzkapitalismus und der ihm eigenen Steuerungs- und Rechtfertigungsmuster zu tun. Es unterstreicht zudem, dass die Wissensgesellschaft in ihrer gegenwärtigen Form vor allem Wissenskapitalismus ist und verweist sowohl auf eine neue Hierarchie von Wissensformen als auch den Auf- bzw. Abstieg der mit diesen verknüpften Professionen. Vor dem Hintergrund der Sombartschen Zusammenhangsthese von Kalkulation, Motivstruktur und gesellschaftlichem Handlungssystem geht es jedoch nicht nur um die Frage, welche politische und ökonomische Bedeutung das Kalkulative gegenwärtig beansprucht. Diese Frage ist vielmehr ohne den Rekurs auf eine allgemeiner zu fassende *Kulturbedeutung* des Kalkulativen nicht zu beantworten. Berger/Luckmann (1969) fassen „Wirklichkeit" als eine spezifische Form der Erfahrung, die sich aus der gesellschaftlichen Konstruktion von Sinnzusammenhängen ergibt: „Was für einen tibetanischen Mönch ‚wirklich' ist, braucht für einen amerikanischen Geschäftsmann nicht ‚wirklich' zu sein" (ebd., 21). Welche „Wirklichkeit" nimmt das Zahlenwissen des Accounting für uns heute an, nachdem es den engen Käfig der Buchführung längst verlassen hat und zu einer gesellschaftlich beinahe ubiquitären Praxis geworden ist? Die Frage nach der Kulturbedeutung des Kalkulativen ist die Frage danach, welche spezifische gesellschaftliche Wirklichkeit die handelnden Subjekte mit kalkulativen Konstrukten und kalkulativen Praktiken verbinden. Die Alltagstheorien kalkulativer Laien und der Virtuosen in den „kalkulativen Zentren" von Banken und Versicherungen, Wirtschaftsprüfern und staatlichen Agenturen dürften sich dabei unterscheiden – welche Auswirkungen dies auf die gesellschaftliche Legitimationskraft kalkulativer Praktiken hat, ist eine empirische Frage. Die Kulturbedeutung des Kalkulativen liegt so gesehen nicht allein in der Veränderung der politischen und wirtschaftlichen Strukturen bzw. der Kognitionsmuster, mittels derer die Gesellschaft über sich nachdenkt. Sicherlich stellen Rating-Agenturen, Audits und Kennziffernsysteme eine neue Form der Reflexion sowohl im engeren Sinne wirtschaftlicher Prozesse als auch des Gesellschaftlichen überhaupt dar. Eine Konzentration auf die kognitiv-instrumentellen Aspekte dieses Reflexions- und Rationalisierungsprozesses würde im Vergleich zu Sombart jedoch an analytischer Reichweite verlieren. Sombarts Leistung besteht gerade darin, dass er ein Konzept darlegt, welches nachvollziehbar macht, in welcher Weise die Buchführung als paradigmatische kalkulative Praxis die Handlungsmotive der Subjekte in einer dem Kapitalismus adäquaten Weise zu transformieren verstand. Dabei blieb die gesellschaftliche Wirkung kalkulativer Praktiken im Frühkapitalismus, der für Sombart den Charakter eines „Übergangszeitalters" hatte, auf eine kleine Schicht wirtschaftlich tätiger Menschen beschränkt. Heute sollen wir alle Unternehmer sein. Die gesellschaftliche Norm, unternehmerisch zu denken und zu handeln, ist – kritischer oder affirmativer – Bestandteil beinahe aller Gegenwartsdiagnosen, gleich ob sie das Label „Wissensgesellschaft", „capitalisme cognitif" (vgl. Gorz 2004) oder „Neoliberalismus" tragen. Damit kommt der Kapitalismus aus Sombarts Perspektive gewissermaßen zu sich selbst (zurück). Aus seiner Sicht fällt das historische Absterben des aus Abenteurertum geborenen dynamischen, wagemutigen Unternehmungsgeistes im Spätkapitalismus mit dem Absterben der motivationalen Grundlagen des Kapitalismus überhaupt zusammen. Es sind eben diese mentalen und normativen Grundlagen, welche im neuen „flexiblen" Kapitalismus revitalisiert werden sollen. Diese „Re-Subjektivierung" des Ökonomischen (wenn man es vor dem Hintergrund des Fordismus betrachtet) wird in den Wirtschaftswissenschaften begleitet von radikal neuen Auffassungen des menschlichen Arbeitsvermögens als ökonomisch wertvolle „immaterielle Ressource". Diese soll durch Konzepte und Instrumente wie die „Wissensbilanz", das „Humankapital" bzw. das „intellectual capital" als eine neue Form des ökonomischen Werts darstellbar und kalkulierbar gemacht werden. Der „kognitive" bzw. „Wissenskapitalismus" steht dabei vor dem doppelten Problem, weder die Entäußerung der dynamisch-unternehmerischen Potenziale der Beschäftigten in gleicher Weise kontrollieren zu können wie die repetitiven Teilarbeiten im Taylor-Fordismus, noch überhaupt Techniken zur Kalkulation des mit dieser Entäußerung verbundenen Werts zu besitzen. Während die soziogenetische Bedeutung der Buchführung bei Sombart darin liegt, kapitalistisches Handlungssystem und Handlungsmotive zu verschränken, so zeichnet sich der Wissenskapitalismus der Gegenwart gerade dadurch aus, dass diese systematische Koppelung fehlt. Folgerichtig werden die gegenwärtigen Versuche, das Unternehmerische als normativen Maßstab ökonomischen Handelns zu generalisieren, begleitet davon, das immaterielle Vermögen, welches die Mitarbeiter, ihre Fähigkeiten, Erfahrungen und ihr Wissen im wahrsten Sinne des Wortes „verkörpern", rechenhaft und kalkulierbar zu machen. Die Subjekte sollen ebenso wie ihre kommunikativen Netze und die aus der Gesamtheit ihres Lebens erwachsenden individuellen Kompetenzen als eine ökonomische Ressource bewertet und entfaltet werden. In Form des „immateriellen Vermögens" und des „Humankapitals" werden sie zum lebendigen Treibstoff einer entgrenzten Ökonomie der Wenigen. Während Moldaschl (2005) in der Perspektive einer stärkeren Nachhaltigkeit von Arbeit davon ausgeht, dass sich „generative Ressourcen" (wie das menschliche Arbeitsvermögen) generell „im Gebrauch vermehren", sieht Gorz (2004) in ihnen den Keim der Negation des Wissenskapitalismus („capitalisme cognitif"). Das Wissen entwinde sich Versuchen seiner Monopolisierung und Bilanzierung und könne nur unter nicht-kapitalistischen Bedingungen seine „wahren" Potenziale zur Entfaltung bringen. Weil der kognitive Kapitalismus so sehr auf dem Treibstoff Wissen beruhe, ihn aber nicht entfalten, sondern nur monopolisieren und damit in seiner Produktivität begrenzen könne, sei er so krisenanfällig wie noch kein Kapitalismus vor ihm, mehr noch, „er *ist die Krise* des Kapitalismus selbst, die die Gesellschaft in ihren Tiefen erschüttert" (ebd., 66). Rufen wir uns Sombarts These eines soziogenetischen Zusammenhangs von Kalkulation und Kapitalismus ins Gedächtnis zurück, so werden hier – auf der Ebene der Kalkulation von Wert – zentrale Widersprüche des gegenwärtigen Kapitalismus deutlich. Diese liegen darin begründet, dass der neue Kapitalismus auf Arbeits- bzw. Vermögenswerten beruht, die er nicht kalkulieren kann, für die heute zumindest noch keine standardisierten Bewertungsverfahren existieren. Es ist also nicht so, dass das Wissen (als ein Teil des so genannten immateriellen Vermögens) sich unter kapitalistischen Bedingungen grundsätzlich nicht entfalten und verwerten könne (wie Gorz behauptet). Es kann und es wird entfaltet – die Bedeutung des Human Resource Management (vgl. Kels/Vormbusch 2005) oder auch des „Intellectual Capital" (vgl. Edvinsson 1997) belegen dies auf je eigene Weise. Aber den zentralen Dimensionen des immateriellen Kapitals, auf dem der neue Kapitalismus beruht, kann kein ökonomischer Wert zugeordnet werden. Während die doppelte Buchführung in der Analyse Sombarts den Kapitalismus gerade deshalb mit hervorgebracht hat, weil sie Wirtschaftssystem und Wirtschaftsmotive miteinander zu verzahnen verstand, stochert der gegenwärtige Kapitalismus in Hinblick auf die Bewertung seiner basalen Ressourcen im Nebel. Die Verbindung zwischen dem monetären Unternehmenswert und der Bewertung seiner wichtigsten Ressourcen ist unterbrochen. Dies ist der Grund, warum die Bilanzierung von „intangible assets" (vgl. z.B. Eustace 2003) einen Schwerpunkt der Reformen der Unternehmensberichterstattung und des Übergangs zu den IFRS (International Financial Reporting Standards) in der EU bildet. Es ist der Grund für die gegenwärtigen Versuche, kalkulative Praktiken auf eine neue Klasse von Kapitalsorten auszudehnen und anzuwenden (beispielsweise als Beziehungs-, Human-, Struktur-, Kunden- und Wissenskapital etc.). Und es ist der Grund, warum eine Soziologie der Kalkulation heute insbesondere auch die Bewertung der so genannten immateriellen Arbeit und des immateriellen Vermögens zum Gegenstand machen sollte: als Versuch der objektivierenden Bilanzierung und gleichzeitigen Entfaltung der für den gegenwärtigen Kapitalismus fundamentalen Wertgrößen.

Ohne doppelte Buchführung kein Kapitalismus – das war Sombarts These. Welche Kultur des Kalkulativen prägt den gegenwärtigen Wissenskapitalismus? Welche Folgen hat es, wenn sich der Nexus der Produktion und der Kalkulation von Wert auflöst? Eine Soziologie der Kalkulation, welche nicht hinter Sombart zurückfallen will, muss beide Fragen beantworten: die nach dem Zusammenhang von Produktions- und Kalkulationsweise und die nach dem Wirklichkeitscharakter des Kalkulativen auf den Ebenen von Person und Kultur.

Literatur

Appel, M. (1992): Werner Sombart: Historiker und Theoretiker des modernen Kapitalismus, Marburg

Baecker, D. (1993): Die Schrift des Kapitals, in: Gumbrecht, H. U., Pfeiffer, K. L. (Hrsg.), Schrift, München, S. 257-272

Becker, A. (2003): Controlling als reflexive Steuerung von Organisationen, Stuttgart

Berger, P. L., Luckmann, T. (1969): Die gesellschaftliche Konstruktion der Wirklichkeit. Eine Theorie der Wissenssoziologie, Frankfurt

Bryer, R.A. (1993a): The Late Nineteenth-Century Revolution in Financial Reporting: Accounting for the Rise of Investor or Managerial Capitalism?, in: Accounting, Organizations and Society, vol. 18, S. 649-690

Bryer, R.A. (1993b): Double-Entry Bookkeeping and the Birth of Capitalism: Accounting for the Commercial Revolution in Medieval Northern Italy, in: Critical Perspectives on Accounting 4, S. 113-140

Deutschmann, C. (2002): The Regime of Shareholders: End of the Regime of Managers?, in: Soziale Systeme 8 (2002), Heft 2, S. 178-190

Edvinsson, L. (1997): Developing Intellectual Capital at Skandia, in: Long Range Planning, vol. 30, no. 3, S. 266-373

Eustace, C.(2003): The PRISM Report 2003. Research findings and policy recommendations, European Commission Information Society Technologies Programme, Report Series No. 2, October 2003

Gorz, A. (2004): Wissen, Wert und Kapital. Zur Kritik der Wissensökonomie, Zürich

Kalthoff, H. (2004): Finanzwirtschaftliche Praxis und Wirtschaftstheorie. Skizze einer Soziologie ökonomischen Wissens, in: Zeitschrift für Soziologie, Jg. 33, Heft 2, S. 154-175

Kels, P., Vormbusch, U. (2005): Human Resource Management als Feld der Subjektivierung von Arbeit, in: Arbeitsgruppe SubArO (Hrsg.), Ökonomie der Subjektivität – Subjektivität der Ökonomie, Berlin, S. 35-57

Knorr-Cetina, K., Preda, A. (2004) (Hrsg.): The Sociology of Financial Markets, Oxford

Macintosh, N. (2001): Accounting, Accountants, and Accountability: Poststructuralist Positions, Göteborg

Miller, P. (2005): Kalkulierende Subjekte, in: Arbeitsgruppe SubArO (Hrsg.): Ökonomie der Subjektivität – Subjektivität der Ökonomie, Berlin, S. 19-33

Miller, P.; Napier, C. (1993): Genealogies of Calculation, in: Accounting, Organizations and Society, vol. 18, no. 7/8, S. 631-647

Moldaschl, M. (2005): Kapitalarten, Verwertungsstrategien, Nachhaltigkeit. Grundbegriff und ein Modell zur Analyse von Handlungsfolgen, in: Moldaschl, M. (Hrsg.), Immaterielle Ressourcen. Nachhaltigkeit von Unternehmensführung und Arbeit I, München/Mering, S. 47-68

Nölke, A.(2003): Private International Norms in Global Economic Governance: Coordination Service Firms and Corporate Governance, Working Paper

Science no. 06/2003, Department of Political Science, Freie Universität Amsterdam

Parsons, T. (1967): The Structure of Social Action. A Study in Social Theory with Special Reference to a Group of Recent European Writers, 5. Auflage New York/London

Parsons, T.(1987)[1928]: „Capitalism" in Recent German Literature: Sombart and Weber, in: vom Brocke B. (Hrsg.), Sombarts §Moderner Kapitalismus". Materialien zur Kritik und Rezeption, München, S. 303-321

Porter, T. M. (1994): Making things quantitative, in: Power, M. (Hrsg.), Accounting and science. Natural inquiry and commercial reason, Cambridge, S. 36-56

Power, M. (1994): Introduction: from the science of accountants to the financial accountability of science, in: ders. (Hrsg.), Accounting and Science. Natural Inquiry and Commercial Reason, Cambridge, S. 1-35

Puxty, A. G. (1993): The Social & Organizational Context of Management Accounting, CIMA, London u.a.

Sablowski, T.(2003): Bilanz(en) des Wertpapierkapitalismus. Deregulierung, Shareholder Value, Bilanzskandale, in: Prokla, Heft 131, 33. Jg., Nr. 2, S. 201-233

Schluchter, W. (1979): Die Entwicklung des okzidentalen Rationalismus. Eine Analyse von Max Webers Gesellschaftsgeschichte, Tübingen

Schumpeter, J. A. (1987) [1927]: Sombarts Dritter Band, in: Bernhard vom Brocke (Hrsg.): Sombarts „Moderner Kapitalismus". Materialien zur Kritik und Rezeption, München, S. 196-219

Sombart, W.(1987)[1916]: Der moderne Kapitalismus, Band II: Das europäische Wirtschaftsleben im Zeitalter des Frühkapitalismus, unveränderter Nachdruck der zweiten, neugearbeiteten Auflage (Duncker & Humblot 1916), München

Sombart, W. (1987b)[1902]: Die Genesis des kapitalistischen Geistes, in: Bernhard vom Brocke (Hrsg.): Sombarts ‚Moderner Kapitalismus'. Materialien zur Kritik und Rezeption, München: dtv, S. 87-123, zuerst in: Der moderne Kapitalismus, 1. Auflage, Band 1, Kap. 14 und 15, Leipzig 1902, S. 378-397

Sombart, W. (1923): Der Bourgeois. Zur Geistesgeschichte des modernen Wirtschaftsmenschen, 3. Auflage München und Leipzig

Sombart, W. (2002a): Die Ordnung des Wirtschaftslebens, in: Ebner, A. Peukert, H. (Hrsg.): Werner Sombart. Nationalökonomie als Kapitalismustheorie. Ausgewählte Schriften, Marburg, S. 265-376

Sombart, W. (2002b)[1932]: Die Zukunft des Kapitalismus, in: Ebner, A. Peukert, H. (Hrsg.): Werner Sombart. Nationalökonomie als Kapitalismustheorie. Ausgewählte Schriften, Marburg, S. 439-464 [zuerst Berlin-Charlottenburg 1932, basierend auf einem Vortrag vor der „Studiengesellschaft für Geld- und Kreditwirtschaft" am 29.02.1932]

Streeck, W., Höpner, M. (2003) (Hrsg.): Alle Macht dem Markt? Fallstudien zur Abwicklung der Deutschland AG, Frankfurt/M.

Takebayashi, S. (2003): Die Entstehung der Kapitalismustheorie in der Gründungsphase der deutschen Soziologie. Von der historischen Nationalökonomie zur historischen Soziologie Werner Sombarts und Max Webers, Berlin

Thompson, G.(1994): Early double-entry bookkeeping and the rhetoric of accounting calculation, in: Hopwood, A. G., Miller P. (Hrsg.), Accounting as social and institutional practice, Cambridge, S. 40-66

Vollmer, H. (2003a): Grundthesen und Forschungsperspektiven einer Soziologie des Rechnens, in: Sociologia Internationalis, 41. Band, Heft 1, S. 1-23

Vollmer, H. (2003b): Bookkeeping, Accounting, Calculative Practice: The Sociological Suspense of Calculation, in: Critical Perspectives on Accounting, issue 3, S. 353-381

Vormbusch, U. (2004): Accounting. Die Macht der Zahlen im gegenwärtigen Kapitalismus, in: Berliner Journal für Soziologie, Heft 1, S. 33-50

Weber, M.(1958): Wirtschaftsgeschichte. Abriss der universalen Sozial- und Wirtschaftsgeschichte, Berlin

Weber, M. (1973): Vorbemerkung zu den Gesammelten Aufsätzen zur Religionssoziologie, in: Johannes Winckelmann (Hrsg.): Max Weber. Soziologie, Universalgeschichtliche Analysen, Politik. Fünfte, überarbeitete Auflage, Stuttgart, S. 340-356

Windolf, P. (2005) (Hrsg.): Finanzmarktkapitalismus. Analysen zum Wandel von Produktionsregimen, Kölner Zeitschrift für Soziologie und Sozialpsychologie, Sonderheft 45

Winjum, J. O. (1971): Accounting and the Rise of Capitalism: An Accountant's View, in: Journal of Accounting Research, autumn, S. 333-350

Yamey, B. S. (1949): Scientific Bookkeeping and the Rise of Capitalism, in: The Economic History Review, 2nd. Series, vol. 1, nos. 2&3, S. 99-113

Yamey, B. S. (1964): Accounting and the Rise of Capitalism: Further Notes on a Theme by Sombart, in: Journal of Accounting Research, vol. 2, no. 2, S. 117-136

Arbeit und kommunikatives Handeln in post-bürokratischen Organisationen

Über Grenzverschiebungen zwischen Lebenswelt und System in der post-industriellen Ökonomie

Lars Meyer

Einleitung

Seit den 1970er Jahren steht in der Soziologie die These des Übergangs der Industriegesellschaft in ein post-industrielles Stadium zur Debatte. Diese mittlerweile weitverzweigte Debatte über die Transformation der Industriegesellschaft in eine post-industrielle Dienstleistungs- und Wissensgesellschaft hebt vornehmlich auf die sich im Vergleich zur klassischen Industrieproduktion zunehmend abzeichnenden Veränderungen der *Inhalte* und/oder *Resultate* des gesellschaftlichen Produktionsprozesses ab. So ist einerseits im Zuge der Rationalisierung der Industrieproduktion eine „Tertiärisierung" *innerhalb* des industriellen Produktionsprozesses selbst zu verzeichnen (Deutschmann 2002; Moldaschl 1998). Andererseits, und darüber hinaus, sind neue Produkte bzw. Produktionszweige entstanden, wie etwa: ökonomische, juristische oder technische Beratung, Coaching, Public Relations, Werbung, Neue Medien, neuartige Finanzprodukte, kurz: Dienstleistungen im weitesten Sinne.

Gemeinsam ist diesen Neuerungen der Produktion im Industrie- und Dienstleistungssektor, dass sie einerseits mit einer Tendenz zur Höherqualifizierung einhergehen, und dass sie andererseits vielfach mit Veränderungen der Arbeitsorganisation verbunden sind. Die vielzitierte „Tertiärisierung" bzw. „Wissensbasierung" der Wirtschaft geht einher mit einer Tendenz zur Selbstorganisation von EinzelarbeiterInnen und Arbeitsgruppen. Die Interaktionsformen im dezentralen „Netzwerkunternehmen" (Castells), in der „fraktalen Fabrik" (Warnecke), verändern sich hin zu einer „diskursiven Koordinierung" (Braczyk/Schienstock). Professionssoziologisch gewendet: Die Berufsbilder der post-tayloristischen IndustriearbeiterInnen sowie der DienstleisterInnen und WissensarbeiterInnen beinhalten zunehmend, dass diese über ihre fachliche Qualifikation hinaus über „kommunikative" und andere, „weiche" Fähigkeiten verfügen müssen. Während der Taylorismus das Produktionswissen bei den PlanerInnen und KontrolleurInnen zu monopolisieren anstrebte, so ist unter post-tayloristischen Bedingungen eine enge Verbindung von ausführender Arbeit und Wissen zu verzeichnen, wobei dieses Wissen nunmehr nicht nur sachlicher, sondern auch organisatorischer Art ist. Die Fähigkeit zur Selbstorganisation von Arbeit wird zu einer geradezu existentiellen Qualifikation in den post-industriellen Industrie- und Dienstleistungsbereichen.

Der Arbeits- und Organisationssoziologie stellen sich die Fragen nach den Ursachen und der Funktionsweise dieser post-industriellen, zunehmend auf individueller und kollektiver Selbstorganisation beruhenden Produktionsprozesse. Diese Fragen wurden und werden kaum noch unter Rekurs auf die Klassiker des Fachs – namentlich v.a. Marx (Lohr 2003, 512), aber auch Weber, die gleichermaßen von einem bürokratischen Modell der Rationalisierung ausgegangen sind – beantwortet. Antworten auf die angegebenen Fragen wurden stattdessen v.a. vor dem Hintergrund der soziologischen Theorieentwicklung seit den 1970er Jahren erarbeitet. Dies umfasst eine Reihe systemtheoretischer, entscheidungstheoretischer und post-strukturalistischer Erklärungsansätze. Es wurde allerdings auch an die *Theorie des kommunikativen Handelns* von Habermas angeknüpft. Diese kommunikationstheoretische Diskussion um neue Arbeitsformen wurde entlang der Frage nach möglichen Grenzverschiebungen zwischen Lebenswelt und System geführt, insofern unter post-industriellen Bedingungen nunmehr Formen der Handlungskoordination, die bei Habermas der Reproduktion der Lebenswelt zugerechnet werden, zu einem Moment der Produktion und damit des Systems zu werden scheinen.

Diese Debatte möchte ich im Folgenden kritisch rekapitulieren. Dem zu Grunde legen möchte ich eine Vergegenwärtigung zentraler Aspekte des Wirtschaftskonzepts der Habermasschen *Theorie des kommunikativen Handelns* (1.). Darauf aufbauend werde ich die arbeitssoziologischen Anknüpfungsbemühungen an Habermas hinsichtlich der Diskussion der Fragen nach den Ursachen und der Funktionsweise neuer, post-tayloristischer Organisationsformen rekapitulieren (2.). Abschließend möchte ich die Stärken und Schwächen dieser Ansätze resümieren und konstruktiv aufeinander beziehen (3.).

1. Wirtschaft in der Theorie des kommunikativen Handelns

Ausgangspunkt der Vergegenwärtigung des in der *Theorie des kommunikativen Handelns* enthaltenen theoretischen Konzepts der Wirtschaft ist die Rekapitulation der Habermasschen Konzeption des Ökonomischen als Moment sozialer Systembildung (1.1.). Des Weiteren wird rekapituliert, wie Habermas hierbei Organisation und Arbeit diskutiert (1.2.). Schließlich erscheint es angebracht auf Grenzverschiebungen zwischen System und Lebenswelt, wie sie *bei Habermas selbst* diskutiert werden, einzugehen (1.3.). Mit Blick auf die anvisierte Frage nach der theoretischen Begründbarkeit möglicher Grenzverschiebungen zwischen Lebenswelt und System unter post-industriellen Arbeitsbedingungen, sollen insbesondere die systemtheoretischen und materialistischen Referenzen des Habermasschen Systembegriffs der Wirtschaft mitreflektiert werden.

1.1. Die Ausdifferenzierung der modernen Wirtschaft als „Entkopplung von System und Lebenswelt"

Ins Zentrum seiner Theorie der Moderne stellt Habermas bekanntlich ein „zweistufiges Konzept der Gesellschaft, welches die Paradigmen System und Lebenswelt auf eine nicht nur rhetorische Weise verknüpft" (TkH I, 8). Den Hintergrund dieser Programmatik bildet die Realität des kapitalistischen Wirtschaftszusammenhangs selbst: Die Entstehung der modernen, kapitalistischen Wirtschaft wird verstanden als Ausdifferenzierung eines funktionalen sozialen Zusammenhangs, der sich durch die bewussten Handlungen der Individuen hindurch reproduziert und der sich unterscheiden lässt einerseits von einem zweiten strukturellen Moment, dem bürgerlichen Steuer- und Verwaltungsstaat, sowie andererseits von Formen der *nicht-systemischen*, sozialen Integration. Die Analyse des evolutionären Zusammenhangs beider Realitätsbereiche, ihrer Wechselwirkung, soll auf dem Wege einer „nicht-triviale(n) Verknüpfung" (Habermas 1985b, 180) von Handlungs- und Systemtheorie geleistet werden. Im Zentrum der Handlungstheorie, aus welcher der anvisierte zweistufige, „Lebenswelt" und „System" zusammendenkende Gesellschaftsbegriff entwickelt wird, steht die Erweiterung des klassischen Handlungs- bzw. Rationalitätsbegriffs wie Habermas ihn bei Marx, Weber und in der Kritischen Theorie bei Horkheimer und Adorno vorliegen sieht.[1] Habermas wendet ein, dass diese Theoretiker einen spezifischen Mechanismus der Handlungskoordination übersehen hätten: das „kommunikative Handeln". Der Begriff des „kommunikativen Handelns" bezeichnet die „prinzipiell herstellbare rationale Verständigung zwischen Kommunikationsteilnehmern über Tatsachen, Normen und Subjektivität" (Gripp 1984, 92). Habermas unterscheidet somit handlungstheoretisch grundsätzlich kommunikatives und zweckrationales – sowie hier nochmals instrumentelles auf Sachen sowie strategisches auf Personen gerichtetes – Handeln als basale Formen der Handlungskoordination. Die handelnden Individuen nehmen, so Habermas, in zweckrationalen Handlungsvollzügen eine objektivierende, „erfolgsorientierte" Haltung gegenüber anderen Akteuren oder der Natur ein, während sie im kommunikativen Handeln einen „rationalen Konsens" mit anderen Akteuren anstreben und insofern „verständigungsorientiert" handeln. In verständigungsorientierten, kommunikativen Handlungen werden „Geltungsansprüche" hinsichtlich der objektiven, sozialen und subjektiven Welt erhoben, die einer prinzipiellen Prüfung im Diskurs unterzogen werden können. Kommunikatives Handeln bzw. ein mit Argumenten geführter Diskurs führt zu einer „rationalen Motivation" der handelnden Individuen, im Gegensatz zu einer „empirischen Motivation" im Falle zweckrationalen Handelns.

Obgleich in einem Handlungsvollzug nicht *gleichzeitig* kommunikativ und zweckrational, verständigungs- und erfolgsorientiert gehandelt werden kann, ist keineswegs ausgeschlossen, dass „*Kommunikation [...] als Medium und Koordinationsinstrument erfolgreichen Handelns*" (Schneider 2002, 203) dienen kann: „Kommunikatives Handeln als Medium der

---

[1] Für eine ausführlichere Einführung in die handlungstheoretischen Grundkonzepte der *Theorie des kommunikativen Handelns* siehe Schneider 2002 sowie Gripp 1984, Kap. VI.

intersubjektiven Koordination erfolgsorientierten Handelns bindet die Ausführung zweckrationaler Handlungen an die vorausgegangene Erzielung eines intersubjektiven Konsenses über die uneingeschränkte Einlösbarkeit aller Geltungsansprüche, die mit den vollzogenen Sprechhandlungen jeweils verknüpft sind" (ebd.). Umgekehrt ist nicht auszuschließen, dass eine kommunikative Handlung als Mittel zur Erreichung eines spezifischen strategischen Zwecks, d.h. mit dem Ziel der „Einflussnahme" vollzogen wird. Unter den (empirisch häufig gegebenen) Bedingungen von Machtasymmetrien zwischen Kommunikationsteilnehmern ereignet sich „sprachliche Konsensbildung, die die Bedingungen latent strategischen Handelns erfüllt" (Habermas 1986, 383).

Habermas verschränkt sein Konzept der Handlungskoordination mit einem soziologischen Konzept der „Lebenswelt". Er begreift den Begriff der Lebenswelt als „Komplementärbegriff zum kommunikativen Handeln" (TkH I, 182). Die Lebenswelt ist gefasst als „eine Art Reservoir von erst einmal unerschütterbaren Überzeugungen [...], aus dem die Handelnden die Grundannahmen für ihre Deutungsprozesse schöpfen" (Gripp 1984, 93). Soziale Handlungen sind immer schon in *„vorinterpretierte Kontexte"* (Schneider 2002, 208) eingebunden. Im Falle einer kommunikativen Handlung ist stets nur ein Ausschnitt aus dem Gesamtbestand des lebensweltlichen Wissens relevant. Mit Schneider (2002, 209): „Das aktuelle Zentrum der Lebenswelt ist die jeweilige *Situation*, in der kommunikativ gehandelt wird. Die Situation umreißt den Bereich *gegenwärtiger Verständigungsbedürfnisse und Handlungsmöglichkeiten*. Sie bildet einen Ausschnitt aus dem Gesamtkontext der Lebenswelt, der durch das aktuelle *Thema der Kommunikation* herausgehoben und durch *Handlungsziele und -pläne* gegliedert ist". Die „intersubjektiv geteilten Hintergrundannahmen" (Honneth 1985, 318) haben zunächst den Charakter von Selbstverständlichkeiten. Prinzipiell ist aber jedes im kommunikativen Handeln vorausgesetzte Wissen kritisierbar und damit dem Diskurs zugänglich. Das intersubjektiv erzeugte lebensweltliche Wissen kann verändert werden (Gripp 1984, 94).

Die „symbolische Reproduktion der Lebenswelt" – die Reproduktion bzw. Veränderung des lebensweltlichen Wissens (über die objektive, soziale und subjektive Welt) – ist, Habermas zufolge, allein durch kommunikative Handlungen möglich (TkH II, 348f.). Habermas zeigt auf, dass im Verlaufe der sozialen Entwicklung das lebensweltliche Wissen immer stärker seinen selbstverständlichen Charakter verliert und zunehmend begründungsbedürftig wird. Diese sukzessive kommunikative „Rationalisierung der Lebenswelt" beinhaltet zugleich, dass die verschiedenen „Rationalitätsaspekte" des kommunikativen Handelns in spezialisierten, von der Alltagskommunikation abgelösten Diskursen (wie etwa wissenschaftlichen oder künstlerischen Expertendiskursen) behandelt werden.

In der *Theorie des kommunikativen Handelns* verbindet Habermas dieses integrative soziologische Konzept des sozialen Handelns und der Lebenswelt nun in spezifischer Weise mit einem zweistufigen Konzept gesellschaftlicher Integration. Die moderne Gesellschaft umfasst demzufolge zwei *ontologisch* voneinander abgrenzbare Integrationsformen: soziale und systemische Integration. Während Erstere an den Handlungsorientierungen ansetze, handele es sich bei Letzterer um eine „funktionale Vernetzung von Handlungsfolgen": „Im Allgemeinen unterscheiden wir zwischen Mechanismen der sozialen, an Handlungsorientierungen ansetzenden, und *einer systemischen durch Handlungsorientierungen auf Handlungsfolgen hindurchgreifenden Integration*. Im einen Fall werden die Handlungen der Aktoren durch eine Abstimmung von Handlungsorientierungen, die den Beteiligten präsent ist, im anderen durch *eine funktionale Vernetzung von Handlungsfolgen* koordiniert, wobei diese *latent bleiben, d.h. über den Orientierungshorizont der Beteiligten hinausreichen kann*" (Habermas 1981, 29f.; meine Hervorhebung; siehe ähnlich auch TkH II, 348f.). Anlass zu dieser gesellschaftstheoretischen Unterscheidung gibt die Erfahrung der Moderne, in der sich ein eigendynamischer wirtschaftlicher Zusammenhang von sozialintegrierten Handlungsbereichen unterscheiden lässt. Erst mit dieser Entwicklung lässt sich, so Habermas, sagen, dass eine „den Systemcharakter der Gesellschaft im Ganzen kennzeichnende Dynamik der Abgrenzung gegen eine komplexe Umwelt *in die Gesellschaft selbst einwandert*" (Habermas 1986, 384). Mit dieser differenzierten Position, wonach die Gesellschaftstheorie zunächst aus empirischen Gründen auf ein Konzept von *objektiver* Strukturbildung rekurrieren muss, stellt sich Habermas gegen einen von ihm wiederholt kritisierten „hermeneutischen Idealismus der verstehenden Soziologie" (TkH II, 182ff., siehe auch Habermas 1985b, 190).[2]

---

[2] Habermas schreibt bezogen auf das Problem der „nicht-intendierten Handlungsfolgen": „Natürlich lässt sich das Problem der nicht-intendierten Handlungsfolgen auch aus der Perspektive der Lebenswelt behandeln. In komplexen Fällen wird

Soziale Evolution wird als sukzessiver Differenzierungs- und Entschränkungsprozess von systemischer und sozialer Integration bzw. System und Lebenswelt gefasst (TkH II, Kap. VI, 2). System und Lebenswelt differenzieren sich hierbei nicht nur *voneinander*, sondern auch *intern*. Dies beinhaltet zunächst ausgehend von Stammesgesellschaften die Entstehung politischer Herrschaftsstrukturen und schließlich die Ausdifferenzierung von Ökonomie und Staat (sowie deren interne Komplexitätssteigerung) gegenüber einer selbst noch in sich differenzierten, d.h. rationalisierten Lebenswelt (Kultur, Gesellschaft, Persönlichkeit). Unter vormodernen Bedingungen ist die „materielle Reproduktion der Lebenswelt" unmittelbar mit Geschlechts-, Generations- und Abstammungsrollen verbunden. Erst im Zuge der sozialen Evolution entschränken sich systemische und soziale Integration zu eigenständigen sozialen Realitätsbereichen, vermittelt über die reflexive Nutzung und rechtlichen Institutionalisierung der Steuerungsmedien Geld und Macht. Die Ausdifferenzierung der Ökonomie als Geldsystem, die „Verallgemeinerung des Geldes als eines universellen Austauschmediums" (Honneth 1985, 327), ist nach Habermas gebunden an die Entstehung von allgemeiner Lohnarbeit und „Steuerstaat" (TkH II, 256). Habermas zufolge werden diese systemischen Handlungszusammenhänge nicht durch Rekurs auf lebensweltliches Wissen, sondern durch den entsprachlichten, zweckrationalen Umgang mit den Steuerungsmedien zusammengehalten (Habermas 1986, 386). Im Umgang mit den Steuerungsmedien werden Standardsituationen geschaffen, in denen die Handlungskoordination ohne Rekurs auf den lebensweltlichen Wissensvorrat erfolgt. In dieser Hinsicht wird die systemische von der sozialen Integration, das System von der Lebenswelt abgelöst: „Die Umstellung der Handlungskoordinierung von Sprache auf

---

diese Analysestrategie aber bald auf Grenzen stoßen, wenn sie erklären soll, wie sich aggregierte Handlungsfolgen in Funktionszusammenhängen wechselseitig stabilisieren und auf diesem Wege Integrationseffekte erzeugen" (Habermas 1986, 382). Habermas unterscheidet zwischen „Aggregation" und „funktionaler Vernetzung": „Soweit [...] die aggregierten Wirkungen kooperativer Handlungen Imperative der Erhaltung des materiellen Substrats [der Lebenswelt, L.M.] erfüllen, können diese Handlungszusammenhänge funktional, d.h. über die Rückmeldung der funktionalen Nebenfolgen stabilisiert werden. Diese latenten Funktionen von Handlungen verlangen nach dem Begriff eines über die kommunikative Vernetzung von Handlungs*orientierungen* hinausreichenden systemischen Zusammenhangs von Handlungs*resultaten* und Handlungs*konsequenzen*" (Habermas 1984b, 603).

Steuerungsmedien bedeutet eine Abkopplung der Interaktion von lebensweltlichen Kontexten. [...] Die Lebenswelt wird für die Koordinierung von Handlungen nicht länger benötigt" (TkH II, 273).

Hinsichtlich der Verschränkung der verschiedenen Mechanismen der Handlungskoordination und den Integrationslogiken geht Habermas davon aus, dass zwischen kommunikativem Handeln und der Reproduktion der Lebenswelt bzw. der Sozialintegration ein notwendiger Zusammenhang besteht: Es „besteht eine eindeutige Zuordnung nur zwischen dem kommunikativen Handeln und der sozialen Integration" (Habermas 1984b, 603f.).[3] Ein unauflöslicher Zusammenhang zwischen systemischer Integration und strategischem Handeln besteht lediglich in einer bestimmten Hinsicht, nämlich bezogen auf „mediengesteuerte Interaktionen": „Weil die Steuerungsmedien die Umstellung vom kommunikativen Handeln auf mediengesteuerte Interaktionen erzwingen, ergibt sich hier wiederum eine eindeutige Zuordnung zwischen strategischem Handeln einerseits, den über Medien ausdifferenzierten Handlungssystemen andererseits" (ebd., 604).

Habermas spricht bezogen auf den Prozess der „Entkopplung von Lebenswelt und System" zunächst von einer Ausdifferenzierung von „Subsystemen zweckrationalen Handelns" (TkH II, 450) gegenüber der Lebenswelt. Die zunächst auf diese Weise gefasste Unterscheidung von System und Lebenswelt wurde in der Literatur wiederholt drastisch kritisiert, gleichermaßen von MarxistInnen, SystemtheoretikerInnen oder HandlungstheoretikerInnen.[4] Habermas hat seinen KritikerInnen entgeg-

---

[3] Empirisch zeigt sich, dass „kommunikatives Handeln" nicht zwangsläufig „verständigungsorientiert" sein muss. Gegen den wiederholt erhobenen Einwand einer „Idealisierung" des kommunikativen Handelns schreibt Habermas: „Die sozialintegrativen Mechanismen sind [...] so definiert, daß sie auf Strukturen verständigungsorientierten Handelns aufsitzen. Da aber die Lebenswelt keineswegs das unschuldige Bild ‚machtfreier Kommunikationssphären' bietet, werden die Präsuppositionen der Verständigungsorientierung nur unter den unwahrscheinlichen Umständen nicht-repressiver Lebensformen vorbehaltlos, d.h. ohne Täuschung und Selbsttäuschung erfüllt. Sonst vollzieht sich die soziale Integration über gewaltsublimierende Herrschaftsnormen und eine sprachliche Konsensbildung, die die Bedingungen latent strategischen Handelns erfüllt. Insoweit besteht auch aufseiten der sozialen Integration keine apriori Zuordnung zu einem bestimmten Handlungstypus" (Habermas 1986, 383).

[4] Für eine Übersicht über zentrale Einwände siehe Parge 2004, 127ff.; Schneider 2002, 245ff.

net.[5] Er hat dabei sowohl das Festhalten am „essentialistischen" Gebrauch des Systembegriffs begründet als auch seine Kategorien differenziert. So spricht er nun nicht mehr von „Subsystemen zweckrationalen Handelns", sondern von „mediengeleiteten Interaktionen als Verkörperungen einer den selbstgesteuerten Systemen selbst innewohnenden funktionalistischen Vernunft": „Allerdings hat die Umstellung auf *mediengesteuerte Interaktionen* für Ihn [den Aktor, L.M.] eine objektive Verkehrung von Zwecksetzung und Mittelwahl zur Folge: Das Medium selbst übermittelt jetzt die Bestandserhaltungsimperative des zugehörigen Systems (hier des Marktsystems). Diese Verkehrung von Mittel und Zweck wird vom Aktor, wie Marx gesehen hat, als der verdinglichende Charakter versachlichter gesellschaftlicher Prozesse erfahren. Insofern verkörpern mediengesteuerte Interaktionen nicht mehr eine instrumentelle, in der Zweckrationalität der Entscheidungsträger lokalisierte Vernunft, sondern eine den selbstgesteuerten Systemen selbst innewohnende funktionalistische Vernunft" (Habermas 1988, 82f.). Habermas hat hiermit sein Objektivitätsverständnis zugespitzt. Fraglich bleibt allerdings, wie sich die im Begriff einer „den selbstgesteuerten Systemen selbst innewohnenden funktionalistischen Vernunft" antizipierte *objektive* Einheit aller besonderen zweckrational-ökonomischen Handlungen explizieren lässt. Es liegt nahe, die Antwort bei Marx in der Kapitaltheorie zu suchen, der zufolge jede ökonomische Handlung als Moment eines eigenlogischen und eigendynamischen Systems ineinandergreifender Kapitalkreisläufe verstanden werden kann. Das zweckrationale ökonomische Handeln (Arbeit, Tausch) bewerkstelligt dann in einem solchen System die „materielle Reproduktion der Lebenswelt" nur insoweit als es Moment des Verwertungsprozesses ist. Diese Interpretation lässt sich im Kontext der Rekapitulation der Konzeption von Organisation und Arbeit in der *Theorie des kommunikativen Handelns* stützen.

1.2. Organisation und Arbeit

Die Entstehung von Organisationen verortet Habermas grundsätzlich in den bis hierher beschriebenen Prozess der „Entkopplung" von Lebenswelt und System. So spricht Habermas von „in modernen Gesellschaften

---

[5] Siehe Habermas' „*Entgegnung*" in Honneth/Joas 1986, 327ff.

zur Organisationsrealität verdichteten systemischen Zusammenhängen" (TkH II, 231).[6] Die systemisch integrierten Handlungsbereiche von Wirtschaft und Staat sind, so Habermas, gekennzeichnet durch die Handlungskoordination vermittels der Steuerungsmedien Geld und Macht einerseits, die Existenz von Organisationen – staatlichen „Anstalten" und kapitalistischen „Betrieben" – andererseits (ebd., 256f.). Habermas versteht Organisationen als ein konstitutives Moment der Ausdifferenzierung systemischer Integrationsbereiche, das grundsätzlich systemtheoretisch als Form eines „selbstgesteuerten sozialen Systems" (ebd., 453) zu verstehen sei. Es gelte – mit Luhmann gegen Weber –, die „Systemrationalität" von Organisationen von der bloßen Zweckrationalität des Organisationshandelns zu unterscheiden (ebd., 453ff.). Unter Rekurs auf die Systemtheorie wird hervorgehoben, dass der „funktionale Beitrag, den Stellen, Programme und Entscheidungen, den beliebige Zustände und Elemente für die Lösung von Systemproblemen leisten" (ebd., 454) als entscheidend für die Entwicklung der Organisation anzusehen sei.

Die Organisationsmitglieder werden, so Habermas im Anschluss an Luhmann, nach dem Prinzip der gleichermaßen „disponiblen" (ebd., 231) wie „freiwilligen Mitgliedschaft" (ebd., 456) in die Organisation eingebunden. Mit „pauschal akzeptierten Mitgliedschaftsbedingungen und mit Hilfe der generalisierten Folgebereitschaft ihrer Mitglieder" (ebd.) werde jedes Organisationsmitglied auf die Erfüllung der systemischen Anforderungen des Organisationssystems verpflichtet. Die Handlungen in Organisationen erfolgten dabei abgelöst von der Lebenswelt, d.h. von Kultur, Gesellschaft und Persönlichkeit (ebd., 456f.; auch Parge 2004, 104). Die Lebenswelt werde zur „Umwelt" der Organisationssysteme (TkH II, 460f.). Hinsichtlich des Arbeitsprozesses heißt es auch: „Das Lohnarbeitsverhältnis neutralisiert die Leistungen des Produzenten gegenüber dem lebensweltlichen Kontext seiner Handlungen" (ebd., 493). Die Beschäftigten erbringen, so Habermas, für die Organisation Leistungen, die diese für ihre Reproduktion benötigt und erhalten dafür Geld, mit dem sie an der Konsumsphäre teilhaben können (ebd., 472ff.).

Bezüglich der Handlungskoordination in Organisationen wird herausgestellt, dass in Organisationen gleichermaßen kommunikativ wie auch zweckrational gehandelt wird (ebd., 459f.). Kommunikatives Handeln

---

[6] Für eine ausführlichere Darstellung der organisationstheoretischen Kerngedanken der *Theorie des kommunikativen Handelns* siehe Bruckmeier 1988, 230ff.

habe hierbei allerdings einen eigentümlichen Status: Kommunikative Handlungen finden, so Habermas, zwar durchaus statt, sie sind mitunter notwendig, um allein die „formell geregelten Sozialbeziehungen" aufrechtzuerhalten, stehen jedoch „*unter Vorbehalt*" (ebd., 460). Denn: Handlungen in Organisationen, könnten generell hierarchisch koordiniert werden und werden es auch überwiegend. Die hierarchisch organisierte zweckrationale Handlungskoordination innerhalb der Organisation könne die Interaktionen in Organisationen grundsätzlich von der Notwendigkeit einer Koordination durch „kommunikatives Handeln" entbinden, was de facto den Regelfall darstelle (ebd.). Um zu Arbeiten sei somit, so Habermas, keine von den Akteuren intersubjektiv erzeugte Situationsdefinition zwingend erforderlich (ebd.).

Gemäß der Unterscheidung von Sozial- und Systemintegration ist nun weiterhin in Rechnung zu stellen, dass es sich bei den formal organisierten Arbeitshandlungen um Beiträge zur „Bestandserhaltung des Systems" handelt. Es sollte nicht übersehen werden, dass Habermas Arbeit zwar einerseits handlungstheoretisch auf „zweckrationales Handeln" reduziert, dass er Arbeit jedoch zugleich strukturtheoretisch mit Marx als „abstrakte Arbeit" begreift. In dieser zweiten Hinsicht ist Arbeit für Habermas Ausdruck eines Prozesses der „Realabstraktion", d.h. eines Vorgangs, der nicht auf Gebrauchswertorientierungen, sondern an abstrakter Reichtumsvermehrung ausgerichtet ist. In der Auseinandersetzung mit Marx stellt Habermas zunächst heraus, dass Arbeit gleichzeitig Moment des Systems wie der Lebenswelt sei. Die Wertseite der Arbeit kennzeichne die „abstrakte Arbeit", die stofflich-organisatorische und damit lebensweltliche Seite demgegenüber die „konkrete Arbeit": „Arbeitskraft wird einerseits in *konkreten Handlungen* und Kooperationszusammenhängen verausgabt, andererseits als *abstrakte Leistung* für einen unter Verwertungsgesichtspunkten formal organisierten Arbeitsprozeß vereinnahmt. Insofern bildet die vom Produzenten veräußerte Arbeitskraft eine Kategorie, in der die Imperative der Systemintegration mit denen der Sozialintegration zusammentreffen: als *Handlung* gehört sie der Lebenswelt des Produzenten, als *Leistung* dem Funktionszusammenhang des kapitalistischen Betriebs und des Wirtschaftssystems im ganzen an" (ebd., 493). Unter Rekurs auf Marx lässt sich die Arbeitshandlung als Beitrag zur „Bestandserhaltung des Systems" als Moment eines Prozesses der privaten Aneignung eines gesellschaftlich produzierten Mehrprodukts begreifen (Habermas 1973, 42, 46), das über die Zirkulation angeeignet wird. Dies kennzeichnet die „objektive" Funktion der Arbeit, oder anders gesagt: die sich über die analytisch beobachtbare empirische Verknüpfung von Handlungsfolgen hinaus „hinter dem Rücken" der Akteure ereignende Vermittlung der ökonomischen Handlungen in einem Marktsystem, das auf Lohnarbeit basiert, d.h. in einem eigendynamischen und eigengesetzlichen System ineinandergreifender Kapitalkreisläufe.[7]

In dieser Hinsicht scheint Habermas der Marxschen Werttheorie ihre Berechtigung zuzugestehen.[8] Die kritische Absetzung zeigt sich in einer anderen Hinsicht: Habermas hat der Marxschen Theorie in Übereinstimmung mit der Interpretation von Brunkhorst nämlich ein doppeltes Interesse zugeschrieben (TkH II, 494f.; auch bereits Habermas 1984a, 493 sowie Habermas 1973, 43). Einerseits analysiere sie ökonomiekritisch die interne Funktionalität des Wirtschaftssystems, andererseits beabsichtige sie die lebensweltliche Dimension der Integration der Individuen in das System darzustellen. Marx spreche im Kapital zwei Sprachen, eine systemtheoretische „Verwertungssprache" sowie eine handlungstheoretische „Klassensprache" (TkH II, 494ff.). Während die erste Analyseebene, d.h. die Analyse der „systemische(n) Zusammenhänge der Kapitalverwertung" (ebd., 495), die Analyse der Systemintegration im Sinne des „krisenhaften Verlaufsmuster(s) der Kapitalakkumulation" (ebd.) als der spezifische „Prozeß der Bestandserhaltung des ökonomischen Subsystems" (ebd., 497) – der „systemisch verselbständigte Prozeß wirtschaftlichen Wachstums" (ebd., 500) – nicht grundsätzlich in Zweifel gezogen wird, wird die zweite Ebene der Kapitalanalyse kritisiert. Habermas wendet ein, dass Marx den Modernisierungsprozess hand-

---

[7] Im Austausch der Arbeitsprodukte zeigt sich, ob die Arbeitshandlungen als Moment der gesellschaftlichen Gesamtarbeit realisiert werden können. Tauschhandlungen sind Momente einer Einheit von Produktions- und Zirkulationsprozess des Kapitals (Habermas 1973, 42). Die *systemische* Integration greift somit gleichermaßen durch den *bewussten* Umgang mit Geld und durch „konkrete Arbeit" hindurch. Die zweckrationalen, erfolgsorientierten Tausch- und Arbeitshandlungen erfüllen hier die spezifische *historische* Funktion der „Verwertung des Werts". Erst hier lassen sich somit „mediengesteuerte Interaktionen" – der Austausch von Arbeitsprodukten – als „Verkörperung einer den selbstgesteuerten Subsystemen selbst innewohnenden funktionalistischen Vernunft" verstehen.

[8] Zu Habermas' positivem Rekurs auf die Marxsche Werttheorie als dem „Paradigmenkern der Kritischen Theorie" (Brunkhorst) siehe Brunkhorst 1983; Postone 2003, 380. Zu Habermas' Verständnis der Marxschen Kapitaltheorie siehe auch TkH II, 463; Habermas 1985a, 81, 262 sowie Habermas 1973, 42f.

lungstheoretisch zu einseitig fasse. Vermisst wird in der Marxschen Konzeption „eine hinreichend scharfe Trennung zwischen dem in der Moderne ausgebildeten *Niveau der Systemdifferenzierung* und den *klassenspezifischen Formen seiner Institutionalisierung* [...]" (ebd., 501).[9] Ferner wendet Habermas ein, Marx könne nicht „die Zerstörung traditionaler Lebensformen von der Verdinglichung posttraditionaler Lebenswelten unterscheiden" (ebd.). Prägnant lautet der Vorwurf, den Habermas im Lichte seiner eigenen Konzeption erhebt: „Die Werttheorie bietet keine Grundlage für ein Konzept der Verdinglichung, das gestatten würde, Syndrome der Entfremdung relativ zum jeweils erreichten Grad der Rationalisierung einer Lebenswelt zu identifizieren" (ebd., 502). V.a. aber habe Marx einen „Monismus der Werttheorie" (ebd., 504) betrieben, durch den er über kein Konzept der pathologischen Effekte bürokratisch induzierter „Verdinglichung" verfüge.[10]

Habermas' Marx-Rezeption ist insbesondere von VertrerInnen der materialistischen Gesellschaftstheorie kritisiert worden. Diese Kritik kann sich weniger darauf berufen, dass Habermas die Werttheorie aus der Kritischen Theorie herauslöst – dies tut er offenbar nicht in *ökonomie*theoretischer sondern nur in *gesellschafts*theoretischer Hinsicht (Brunkhorst 1983) –, sondern kann vielmehr daran Anstoß nehmen, dass Habermas im Rahmen seiner Marx-Kritik eine affirmative Haltung gegenüber der Vergangenheit und Gegenwart der kapitalistischen Rationalisierung einzunehmen scheint: Die Strukturen der Ausbeutung und Verselbständigung werden ebenso wie das Prinzip der Rationalisierung (und dessen de facto vielfach entmündigende Praxis) als akzeptabel angesehen, solange diese die Rationalisierung der Lebenswelt nicht stören, sondern ermöglichen bzw. fördern. Es wird somit grundsätzlich hingenommen, dass mit der gewaltsamen Durchsetzung der Lohnarbeit die „Verdinglichung" traditionaler Lebenswelten stattfindet, da dies sich als

---

[9] Habermas formuliert diese Position vor dem Hintergrund des Fordismus-Taylorismus, also vor dem Hintergrund von Arbeitszeitverkürzungen (Parge 2004, 104f.) und Reallohnsteigerungen. (Auch die Existenz des Staatskapitalismus legt den Gedanken nahe, dass Austausch ohne Verwertungszwang möglich ist.)

[10] Wenn Habermas also von der „Entwertung des Totalitätsbegriffs" (Habermas 1986, 378) spricht, dann meint er offenbar *nicht* die „systemtheoretische", d.h. werttheoretische Argumentation im Marxschen Kapital als solche, sondern die seines Erachtens prekäre Verbindung von Wert- und Klassentheorie.

zweckmäßig erwiesen hat (siehe TkH II, 474). So kritisiert etwa Bader grundsätzlich Habermas' „Lob der Differenzierung" (Bader 1986, 144).

Ein weiterer Aspekt der Habermasschen Analyse von Organisation und Arbeit ist schließlich von Bedeutung: Aus heutiger Sicht scheint die in der *Theorie des kommunikativen Handelns* vorliegende Konzeption von Arbeitsorganisation deutlich aus der Perspektive des Taylorparadigmas formuliert zu sein (Parge 2004, 108, 116). Die Verbindung von Arbeit und zweckrationalem Handeln gewinnt ihre Plausibilität aus der empirischen Entwicklung der kapitalistischen Produktion bis hin zur fordistisch-tayloristischen Phase. Bader (1986, 147) kritisiert, dass Habermas sich mit der heteronomen tayloristischen Betriebsrealität abfinde und keine Ansprüche einer „Demokratisierung" des Betriebs einfordere.[11] Mit der Durchsetzung post-tayloristischer Produktionsstrategien wird die eindeutige Zuordnung von zweckrationalem Handeln und Systemintegration jedoch *empirisch* in Frage gestellt. Kommunikatives Handeln scheint nunmehr selbst zu einem Moment der Arbeitsorganisation zu werden. Die Grenzen zwischen Lebenswelt und System scheinen sich in einer Weise zu verschieben, wie es bei Habermas nicht vorgesehen war. Denn die *Theorie des kommunikativen Handelns* kennt nur eine Richtung der Grenzverschiebung: Das bereits angedeutete Eindringen des Systems in die Lebenswelt.

1.3. Wirtschaftliche Reproduktion als „Kolonialisierung der Lebenswelt"

Habermas apostrophiert den Prozess der „Entkopplung" von System und Lebenswelt sowie das Zurückschlagen des Systems auf die Lebenswelt als eine „Dialektik der Rationalisierung" (Habermas 1985b, 178). Dies meint: Die evolutionäre Steigerung der Systemkomplexität ist zunächst an eine Rationalisierung der Lebenswelt gebunden. Diese lässt sich u.a. an der Entstehung einer post-konventionalen Moralität und der Institutionalisierung universalistischer Rechtsnormen festmachen. Diese spezifische Form des Rechts ermöglicht die Ausdifferenzierung von Ökonomie und Staat. Diese systemische Ausdifferenzierung entlastet ihrerseits die

---

[11] Ganßmann (1990, 229) konstatiert, dass Arbeit bei Habermas überhaupt nur eine „Nebenrolle" spiele. Ähnlich sieht dies auch Postone (2003, 345). Parge (2004, 242) attestiert sogar „Habermas' Desinteresse an Arbeitsbedingungen", sein „Desinteresse an der Gestaltung der Arbeitswelt" (ebd., 115).

Lebenswelt vom Verständigungsaufwand. Die dadurch ermöglichte weitere Rationalisierung der Lebenswelt wird schließlich wiederum durch die Eigendynamik des Systems gestört (Gripp 1984, 95ff.). Die Moderne wird in dieser Hinsicht als „unvollendetes Projekt" (Habermas 1985a) begriffen. Vollendet wäre sie erst dann, wenn die „Kolonialisierung" zurückgeschlagen wäre und die Entwicklung von Wissen, Normen und Identität vollständig vermittels kommunikativer, verständigungsorientierter Handlungen erfolgen würde (Schneider 2002).

Grundsätzlich gilt es nach Habermas eine „*Mediatisierung*" von einer „*Kolonialisierung*" der Lebenswelt zu unterscheiden (TkH II, 293). Der Begriff der „*Mediatisierung*" bezeichnet die im Zuge der „Entkopplung" stattfindende Entlastung vom Verständigungsaufwand hinsichtlich der Organisation der „materiellen Reproduktion der Lebenswelt" durch die Einführung der Steuerungsmedien Geld und Macht. Die privatrechtliche Institutionalisierung des Geldmediums ermöglicht Systemdifferenzierung, d.h. Effizienzsteigerung. Diese „Entkopplung von System und Lebenswelt" erweist sich, folgt man Habermas, aus gesellschaftstheoretischer Sicht als unproblematisch, und zwar selbst dann noch, wenn sie als Verwertung, „Realabstraktion", begriffen wird. Der Prozess der „Entkopplung" entlastet die symbolische Reproduktion der Lebenswelt und erlaubt die Entwicklung des kulturellen Wissens, der Sozialintegration und der Persönlichkeit, d.h. eine ausgedehnte Rationalisierung der Lebenswelt. Sie wird erst dann problematisch, wenn der systemische Rationalisierungsprozess die symbolische Reproduktion der Lebenswelt und zwar der *rationalisierten, post-traditionalen* Lebenswelt stört (ebd., 277). Der Begriff der „*Kolonialisierung*" bezeichnet eine solche Dynamik der systemischen Expansion (Steigerung der Systemkomplexität), durch die die symbolische Reproduktion des evolutionär erreichten Standes der Rationalisierung des lebensweltlichen Wissens gestört wird. Es wird dann dort, wo kommunikativ (verständigungsorientiert) gehandelt werden *sollte* oder *wurde*, zweckrational (erfolgsorientiert) gehandelt. Prozesse der kulturellen Reproduktion, der Sozialintegration und der Sozialisation geraten so in Abhängigkeit ökonomischer und/oder administrativer Erfordernisse. Dies kann einerseits bedeuten, dass sozialintegrierte Handlungen *unmittelbar* Moment der systemischen Integration werden (qua Kommodifizierung und/oder Verrechtlichung). Andererseits kann die Reproduktion der Lebenswelt auch *mittelbar* an systemischen Imperativen ausgerichtet werden, wenn bspw. Sozialisationsprozesse nach Maßgabe ökonomischer „Imperative" gestaltet werden (Schneider 2002). Der Befund einer „Kolonialisierung der Lebenswelt durch das System" hat dabei eine methodische Dimension: Wenn Habermas, wie gesehen, die Marxsche Theorie nur teilweise revidiert, dann lässt sich fragen, wie dies mit dem Anspruch der Integration der Systemtheorie in die Kritische Theorie zusammenpasst. Habermas kritisiert, so wurde deutlich, spezifische, nämlich *gesellschaftstheoretische* Defizite der Marxschen Werttheorie. Das Programm einer „nicht-trivialen Verknüpfung" (Habermas 1985b, 180) von Handlungs- und Strukturtheorie greift Habermas jedoch von Marx auf: Es geht demnach darum, Strukturmomente in der Analyse der Reproduktion von lebensweltlichen/sozialintegrierten Handlungszusammenhängen offenzulegen. Wie aber lassen sich die Defizite der Marxschen Theorie, die sich ergeben, wenn man die historischen Analysen im Kapital als unzureichende Explikation von „Kolonialisierungsprozessen" liest, mit systemtheoretischen Mitteln lösen? Habermas rekurriert auf die Kategorien der Systemtheorie als systematischen Ersatz für die Marxsche „Klassensprache", und zwar in der Weise, dass die empirische Gestalt der strukturellen Differenzierung der Gesellschaft in Beziehung zur Reproduktion post-traditionaler Lebenswelten gebracht wird. Habermas beansprucht, die systemtheoretischen Kategorien als analytisches Mittel für die *Beschreibung* der Systemdynamik sowie die *kritische Analyse* systemisch induzierter Lebensweltpathologien zu verwenden. Er rekurriert auf die Systemtheorie in einem „deskriptiven" wie „kritischen Sinn" (Habermas 1986, 390). Vom systemtheoretischen System-Umwelt-Konzept wird kein *ökonomietheoretischer* Gebrauch gemacht, sondern es wird *gesellschaftstheoretisch* verwendet, um das ausgewiesene *gesellschaftstheoretische* Defizit der Marxschen Werttheorie zu überwinden (Brunkhorst 1983). Systemtheoretische Konzepte sollen und können *nicht* dazu dienen, die Struktur und Dynamik des Kapitalismus zu verstehen, sondern dienen lediglich dazu, die Beziehungen des Wirtschaftssystems (und weiterhin des Staates) zu seiner „Umwelt" zu erfassen: „Erst mit dem Kapitalismus entsteht ein Wirtschaftssystem, das sich (im essentialistischen Sinne) als ein Subsystem mit eigenen Umwelten beschreiben läßt: es regelt den internen Verkehr ebenso wie den Austausch mit den auf Distanz gebrachten nicht-ökonomischen Umwelten der privaten Haushalte und des Staates über eigene, d.h. monetäre Kanäle" (Habermas 1986, 385).

Deskriptiv lassen sich die Entwicklung des kapitalistischen Verwertungsprozesses und seine staatlichen Implikationen als „Steigerung der Systemkomplexität" und Austausch zwischen „System" und „Umwelt" ausweisen. Es lässt sich durch einen Wechsel zur Beobachterperspektive beschreiben, was für die Binnenperspektive zu komplex ist, und dies ist primär die interne Dynamik des ökonomischen und administrativen Systems bzw. der Austausch zwischen Ökonomie und Staat. Wobei zu beachten gilt: Jenseits dieser empirisch „überkomplexen" Verknüpfungen von ökonomischen Handlungen existieren allein *logisch* deduzierbare strukturelle Zusammenhänge *aller* ökonomischen Handlungen – die von Marx analysierten Mechanismen der gesellschaftlichen Produktion und privaten Aneignung von Mehrwert. Dieser die Dynamik der Ökonomie stiftende Vorgang lässt sich nicht systemtheoretisch erfassen, sondern nur *denken* und nur unter dieser Prämisse, lässt sich überhaupt „mit essentialistischen Konnotationen" von System sprechen.[12] *Kritisch* lässt sich die empirische Differenzierung des Systems gegebenenfalls als „Kolonialisierung" seiner post-traditionalen sozialintegrierten „Umwelten" ausweisen. Auf diese Weise wird die Dynamik des Kapitals sowie die Entwicklungen ihrer bürokratischen und rechtlichen Vermittlungsformen *gesellschaftstheoretisch* im Sinne einer „Kritik der funktionalistischen Vernunft"[13] erfasst.

Angesichts der vorausgegangenen Rekapitulation kann allerdings festgehalten werden, dass die gesellschaftsanalytischen Schlüsselbegriffe des „Systems" und der „Funktion" bei Habermas im Spannungsfeld von materialistischen und systemtheoretischen Bedeutungsgehalten stehen. Eine präzisere systematische Integration von Marx und/oder Luhmann in den zweistufigen Gesellschaftsbegriff der *Theorie des kommunikativen Handelns* steht bislang aus. Dies gilt insbesondere auch für den theoretisch-kategorialen Zugriff auf empirische Entwicklungsprozesse in Wirtschaftsorganisationen.[14]

---

[12] Bereits McCarthy (1989, 600) hat betont, dass die Systemtheorie keine *ökonomietheoretische* Alternative zur Marxschen Ökonomiekritik liefert. Er verweist ferner grundsätzlich darauf, dass „um nicht-intendierte Folgen zu identifizieren", „nicht das ganze Zubehör der Systemtheorie" (ebd., 599) benötigt würde.

[13] So das sich im Untertitel des zweiten Bandes der *Theorie des kommunikativen Handelns* ausdrückende Selbstverständnis der Habermasschen Analyse.

[14] Bader hat kritisiert, dass sich in der *Theorie des kommunikativen Handelns* letztlich überhaupt nur „vage bleibende organisationsanalytische Aussagen" (Bader

2. Post-tayloristische Arbeit im Anschluss an die Theorie des kommunikativen Handelns

Vor dem Hintergrund der vorausgegangenen, skizzenhaften Rekapitulation der theoretischen Konzeption von Wirtschaft in der *Theorie des kommunikativen Handelns* sollen im Folgenden Anknüpfungsbemühungen bei der Analyse der Entstehung und Funktionsweise post-tayloristischer Arbeitsorganisation diskutiert werden. Diese Analysen erfolgen unter der erkenntnisleitenden Frage nach einem veränderten Verhältnis von Lebenswelt und System unter den Bedingungen post-industrieller Arbeit. Dabei lässt sich eine erste Phase in den 1990er Jahren, in der vornehmlich der soziale Kontext der Entstehung neuer Arbeitsformen diskutiert wurde (2.1.), von einer zweiten Phase unterscheiden, in der in der jüngeren Vergangenheit die Funktionsweise der post-tayloristischen Arbeitsorganisation untersucht wurde (2.2.). Überdies soll kurz auf eine an Habermas anschließende Erklärung der Entstehung und Funktion von Dienstleistungen eingegangen werden (2.3.).

2.1. Post-tayloristische Arbeit als Eindringen der Lebenswelt ins System – Teil I

Berger (1982) sowie Bader (1986) kritisieren bereits Anfang bzw. Mitte der 1980er Jahre, dass Habermas ein Aufeinandereinwirken von Lebenswelt und System lediglich in *eine* Richtung denke, nämlich als Eindringen des Systems in die Lebenswelt. Wirkungszusammenhänge in umgekehrter Richtung würden nicht diskutiert bzw. nicht einmal antizipiert. Beide Autoren haben bei der Formulierung dieser Kritik jene spezifischen Entwicklungen des Arbeitsprozesses vor Augen, die sich bereits in den 1970er Jahren abzeichnen und spätestens mit Kern/Schumanns industriesoziologischer Untersuchung zu den „neuen Produktionskonzepten" in der soziologischen Fachdiskussion manifest geworden sind. Hinsichtlich dieser Entwicklung hat Zündorf (1986, 45) bereits Mitte der 1980er Jahre die Frage aufgeworfen, inwieweit „unter dem Einfluß

1986, 144) finden lassen. Siehe ähnlich auch Berger 1986; Parge 2004, 136; Langenbacher 2001, 87 sowie Bruckmeier 1988. McCarthy (1989, 590ff.) hat insbesondere die Brauchbarkeit systemtheoretischer Analysekonzepte für die Organisationsanalyse im Rahmen der *Theorie des kommunikativen Handelns* angezweifelt.

neuer, posttayloristischer Managementphilosophien und neuer Produktionskonzepte [...], die mehr auf die Subjektivität der Besitzer von Arbeitskraft und auf ihre soziale Integration im Rahmen des Betriebssystems setzen, sowie unter dem Einfluß übergreifenden gesellschaftlichen Wertewandels, der ‚kommunikative Tugenden' in Gesellschaft und Betrieb forciert [...], Elemente verständigungsorientierten Handelns in bestimmten Situationen gegenüber mediengesteuerten Koordinierungsmechanismen an Bedeutung gewinnen". Malsch (1987) stellte etwa zur selben Zeit fest, dass die informationstechnische Rationalisierung von Produktionsprozessen einen erhöhten Verständigungs- und Selbststeuerungsbedarf bei den Beschäftigten nach sich zieht, die er an der Einführung von „Qualitätszirkeln, Problemlösungsgruppen und Teamkonzepten" (ebd., 87) abliest und die er unter Rekurs auf Habermas als „‚kommunikative Rationalisierung' computergestützter Informations- und Planungssysteme" (ebd.) interpretiert.[15] Die mit diesen Hypothesen aufgeworfenen Forschungsfragen sind allerdings erst in der jüngeren Vergangenheit aufgegriffen und zum Ausgangspunkt systematischer Untersuchungen genommen worden. In der arbeitssoziologischen Debatte der 1990er Jahre wurde zunächst die Frage nach der Entstehung neuer Arbeitsformen aus der Perspektive der Zeitdiagnose der *Theorie des kommunikativen Handelns* diskutiert, etwa bei Baethge (1991), Kunnemann (1991) sowie Mücke (1995).

Baethge hat im Anschluss an industriesoziologische Debatten um die veränderte Rolle von „Subjektivität" im Arbeitsprozess die Auffassung vertreten, dass im Zuge des fortschreitenden (nord)westlichen Modernisierungsprozesses eine *„normative Subjektivierung des unmittelbaren Arbeitsprozesses"* (Baethge 1991, 6) zu verzeichnen sei, die die Fremdbestimmung der Arbeit zwar nicht aufhebe, jedoch zur Veränderung der betrieblichen Steuerungskonzepte führe (ebd.). Diese Entwicklung gehe von einem „veränderten Arbeitsbewusstsein der Beschäftigten" (ebd., 7) aus. Arbeit werde als Mittel der Selbstverwirklichung betrachtet (ebd., 8); die Beschäftigten wollen demzufolge als Person anerkannt werden und sträuben sich gegen ihre Eingliederung in unbegründete Hierarchieverhältnisse (ebd., 9). Baethge konstatiert vor diesem Hintergrund eine

---

[15] In der BWL wurde ebenfalls bereits seit den 1980er Jahren ausgehend von den Arbeiten Peter Ulrichs über die Möglichkeit von kommunikativem Handeln der Ökonomie nachgedacht (siehe Biesecker 1992, 71ff.).

„mentale Hegemonie der konkreten über die abstrakte Arbeit" (ebd., 16, 17). Diese „subjektzentrierten Ansprüche", so Baethge, wären unter fordistischen Bedingungen auf „schier unüberwindbare Barrieren gestoßen" (ebd., 13). Die Rationalisierung des taylorisierten Produktionsprozesses führe nun aber zu einem Bedarf nach höherqualifizierten Arbeitskräften (Systemregulierung, Beratung und Betreuung bei Dienstleistungen). Diese Funktionen könnten unter den Bedingungen einer „normativ subjektivierten Arbeit" nur unter veränderten Steuerungsstrategien erfüllt werden: „Die Ausschöpfung ihres Qualifikationspotentials ist derartigen Arbeitskräften schwer von oben zu dekretieren, sie ist auch schwer kontrollierbar; am ehesten ist sie mit Zugeständnissen an Eigenverantwortlichkeit, Kompetenz und Status erreichbar" (ebd.).

Baethge interpretiert diese Entwicklung unter Rekurs auf die Gegenwartsdiagnose der *Theorie des kommunikativen Handelns*. So wird „die Herstellung diskursiver Kommunikationsformen in der Arbeit" (ebd., 16) als Verschränkung von Arbeit und Kommunikation interpretiert: „Die ontologische Entgegensetzung von Arbeit und Kommunikation [...] wird heute vollends obsolet" (ebd., 17). Schließlich ordnet Baethge diese Verschränkung in den Kontext der These der „Kolonialisierung der Lebenswelt" ein. Er hält es für nicht unwahrscheinlich, dass die seines Erachtens grundsätzlich zutreffende These der „Kolonialisierung" (ebd., 18), „den Blick für antiimperialistische Subversion, die sich in der Kolonie längst formiert hat" (ebd.) verstellt und die „rächende Gewalt der Lebenswelt" übersehe: „Die kolonialisierte Lebenswelt scheint sich zu rächen und führt über die Ansprüche der Individuen ihre nicht befriedigten expressiven Bedürfnisse ins Zentrum des Systems zweckrationalen Handelns [...] ein, und zwingt dieses zur Revision seiner Steuerungsprinzipien und zur Modifikation seiner Organisation; dies nicht zuletzt um die produktiven Potenzen des individuellen Selbstdarstellungsinteresses rationalistisch einzufangen und sich verfügbar zu machen [...]" (ebd.).

Ähnlich wie Baethge kritisiert auch Kunnemann (1991, 211), dass die bei Habermas vorfindliche starre Zuordnung von kommunikativem Handeln zur Lebenswelt und zweckrationalem Handeln zum System im Lichte der seit den 1960er Jahren stattfindenden Emanzipationsprozesse nicht aufrechtzuerhalten sei. Kunnemann konstatiert „den großen Einfluß, den Veränderungen in der Lebenswelt gerade auch auf die Verkehrsformen in formellen Organisation haben" (ebd.). Mit Bezug auf de Swaan wird herausgestellt, dass „das *Befehlsreglement* dem *Verhand-*

lungsreglement Platzgemacht" habe, „wodurch hierarchische Umgangsformen durch demokratischere Muster ersetzt wurden" (ebd.). Diese Demokratisierung wird als Beispiel angeführt, dass die abhängig Beschäftigten die Entmündung im Betrieb nicht mehr hinnehmen (ebd.). Diese Identität fordert, so Kunnemann, das Management heraus, neue Organisationsstrategien zu entwickeln: „Die hier angesprochenen normativen Ausgangspunkte und Identitätsmodelle können also nicht einfach ‚ausgeschaltet' werden, wie Habermas suggeriert, sondern bilden im Gegenteil die kommunikativen Randbedingungen, die vom Management nicht beliebig manipuliert werden können, auch wenn große organisatorische Anstrengungen unternommen werden, ihren Einfluss zugunsten organisatorischer Zwecke umzubiegen" (ebd.). Hier wird also im Lichte der empirischen Prozesse der Lebensweltrationalisierung die Entkopplung der Organisationslogik von der Lebenswelt in Frage gestellt. Die Organisation kann sich nicht mehr gegen die Subjektivität ihrer Mitglieder abschotten, sondern muss neue Formen der Integration finden.

Vor diesem Hintergrund kommt Kunnemann zu dem Schluss, dass sich das Verhältnis von Kommunikation und Macht in Organisationen zwar verändere, ohne dass dabei die Trennung von System und Lebenswelt als solche obsolet werde. Das veränderte Verhältnis von kommunikativem Handeln und Organisationsrationalität fasst er in dem Bild der Organisation als „Container", „in den kommunikative Prozesse eingezwängt und eingedämmt werden: Sobald sie [die kommunikativen Prozesse, L.M.] für die Zielsetzungen der Organisation dysfunktional zu werden drohen, können Sanktionen, die auf kommunikativem Wege nicht kritisierbar sind, ins Spiel gebracht werden" (ebd., 212). Dies kennzeichne, so Kunnemann, die Trennung von System und Lebenswelt im Habermasschen Sinne (ebd.). Darüber hinaus können kommunikative Prozesse, die in Organisation „eingezwängt" werden, „auf den ‚Container' einen gewissen *Gegendruck* ausüben" (ebd.), was sich auf die Gestaltung der den Organisationsmitgliedern gewährten Spielräume auswirke. Insofern konstatiert Kunnemann: „Kulturelle Veränderungsprozesse in der Lebenswelt bestimmen also die *Grenzen* des Spielraums [...]" (ebd., 212f.). Die Organisationsleitung muss infolgedessen die formellen Strukturen so ändern, dass die Ansprüche der Beschäftigten funktionalisiert werden können: „Die Leitung der formellen Organisation [...] strebt danach, diesen Gegendruck zu neutralisieren und möglichst in einen funktionellen Einfluß umzuformen, indem sie auf die kommunikativen Erwartungen der Arbeitnehmer ‚eingeht' um diese so zu motivieren, daß sie die Zielsetzungen der Organisation engagiert verfolgen" (ebd., 213). Vor diesem Hintergrund kann geschlussfolgert werden, dass das Verhältnis von System und kommunikativem Handeln keineswegs „statisch", sondern vielmehr „dynamisch" ist: „Das Verhältnis zwischen den kommunikativen Prozessen in Systemkontexten einerseits und dem formellen Rahmen der Organisation andererseits ist also keineswegs statisch, sondern dynamisch [...]" (ebd.).

Mücke (1995) hat den Gedanken einer unter post-tayloristischen Bedingungen zu verzeichnenden Grenzverschiebung zwischen System und Lebenswelt aufgegriffen. Sie geht dabei von der „Macht der rationalisierten Lebenswelt" (ebd., 260, 263) aus und interpretiert die veränderten Organisations- und Motivationsstrukturen in post-tayloristischen Organisationen als „Eindringen der rationalisierten Lebenswelt in die Unternehmen" (ebd., 269). Zentral ist dabei eine spezifische Fassung des Machtbegriffs: die „Macht" der „rationalisierten Lebenswelt" bestehe eben darin, „daß man sie nicht ignorieren", jedoch „nutzen" könne (ebd., 16, auch 263). Es handele sich so gesehen weder um eine „kommunikative Macht" noch um eine „systemtheoretisch begründete Medienmacht" (ebd., 260). Der Prozess der Modernisierung sei nach Habermas u.a. gekennzeichnet durch eine „Rationalisierung der Lebenswelt" (ebd., 267). Dieser Rationalisierungsprozess führe die Begründungsnotwendigkeit von Normen mit sich: „Das Reflexivwerden von Sinn und die Begründung von Normen sind Kennzeichen der Moderne [...]" (ebd.). Die damit verbundenen moralisch-praktischen Lernprozesse wirken sich, so Mücke, auch in der Gestaltbarkeit von Organisation aus: „Modernisierungsphänomene, wie sie im Konzept der rationalisierten Lebenswelt entwickelt wurden, sind in ‚Handlungsorganisationen' nicht nur auffindbar und wirksam, sondern konkurrieren zugleich mit systemischen Anforderungen in einer Art und Weise, daß innerhalb der Organisationen im Wirtschaftssystem von einem Kampf zwischen lebensweltlichen Ansprüchen und Systemanforderungen gesprochen werden kann. Dieser Kampf wird mit dem Machtpotential, das die rationalisierte Lebenswelt bereitstellt, ausgetragen" (ebd., 262). Leistungsbereitschaft (Motivation) kann unter diesen Bedingungen, so Mücke, nicht mittels Geld und Macht erzeugt werden, sondern diese Medien „müssen mit Gründen kombiniert werden" (ebd.). Es entstehe somit eine spezifische Form der Handlungskoordinierung: „Diese Form der Handlungskoordinierung kann man mit Habermas als *kommunikative Rationalisierung [...] von Arbeitsbeziehungen* interpretieren" (ebd., meine Hervorhebung). Das Unternehmen müsse konsensorientierte „Regulierungsmechanismen" (ebd., 263) entwickeln, um seine Ziele zu erreichen. Die neuen Formen der Steuerung werden als Ausdruck dafür interpretiert, „daß die für moderne Gesellschaften konstitutive Rationalisierung der Lebenswelt allmählich in die Unternehmen eindringt und die Organisationsmitglieder zunehmend mit ihren Anforderungen konfrontiert" (ebd., 267).

Zusammenfassend lässt sich über die bis hierher angeführten Ansätze festhalten: Die Erklärungen zur Entstehung post-tayloristischer Arbeitsformen von Baethge, Kunnemann und Mücke stimmen darin überein, dass die Entstehung der neuen Organisationsformen im Wesentlichen als Reaktion auf normative Lernprozesse im Zuge der „Rationalisierung der Lebenswelt", die das Taylorsystem in Frage stellen, zurückzuführen ist. Dabei werden allerdings auch Unterschiede deutlich: Während Kunnemann und Mücke die Rationalisierungsprozesse der Lebenswelt als ursächlich ausweisen, denkt Baethge die Entstehung von Autonomieansprüchen eher als Reaktion der Lebenswelt auf ihre Kolonialisierung. Neben der grundsätzlichen Auffassung hinsichtlich des Eindringens lebensweltlicher Rationalisierung ins System stimmen die Ansätze weiterhin darin überein, dass die Unternehmen ihre Organisationsziele – d.h. v.a. Gewinne zu erwirtschaften – nicht aufgeben, sondern vielmehr bestrebt sind, die veränderten Ansprüche mit ihren Organisationszielen in Einklang zu bringen. Es wird dabei deutlich, dass sich das kapitalistische Unternehmen – insbesondere auch im Zuge des Bedarfs nach höherqualifizierten Mitarbeitern – nicht *gegen* die Subjektivität der Beschäftigten zu reproduzieren vermag, sondern gezwungen ist, Strategien zu entwickeln, die veränderten Ansprüche an die Arbeit für seine Ziele zu nutzen. Offen bleibt, wie genau dies erfolgt.

2.2. Post-tayloristische Arbeit als Eindringen der Lebenswelt ins System – Teil II

In der jüngeren Vergangenheit wurden verschiedene Untersuchungen zur Analyse der Funktionsweise der neuen, post-tayloristische Formen der Arbeitsorganisation im Anschluss an die *Theorie des kommunikativen Handelns* vorgelegt. Diese Untersuchungen setzen sich mit den Veränderungen der internen Strukturen von Arbeit und Management in postbürokratischen Unternehmen auseinander. Sie beziehen sich dabei auf verschiedene *Arbeitsinhalte*. So untersucht Langenbacher (2001) post-tayloristische Arbeitsorganisationsformen in den Kategorien der *Theorie des kommunikativen Handelns* am Beispiel von „Wissensarbeit", während Parge (2004) das Beispiel post-tayloristischer Industriearbeit wählt. Die Frage nach einem gewandelten Verhältnis von Lebenswelt und System – sozialer und systemischer Integration – wird in diesen Untersuchungen im Kontext detaillierterer Interpretationen der innerbetrieblichen Organisationsformen in Kategorien der *Theorie des kommunikativen Handelns* diskutiert, wobei hierbei mitunter unterschiedliche Revisionen und Erweiterungen der Habermasschen Kategorien vorgenommen werden.

Langenbacher (2001) greift Jägers im Kontext der Diskussion um post-tayloristische Arbeitsformen formulierte These einer „*Verlebensweltlichung des System*" auf und diskutiert diese am Beispiel von Unternehmensberatung, die als ein Fall von „Wissensarbeit" ausgewiesen wird (ebd., 71).[16] Es geht Langenbacher hierbei um die Diskussion einer möglicherweise festzustellenden „*Verlebensweltlichung des Systems durch Wissensmanagement*" auf dem Wege der „symbolische(n) Reproduktion organisationaler Lebenswelten über Mechanismen der Sozialintegration" (ebd., 2). Langenbacher geht davon aus, dass es sich bei der Produktion von Beratungsdienstleistungen um einen Vorgang handelt, der auf Wissensaustausch und somit auf kommunikatives Handeln geradezu existentiell angewiesen ist. „Wissensmanagement" im Sinne von Strategien „der Erzeugung, Verteilung und Anwendung des Wissens in den Unternehmen" (ebd., 63) erweise sich als Mittel zur Initiierung und Verstetigung der organisationsinternen Lernprozesse, indem es kommunikatives Handeln als Medium der Selbststeuerung von Arbeit initiiert.

Um innerhalb der Organisation kommunikatives Handeln als Mechanismus der Handlungskoordination zu nutzen, müssen, so Langenbacher, die „lebensweltlichen Voraussetzungen für sprachlich herbeigeführte

---

[16] Jäger betont den tentativen Charakter seiner These (siehe Jäger 1999, 157ff.), die er im Anschluss an Baethge formuliert. Mit Bezug auf die von Voß vorgetragenen Überlegungen zur „Entgrenzung" von Arbeit, die sich als Ausdruck einer „Kolonialisierung der Lebenswelt" lesen ließen, wiesen die Überlegungen von Baethge auf eine gleichzeitig und entgegengesetzt verlaufende Dimension der Rationalisierung: einer „Verlebensweltlichung der Systeme".

Intersubjektivität [...] in Organisationen selbst ‚hergestellt' bzw. generiert werden" (ebd., 100). Von einer „Verlebensweltlichung des Systems" ließe sich dann sprechen, wenn sich empirisch nachweisen ließe, dass in der Organisation ein lebensweltliches Wissen entstanden sei, das durch kommunikatives Handeln reproduziert werde (ebd., 71f.). Grundsätzlich plädiert Langenbacher dabei dafür, die Frage nach der Handlungsrationalität nicht theoretisch vorzuentscheiden, sondern empirisch zu beantworten (ebd., 116, 201). Über Habermas hinaus, geht Langenbacher davon aus, dass sich „organisationale Lebenswelten" bilden können und auch bilden (ebd., 112). Langenbacher geht im Zentrum seiner Untersuchung der Frage nach, inwieweit in den untersuchten Beratungsunternehmen auf den Ebenen von Kultur, Gesellschaft und Persönlichkeit ein lebensweltlicher Zusammenhang existiert und wie dieser geschaffen und reproduziert wird. Er kommt dabei zu folgenden Ergebnissen:

Auf *kultureller* Ebene wird auf das Selbstbild der Unternehmen im Hinblick auf ihre je eigene Gründungsgeschichte sowie auf je aktuelle Leitbilder verwiesen („Unternehmenskultur"). Diese bilden, so Langenbacher, einen lebensweltlichen Hintergrund des kommunikativen Handelns zwischen den BeraterInnen und könnten so als Ausdruck einer „Verlebensweltlichung" interpretiert werden (ebd., 204f.). Neben einer Reihe von Werten wie bspw. Fairness, Respekt, oder partnerschaftliches Verhalten, die auf die wachsende Bedeutung kommunikativen Handelns in Organisationen verweisen, finde sich auf den Werteskalen aller Unternehmen das Prinzip der „Teamarbeit" (ebd., 208). Mit der Einführung von Teamarbeit nehme „die argumentative Klärung von Geltungsansprüchen einen prominenten Stellenwert" (ebd., 210) ein. Dies interpretiert Langenbacher als Bestätigung der These der Verlebensweltlichung (ebd.). Den Praktiken der Selbstorganisation, die als Resultat heteronomer Managementpraktiken begriffen werden, misst Langenbacher überhaupt besondere Bedeutung bei: „Die Führungspersonen bewegen die einzelnen Mitarbeiter dazu, durch gezielte Forderungen und Förderung, sich selbst zu steuern und durch die Arbeit im Team die Lernfähigkeit der Organisation sicherzustellen" (ebd., 109, 217). Langenbacher verweist grundsätzlich auf das Versagen klassischer, „materieller Anreize" (ebd., 58) wie Entlohnungssysteme und betont die wachsende Bedeutung „immaterieller Komponenten" (ebd.), die zu einer „intrinsischen Motivation" (ebd.) führen können. Solche Motivatoren könnten „in Form von Feedback oder auch der Erweiterung des Tätigkeits- und Entscheidungsspielraums Anwendung finden" (ebd.). Mit anderen Worten: Bei Wissensarbeit versagen die „empirischen Motivatoren", stattdessen ist eine „rationale Motivation" der Beschäftigten nötig und möglich (209f.). Auf der Ebene der *Persönlichkeit* sind, so Langenbacher, hohe Anforderungen an die Qualifikation wie „analytische Fähigkeiten, Kommunikationsstärke und der Wille zu beständigem Lernen" sowie „Internationalität, Kreativität, Teamorientierung" (ebd., 213) festzustellen. Zugleich herrsche ein extremer Wettbewerb zwischen den Einzelnen sowie hohe Leistungserwartung (ebd., 214). Die konstatierten Tendenzen zur „Verlebensweltlichung" werden somit begleitet von strategischen Handlungsorientierungen zwischen den BeraterInnen (ebd., 214f.). Bezüglich der persönlichen professionellen Entwicklung werden den BeraterInnen, so Langenbacher, erhebliche Freiräume eingeräumt (ebd., 216). Eine besondere Rolle spielen, laut Langenbacher, Anreizmechanismen wie Veröffentlichungen von Fachbeiträgen oder die Beteiligung an der Personalauswahl. Individuelle Entwicklungsstrategien werden in Zielvereinbarungen fixiert (ebd.). Diese Entwicklung sei darüber hinaus durch das personalwirtschaftliche Prinzip des „Up-or-Out" (bzw. Grow-or-Go) geregelt, das von den Beschäftigten dauerhaft überdurchschnittliche Leistungen verlange (ebd.). Dies führe zu einer erfolgsorientierten Einstellung der Akteure und lasse nichts von einer „Verlebensweltlichung" erkennen (ebd., 216f.).

Bezüglich der *gesellschaftlichen* Dimension – der „institutionellen Ordnung" (ebd., 217) – werden zwei Aspekte herausgestellt: „die Besitzverhältnisse in den Unternehmen sowie das empirisch vorfindbare Verhältnis der Partner zu den Beratern" (ebd.). Führung – hier durch die so genannten „Partner" – bleibe auch im Falle von Wissensmanagement bestehen, unterliege aber einem Formwandel, indem Organisationsformen etabliert würden, die auf Selbststeuerung setzen (ebd.). In den meisten der untersuchten Fälle befinde sich das Unternehmen im Besitz der kleinen Minderheit der „Partner" (ebd., 218.). Folglich kann Langenbacher auch hier keine Tendenzen der „Verlebensweltlichung" erkennen.

Langenbacher kommt zu dem Ergebnis, dass Wissensmanagement ein geradezu „widersprüchliches" Nebeneinander verschiedener Formen der organisationsinternen Handlungsorientierung schaffe, einen „Mix aus rationalen kommunikativen Erwägungen, strategischen Handlungsorientierungen, subjektiven Handlungsorientierungen usw." (ebd., 232). Kommunikatives Handeln – und damit verbunden Vorgänge einer „„moralisch-praktischen' und/oder ‚ästhetisch-praktischen' Rationalisierung der organisationalen Lebenswelt" (ebd., 234) – finde im Verhältnis zum zweckrationalen Handeln alles in allem nur sehr begrenz statt; und selbst dort, wo es stattfindet, sei es Resultat eines strategischen Managementhandelns und stehe unter zweckrationalen Prämissen (ebd., 220). Die Unternehmen setzten im Kontext von Wissensmanagement neben der Motivation durch Kultur v.a. „auf die funktionalen Anreize und Signale des Marktes" (ebd., 220). Wenngleich also nur sehr eingeschränkt und differenziert von einer „Verlebensweltlichung" gesprochen werden könne, so zeige dies allerdings immerhin, dass Vorgänge der „symbolischen Reproduktion" nicht per definitionem ausgeschlossen werden könnten (ebd., 221).

Langenbachers Analyse macht somit deutlich, dass die Einführung und Reproduktion lebensweltlicher Mechanismen der Handlungskoordination im Rahmen von Wissensmanagement im Wesentlichen als ein Mittel der profitablen Produktion von Wissensprodukten zu verstehen ist. Grundsätzlich irritiert bei den konstatierten Formen der „Verlebensweltlichung" m.E. allerdings die Zuordnung der „Werte" (wie etwa Teamarbeit) zur Kultur des Unternehmens, da es hier doch um Normen und damit um „institutionelle Ordnungen" geht. Zugleich werden Normen (wie das angeführte „Up-or-Out"-Prinzip) der Persönlichkeit zugerechnet. Dabei ließe sich bzgl. neuer Formen des „interaktiven" Personalmanagements (bspw. Zielvereinbarungen) durchaus eine „Verlebensweltlichung" konstatieren. Weiterhin analysiert Langenbacher die ausgewiesene besondere Rolle des kommunikativen Handelns bei Teamarbeit nicht genauer.

Anders als Langenbacher, analysiert Parge in ihrer Untersuchung zu „*Steuerung durch Verständigung*" die Handlungskoordination in selbstorganisierten Arbeitsgruppen unter dem Gesichtspunkt des in ihnen stattfinden kommunikativen Handelns. Bezogen auf „neue Produktionskonzepte" (Lean Production), also den industriellen Produktionsprozess konstatiert Parge (2004) eine „Steuerung durch Verständigung", die im Anschluss an Habermas als ein „*Eindringen der Lebenswelt ins System*" (ebd., 134) zu begreifen sei.[17] Parge legt ihrer Untersuchung im Wesent-

---

[17] Parge ist der Auffassung, dass die von ihr offengelegten Mechanismen überall dort, wo Selbstorganisation im Arbeitsprozess stattfindet, zu finden seien (Parge 2004, 240).

lichen zwei Revisionen zugrunde: Zum einen kritisiert sie die bisherigen arbeitssoziologischen Anknüpfungsversuche an Habermas (ebd., 77ff.)[18], zum anderen kritisiert den zweistufigen Gesellschaftsbegriff in der Habermasschen Fassung (ebd., 121ff.). Vor diesem Hintergrund reformuliert sie zunächst 1. die Differenzierung von System und Lebenswelt und zeigt 2. auf, wie kommunikatives Handeln im System, d.h. in der Arbeitsorganisation, stattfindet. Auf diese Weise begründet sie ihre These von einem „Eindringen der Lebenswelt ins System".

Parge verweist zunächst auf die in der gesellschaftstheoretischen Debatte geäußerte Kritik, nach der die bei Habermas getroffene Zuordnung von Formen der zweckrationalen bzw. kommunikativen Handlungskoordination zu Integrationsbereichen fragwürdig sei: „Diskreditiert ist damit die Existenz bzw. Nichtexistenz von ‚kommunikativem Handeln' als Abgrenzungskriterium von System und Lebenswelt" (ebd., 132). Parge schlägt ein anderes Kriterium der Abgrenzung zwischen System und Lebenswelt vor, nämlich die „Ersetzbarkeit" von Handlungslogiken in *empirischen* Integrationskontexten. Dieses Kriterium finde sich bereits implizit bei Habermas selbst, insofern Habermas die Unterscheidung von System und Lebenswelt daran festmache, dass „die Akteure *jederzeit* aufhören (könnten), kommunikativ zu handeln und stattdessen auf formelle Regelungen zurückgreifen" könnten; die „Akteure sind im Kontext des Systems [...] nach Habermas keinesfalls gezwungen, zu einer einvernehmlichen Lösung zu kommen, da die Koordination ihrer Handlungen letztlich durch andere Mechanismen gesteuert wird" (ebd.). Von diesem Befund ausgehend, macht Parge die Unterscheidung von System und Lebenswelt daran fest, ob es sich bei einem empirischen kommunikatives Handeln um ein ersetzbares oder nichtersetzbares Moment der Systemreproduktion handelt: „Das System würde sich entsprechend dadurch auszeichnen, dass *jederzeit* Steuerungsmechanismen verfügbar sind, die ‚kommunikatives Handeln' bei Bedarf überflüssig machen. Der Unterschied zwischen System und Lebenswelt bestünde dann *nicht* in dem Vorhandensein, der Häufigkeit oder der prinzipiellen *Möglichkeit* ‚kommunikativen Handelns', sondern in der *Verfügbarkeit* systemischer Mechanismen zu dessen Ersetzung im Falle von Friktionen oder Schwierigkeiten. Abgrenzungskriterium zwischen System und Lebenswelt wäre

---

[18] Auf die Untersuchung von Langenbacher geht Parge dabei bemerkenswerter Weise nicht ein.

dann die *Ersetzbarkeit bzw. Nichtersetzbarkeit von Kontexten ‚kommunikativen Handelns'*" (ebd., 132f.).

Vor dem Hintergrund dieser grundbegrifflichen Revision der Zuordnung von Handlungsrationalität und Integrationsformen unter dem Gesichtspunkt der Ersetzbarkeit formuliert Parge den Gedanken eines „Eindringen(s) der Lebenswelt ins System" (ebd., 134). Dies wäre dann der Fall, wenn kommunikatives Handeln zu einem *nichtersetzbaren* Moment der systemischen Reproduktion würde: „Charakterisiert man das System dadurch, dass hier ‚kommunikatives Handeln' prinzipiell *in jedem Fall* durch systemische Mechanismen ersetzbar ist, die *stets* verfügbar sind, kommt es genau in den Fällen zu einem Eindringen der Lebenswelt in das System, in denen ‚kommunikatives Handeln' nicht mehr ohne weiteres durch systemische Mechanismen ersetzbar ist" (ebd.).

Diese begrifflichen Differenzierungen können nun als Grundlage für die Interpretation neuer Arbeitsformen genutzt werden. Hier macht Parge deutlich, dass nicht schon das Wirksamwerden normativer Forderungen als Eindringen der Lebenswelt ins System angesehen werden könne, sondern dass dies allein an der Veränderung der innerorganisationalen Formen der Handlungskoordination festzumachen sei (ebd., 135f.). Parge identifiziert nun kommunikatives Handeln als Mechanismus der Handlungskoordination selbstorganisierter industrieller Arbeitsgruppen. Als empirischer Ort des kommunikativen Handelns wird das Gruppengespräch ausgewiesen: „Entsprechende Koordinationen sind in konsequent selbstorganisierten Arbeitsgruppen, in denen Abstimmungsleistungen in Gruppengesprächen zwischen gleichberechtigten Gruppenmitgliedern ohne Eingriffe der Hierarchie erbracht werden, grundsätzlich möglich und unter bestimmten Voraussetzungen nicht unwahrscheinlich" (ebd., 232). Hierbei variiert, Parge zufolge, die Wahrscheinlichkeit der Koordination über kommunikatives Handeln je nach Aufgabenbereich: Während es z.B. bei Urlaubsplanung eher wahrscheinlich sei, so erweise es sich bei der „Erarbeitung von Verbesserungsvorschlägen und von Lösungen für technisch-organisatorische Probleme" (ebd.) eher als unwahrscheinlich. Parge resümiert infolgedessen: „Eine Koordination über ‚kommunikatives Handeln' stellt auch in selbstorganisierter Gruppenarbeit eine von vornherein auf wenige mögliche Bereiche und Situationen begrenzte Interaktionsform dar" (ebd., 234). Allerdings komme dem kommunikativen Handeln „in Bezug auf die Funktionsweise selbstorganisierter Gruppenarbeit [...] eine zentrale Bedeutung zu" (ebd., 235). Mit der Einführung der Handlungskoordination qua kommunikativen Handelns würden die subjektiven Voraussetzungen für Selbstorganisation geschaffen. Es gilt hiernach für Parge als erwiesen, „dass nur konsequent betriebene Selbstorganisation in der Lage ist, die für eine stabile und als positiv wahrgenommene Selbstorganisation notwendigen Einstellungen und Verhaltensweisen der Gruppenmitglieder selbst herzustellen und damit langfristig zu gewährleisten. [...] In verständigungsorientierten Einigungen können Erfahrungen der Gleichbehandlung und der gemeinsamen Anerkennung gesammelt werden, die die Basis schaffen für solidarisches Verhalten und für gegenseitiges Verständnis, Hilfsbereitschaft und Kooperation innerhalb der Gruppe" (ebd., 240). Es sei somit auch nachvollziehbar, warum die neuen Arbeitsformen von den Beteiligten positiv bewertet werden (ebd.).

Mit der veränderten Praxis der Handlungskoordination ist aus Parges Interpretationsperspektive ein „Eindringen der Lebenswelt ins System" zu verzeichnen: „Indem ‚kommunikatives Handeln' in Kontexten konsequenter Selbstorganisation zu einem nicht ohne weiteres ersetzbaren Steuerungsmechanismus innerhalb des Subsystems Wirtschaft wird, kommt es zu einem zumindest partiellen Eindringen der Lebenswelt ins System" (ebd., 241). D.h., es sind, Parge zufolge, empirisch wohl umgrenzte Bereiche, in denen kommunikatives Handeln im Arbeitsprozess stattfindet; es ist allerdings ein zentraler *nicht durch systemische Steuerungsmechanismen ersetzbarer* Mechanismus der Stabilisierung selbstorganisierter Arbeitsformen. Die Strategie der Selbstorganisation stehe ihrerseits wiederum „‚unter Vorbehalt'" (ebd., 238). Parge betont schließlich, dass die Integration von kommunikativem Handeln in die Systemreproduktion nicht allzu optimistisch bewertet werden sollte. Diese Tendenzen seien weit weniger ausgeprägt als die der „Kolonialisierung der Lebenswelt" (ebd., 242).

Diese Konzeption der Verschiebung der Grenzen von Lebenswelt und System stellt die grundsätzliche Unterscheidung zwischen sozial- und systemischintegrierten Handlungsbereichen offenbar nicht in Frage, sondern verweist auf die spezifische Rekonfiguration von Handlungsrationalität und Integrationslogik unter post-tayloristischen Arbeitsbedingungen. Es zeigt sich, dass das „Eindringen" von kommunikativer Rationalität ins „System" nicht auf Märkten, sondern *in Organisationen* stattfindet. Bezogen auf Langenbacher lässt sich feststellen: Während Langenbacher das Problem der lebensweltlichen Voraussetzungen für kommunikatives Handeln in Organisationen thematisiert, das kommunikative Handeln in selbstorganisierten Arbeitszusammenhängen selbst jedoch nicht unter dem Gesichtspunkt der Grenzverschiebung zwischen Lebenswelt und System betrachtet, verhält es sich bei Parge umgekehrt. Sie diskutiert das Problem der „Verlebensweltlichung" hinsichtlich der Funktion des kommunikativen Handelns für die Reproduktionsfähigkeit der Organisation, ohne dabei aber die Konstitution „organisationaler Lebenswelten" als Voraussetzung für kommunikatives Handeln in Organisationen eingehender zu thematisieren. Langenbacher und Parge betonen gleichermaßen, dass kommunikatives Handeln nur sehr begrenzt zu einem Moment der Organisationsentwicklung wird. Langenbacher und Parge gehen schließlich gleichermaßen nicht auf die lebensweltlichen Voraussetzungen und Ursachen der neuen Arbeitsformen ein, wie sie in den früheren Arbeiten von Baethge, Kunnemann und Mücke im Anschluss an die *Theorie des kommunikativen Handelns* ausgewiesen wurden.

Bevor ich die Ergebnisse der vorausgegangenen Argumentation im Lichte der Ergebnisse der Rekapitulation der Habermasschen Konzeption von Wirtschaft aufeinander beziehen werde, möchte ich kurz auf eine weitere Überlegung zur Verschiebung von System und Lebenswelt in der post-tayloristischen bzw. post-industriellen Ökonomie eingehen: Jägers Analyse von Dienstleistungen als Ausdruck einer evolutionären „Entkopplung der Entkopplung von System und Lebenswelt".

2.3. Post-tayloristische Arbeit als Eindringen der Lebenswelt ins System – Teil III

Jäger (2005) hat die Habermassche „Entkopplungsthese" bezogen auf Dienstleistungen aufgegriffen und vertritt die These einer mit der Entstehung von Dienstleistungen erfolgenden *„Entkopplung der Entkopplung von System und Lebenswelt"*. Jäger zufolge sind Dienstleistungen – u.a. „Erziehung, Bildung, Kranken- und Altenpflege" (ebd., 509), aber auch „kommerzielle, staatliche bzw. öffentliche und betriebsinterne Leistungen" (ebd., 513) – zu verstehen als evolutionär bedingter Ausdruck einer Verschmelzung von System und Lebenswelt. Hier lägen die „ehemals konträren Bereiche (z.B. System versus Lebenswelt) als Komplementarismen" (ebd., 507) vor. Diese Verschmelzung führe zu einer neuen,

„dreiseitigen" Form, einer neuen Form der „Einheit", bestehend aus den Seiten Lebenswelt, System und Öffentlichkeit (ebd.). (Letztere bildete vormals eine „Schnittstelle" zwischen System und Lebenswelt.)

Diese Form impliziere, dass Arbeit und Interaktion im Medium der Dienstleistung verschmelzen, d.h. dass Interaktion zu Arbeit „gerinnt" (ebd., 508f., 510), wodurch sich zugleich das Verhältnis von kommunikativem Handeln und zweckrationaler Handlungsrationalität in der Weise ändere, dass beide Rationalitätsformen Prämissen füreinander bilden: „In diesem Kontext wird kommunikatives Handeln unter zweckrationale Prämissen gestellt, strategisch-instrumentelles Handeln fortwährend kommunikativen Prämissen unterworfen" (ebd., 509).

Die empirische Zunahme von Dienstleitungen wird als „Reaktion einer Gesellschaft auf strukturelle Risiken" (ebd., 512) interpretiert. Die mit der fortschreitenden Systemdifferenzierung gestiegene Systemkomplexität führe zu „,Bestandsrisiken' des Gesamtsystems: Konkurrenz, Konflikte, ökonomische Stagnation usw." (ebd.). Dienstleistungen müssten verstanden werden als „Stützen materieller und immaterieller Reproduktion" (ebd., 513). Die Entstehung und Ausweitung von Dienstleitungen wird hierbei interpretiert als „Ausschöpfung der gesellschaftlich entwickelten Lernmechanismen und der verfügbaren Lernkapazitäten" (ebd.).

Soziale Evolution wird ausgewiesen als ein Prozess in der aus der Einheit von Lebenswelt und System eine Differenzierung beider Bereiche stattfinde, die in eine neue Einheit münde (in der die differenzierten Momente als verschiedene Seiten *einer* Form erhalten blieben.) Die mit Dienstleistung gegebene „Modifikation der Relation zwischen symbolischer und materieller Reproduktion" wird „im Sinne einer evolutionären Entkopplung der Entkopplung von System und Lebenswelt" (ebd., 515) gewertet. Die „Verschränkung von System und Lebenswelt" (ebd.) vollzieht sich demzufolge „auf einem hohen Lernniveau" (ebd.).

In Dienstleitungen verschränken sich, Jäger zufolge, System und Lebenswelt, indem Arbeit und Interaktion, symbolische und materielle Reproduktion, in der Dienstleistungsarbeit eine Einheit bilden; exemplarisch wird hier auch – ohne dies allerdings näher auszuführen – das „Lean Projekt" (ebd.) angeführt. Dabei wird weniger die „Monetarisierung und Professionalisierung symbolischer Reproduktionsfunktionen" (ebd.) als problematisch angesehen als vielmehr die „verständigungsorientierte, kommunikative Organisation materieller Reproduktionsfunktionen" (ebd.), denn: „Die Motivation, einen Konsens herbeizuführen, geschieht u.U. nicht um des Konsenses willen, vielmehr wegen der Produktivität, wegen des wirtschaftlichen Erfolgs. Diese Entwicklung verwendet Verständigungsorientierung als Strategie, Konsens als Instrument" (ebd.).

Es sei grundsätzlich nicht zu übersehen, dass sich mit den angegebenen Verschränkungstendenzen am Modus der kapitalistischen Produktion nichts ändere; die Verschränkung bleibe verbunden mit dem „kapitalwirtschaftliche(n) Kalkül" (ebd., 516). Dabei verweist Jäher auch auf die veränderte Rolle der Subjektivität in der (post-modernen) Dienstleistungsgesellschaft. Diese wird als eine vorrangig instrumentalisierte interpretiert, in dem Sinne, dass sie unter dem Vorbehalt ihrer kapitalistischen Nützlichkeit stehe (ebd., 519ff.).

Auch Jäger betont in seiner kommunikationstheoretischen Analyse von Dienstleitungen die hierbei erfolgende Verbindung von Arbeit und Interaktion – Arbeit und kommunikativem Handeln – sowie den ökonomischen *Zweck* dieser Verbindung. An Jägers Konzeption scheint allerdings kritikwürdig zu sein, dass er mit der Entstehung und Ausweitung der Dienstleistungsarbeit doch etwas behandelt, was bei Habermas Ausdruck der „Kolonialisierung" war. Vormals sozialintegrierte Handlungsbereiche werden hier qua ihrer Kommodifizierung systemisch integriert. Umgekehrt wird die Bedeutung von kommunikativen Handlungen im Unternehmen nur angedeutet.

3. Zusammenfassung und Schlussfolgerungen

Die vorausgegangenen Ausführungen haben zunächst einige zentrale Aspekte des in der Habermasschen *Theorie des kommunikativen Handelns* entwickelten Wirtschafts- bzw. Arbeits- und Organisationsverständnisses ausgewiesen. Vor diesem Hintergrund wurden einige in der arbeitssoziologischen Analyse neuer, post-tayloristischer Arbeitsformen eingebrachte kritisch-konstruktive Anschlussbemühungen an die *Theorie des kommunikativen Handelns* von Habermas vorgestellt und andiskutiert. Hierbei ist deutlich geworden:

1. Dass vor dem Hintergrund der *Theorie des kommunikativen Handelns* die neuen Organisationsformen im Zusammenhang mit den Veränderungen in der lebensweltlichen „Umwelt" von Organisationssystemen

zu verstehen sind. Die Entstehung neuer Arbeitsformen ist nicht abgelöst von den im Zuge der Rationalisierung der Lebenswelt entstandenen empirischen Gestalten post-traditionaler Subjektivität zu verstehen.

2. Dass kommunikatives Handeln zu einem Moment der Handlungskoordination in post-bürokratischen Organisationen wird. Kommunikatives Handeln bewerkstelligt die Motivation individualisierter Individuen, sich in post-industrielle Arbeitsprozesse einzubringen. In wissensintensiven, innovationsorientierten Produktionsprozessen stellt kommunikatives Handeln die Lernfähigkeit von Organisationen sicher. Kommunikatives Handeln in Organisationen erfolgt in der Regel unter zweckrationalen Prämissen wirtschaftlicher Funktionalität.

3. Dass die neuen Formen der *organisationsinternen* Kooperation im Anschluss an Habermas als Verbindung von kommunikativem Handeln und Systemintegration verstanden werden können. Die Trennung von System und Lebenswelt wird mit den neuen Arbeitsformen keinesfalls *aufgehoben*. Es kommt vielmehr zu einer *Entschränkung* und *Rekombination* von Typen der Handlungskoordination und Integrationsformen.

Im Lichte der Rekonstruktion der Habermasschen Konzeption von Wirtschaft wird überdies ein Defizit der bisherigen Anknüpfungsbemühungen deutlich, insofern als davon abstrahiert wird, dass es sich beim modernen Wirtschaftssystem – auch vom Standpunkt der *Theorie des kommunikativen Handelns* aus betrachtet – um einen systemischen Prozess der Verwertung des Werts handelt. Auch die post-tayloristischen, selbstorganisierten Arbeitsprozesse sind Momente einer Einheit von Arbeits- und Verwertungsprozess und können somit *arbeitssoziologisch* mit Marx als Prozesse der „formellen" bzw. „reellen Subsumtion der Arbeit unter das Kapital" analysiert werden.[19] Kommunikatives Handeln wird für die Reproduktion der Organisation und damit für die Verwertung des Werts „in Regie genommen" und als Produktivkraft (siehe Jäger, Langenbacher) genutzt. Die Arbeitenden können unter den gegebenen Bedingungen der Selbstorganisation nicht *nicht*-kommunizieren (siehe Parge; ferner Laz-

---

[19] Siehe hierzu auch den Beitrag von Sabine Pfeiffer in diesem Band.

zarato 1998). Kommunikationsfähigkeit wird somit zu einem zentralen Bestandteil ihres „Arbeitsvermögens" (Marx), d.h. ein spezifischer *Gebrauchswert* der Ware Arbeitskraft.

Dieser Vorgang lässt sich zugleich mit Habermas gesellschaftsanalytisch verorten: Das neue, post-tayloristische „Arbeitsvermögen" geht aus einem sich empirisch auf breiter Ebene vollziehenden Prozess der „Rationalisierung der Lebenswelt" hervor. In diesem Prozess entwickeln sich emanzipierte und individualisierte Individuen, die einerseits ihre Handlungen zunehmend kommunikativ bzw. diskursiv koordinieren und die andererseits Selbstverwirklichungsansprüche auch *im Arbeitsprozess* geltend machen.[20] Kommunikatives Handeln wird zu einem Moment der Systemerhaltung, indem im Arbeitsprozess Praktiken der individuellen und kollektiven Selbstorganisation etabliert werden, die unter ökonomischem Vorbehalt stehen (Gewinnorientierung, Rationalisierungszwang). Diese Operationalisierung individualistisch-emanzipierter Subjektivität mittels neuer, „indirekter" Steuerungskonzepte geht mitunter mit einer fortschreitenden „Kolonialisierung der Lebenswelt" einher. Im flexiblen, tertiärisierten und wissensbasierten Kapitalismus werden auch lebensweltliche *Inhalte* von Individualisierungsvorgängen (bspw. Berufs- und Familienplanung, Schulausbildung, Wertorientierungen, Selbstbilder und Selbstinszenierungen) zunehmend abhängig von ökonomischen Anforderungen. In der arbeitssoziologischen Debatte um die „Entgrenzung von Arbeit" wurde dieser Vorgang als „ideelle Subsumtion" (Moldaschl 1998, 232ff.) ausgewiesen. Diese individuellen Anpassungsprozesse müssen von emanzipierten und individualisierten Individuen in sozialintegrierten Zusammenhängen (Familie, Öffentlichkeit, Bildungssystem) kommunikativ erarbeitet werden. Zugespitzt formuliert bedeutet dies: Die kommunikative Reproduktion post-traditionaler sozialer ebenso wie systemisch-organisationaler Lebenswelten erfolgt unter dem „kategorischen Imperativ" der ökonomischen Vernunft. Im Stadium einer „ideellen Subsumtion" wird kommunikatives Handeln somit gleichermaßen in sozial- wie systemintegrierten Zusammenhängen zu einer bedeutenden Produktivkraft eines kognitiven Kapitalismus.

---

[20] Ich halte in diesem Punkt die oben (unter 2.1.) angeführten Interpretationen von Kunnemann und Mücke für zutreffender als die von Baethge.

Literatur

Abkürzungen:

TkH I – Jürgen Habermas, Theorie des kommunikativen Handelns, Band 1, Handlungsrationalität und gesellschaftliche Rationalisierung, Frankfurt/M., 1981
TkH II – Jürgen Habermas, Theorie des kommunikativen Handelns, Band 2, Zur Kritik der funktionalistischen Vernunft, Frankfurt/M., 1981

Sonstige angeführte Literatur:

Bader, V. M. (1986): Schmerzlose Entkopplung von System und Lebenswelt? Kritische Bemerkungen zu Jürgen Habermas' Zeitdiagnose, in: Prokla 64, S. 139-149

Baethge, M. (1991): Arbeit, Vergesellschaftung, Identität – Zur zunehmenden normativen Subjektivierung von Arbeit, in: Soziale Welt, Jg. 42, Heft 1, S. 6-19

Berger, J. (1982): Die Versprachlichung des Sakralen und die Entsprachlichung der Ökonomie, in: Zeitschrift für Soziologie, Jg. 11, 1982, Heft 4, S. 353-365

Biesecker, A. (1992): Habermas und die ökonomische Wissenschaft – Überlegungen zur lebensweltlichen Orientierung der Wirtschaftstheorie, in: dies., Grenzdörffer, K., Heide, H. (Hrsg.), Diskussionsbeiträge Nr. 1 (April 1992) des Instituts Ökonomie und soziales Handeln, Bremen

Bruckmeier, K. (1988): Kritik der Organisationsgesellschaft. Wege der systemtheoretischen Auflösung der Gesellschaft von M. Weber, Parsons, Luhmann und Habermas, Münster

Brunkhorst, H. (1983): Paradigmenkern und Theoriendynamik der Kritischen Theorie der Gesellschaft. Personen und Programme, in: Soziale Welt, Heft 3/1983, S. 22-56

Deutschmann, C. (2002): Postindustrielle Industriesoziologie. Theoretische Grundlagen, Arbeitsverhältnisse und soziale Identitäten, Weinheim/ München

Ganßmann, H. (1990): Kommunikation und Arbeit. Zum Arbeitsbegriff bei Habermas, in: König, H., v. Greiff, B., Schauer, H. (1990), Sozialphilosophie der industriellen Arbeit, Opladen, S. 227-239

Gripp, H. (1984): Jürgen Habermas. Und es gibt sie doch – Zur kommunikationstheoretischen Begründung von Vernunft bei Jürgen Habermas, Paderborn/München/Wien/Zürich

Habermas, J. (1988): Handlungen, Sprechakte, sprachlich vermittelte Interaktion und Lebenswelt, in: ders., Nachmetaphysisches Denken. Philosophische Aufsätze, Frankfurt/M., S. 63-104

Habermas, J. (1986): Entgegnung, in: Honneth, A., Joas, H. (Hrsg.), Beiträge zu Jürgen Habermas' ‚Theorie des kommunikativen Handelns', Frankfurt/M., S. 327-405

Habermas, J. (1985a): Der philosophische Diskurs der Moderne. Zwölf Vorlesungen, Franfurt/M.

Habermas, J. (1985b): Dialektik der Rationalisierung, in: ders., Die neue Unübersichtlichkeit, Frankfurt/M., S. 167-208

Habermas, J. (1984a): Replik auf Einwände, in: ders., Vorstudien und Ergänzungen zur Theorie des kommunikativen Handelns, Frankfurt/M., S. 475-570 [zuerst 1980]

Habermas, J. (1984b): Erläuterungen zum Begriff des kommunikativen Handelns, in: ders., Vorstudien und Ergänzungen zur Theorie des kommunikativen Handelns, Frankfurt/M., S. 571-605 [zuerst 1982]

Habermas, J. (1981): Talcott Parsons – Probleme der Theoriekonstruktion, in: Matthes, J. (Hrsg.), Lebenswelt und soziale Probleme. Verhandlungen des 20. Deutschen Soziologentages zu Bremen, Frankfurt/M., S. 28-48

Habermas, J. (1973): Legitimationsprobleme im Spätkapitalismus, Frankfurt/M.

Hahne, A. (1998): Kommunikation in der Organisation. Grundlagen und Analyse – ein kritischer Überblick, Opladen

Honneth, A. (1985): Kritik der Macht. Reflexionsstufen einer kritischen Gesellschaftstheorie, Frankfurt/M.

Jäger, W. (1999): Reorganisation von Arbeit. Ein Überblick zu aktuellen Debatten, Opladen

Jäger, W. (2005): Dienstleistungen als Aggregat ‚ganzer Menschen'. Überlegungen im Anschluss an die Theorie der Gesellschaft von Jürgen Habermas, in: Jäger, W., Schimank, U. (Hrsg.), Organisationsgesellschaft. Facetten und Perspektiven, Wiesbaden, S. 507-528

Kunnemann, H. (1991): Der Wahrheitstrichter. Habermas und die Postmoderne, Frankfurt/M./New York

Langenbacher, G. S. (2001): Verlebensweltlichung der Systeme durch Wissensmanagement. Zur Handlungskoordinierung der unternehmensbezogenen Beratungsdienstleistungen, Berlin

Lazzarato, M. (1998): Immaterielle Arbeit. Gesellschaftliche Tätigkeit unter den Bedingungen des Postfordismus, in: Atzert, T. (Hrsg.) (1998), Umherschweifende Produzenten. Immaterielle Arbeit und Subversion, Berlin, S. 39-52

Lohr, K. (2003): Subjektivierung von Arbeit. Ausgangspunkte einer Neuorientierung der Industrie- und Arbeitssoziologie?, in: Berliner Journal für Soziologie, Heft 4, 2003, S. 511-529

Malsch, T. (1987): Die Informatisierung des betrieblichen Erfahrungswissens und der „Imperialismus der instrumentellen Vernunft", in: Zeitschrift für Soziologie 16, S. 77-91

McCarthy, T. (1989): Komplexität und Demokratie – die Versuchungen der Systemtheorie, in: ders., Kritik der Verständigungsverhältnisse. Zur Theorie von Jürgen Habermas, Frankfurt/M., S. 580-604 [zuerst 1985]

Moldaschl, M. (1998): Internalisierung des Marktes. Neue Unternehmensstrategien und qualifizierte Angestellte, in: Jahrbuch Sozialwissenschaftliche Technikforschung, S.197-250

Mücke, B. (1995): Die Macht der rationalisierten Lebenswelt. Moderne Organisationsformen im Handwerk, Frankfurt/M./New York

Parge, M. (2004): Steuerung durch Verständigung. Zur Bedeutung „kommunikativen Handelns" in neue Arbeitsformen, Berlin

Postone, M. (2003): Zeit, Arbeit und gesellschaftliche Herrschaft. Eine neue Interpretation der kritischen Theorie von Marx, Freiburg

Schneider, W. L. (2002): Intersubjektivität und Geltung: Die Zentrierung von Intersubjektivität auf Begründungsfragen und die Pluralisierung des Rationalitätsbegriffs in der Habermasschen Theorie des kommunikativen Handelns, in: ders., Grundlagen der soziologischen Theorie, Bd.2, Wiesbaden, S. 185-249

Zündorf, L. (1986): Macht, Einfluß, Vertrauen und Verständigung. Zum Problem der Handlungskoordinierung in Arbeitsorganisationen, in: Seltz, R. (Hrsg.), Organisation als System. Kontrolle und Kommunikationstechnologie in Arbeitsorganisationen, Berlin, S. 33-56

Eigene Entscheidungen und das Wissen der anderen

Multiple Risikoreflexion und strukturelle Kopplungen bei Private Equity-Investitionen

Tobias Schulz-Isenbeck

1. Realökonomie und Finanzsystem

Die systemtheoretische Rekonstruktion der Wirtschaft betrachtet dieses Teilsystem der funktional differenzierten Gesellschaft als Sonderfall sozialer, das heißt kommunikativer Systeme. (Luhmann 1984, 191-201; Luhmann 1989, 43-90). Die Wirtschaft wird von anderen Sozialsystemen unterscheidbar durch ihre spezifische *Leitdifferenz Zahlung/Nichtzahlung* (Luhmann 1989, 52-54). Die Funktion der Wirtschaft innerhalb der Gesellschaft ist die sachliche, zeitliche und soziale Regulierung der Bewältigung von Knappheit. Als *generalisiertes Kommunikationsmedium* des Funktionssystems Wirtschaft hat sich *Geld* durchgesetzt. Durch Geldgebrauch wird Kommunikation als wirtschaftliches Geschehen erkennbar: „Man gibt nicht in Ausführung einer sozialen Verpflichtung zur Reziprozität, man hilft nicht als Nachbar, man arbeitet nicht in der frommen Gesinnung, dadurch dem Willen Gottes zu dienen. Man lässt sich bezahlen" (Luhmann 1989, 241). Aber Zahlungen werden nur angenommen, weil der Zahlungsempfänger sich darauf verlassen kann, dass die Ökonomie ihm Weitergabemöglichkeiten – systemtheoretisch abstrakt: kommunikative Anschlüsse – für das eingenommene Geld sichert. So operiert die Wirtschaft als *geschlossenes, autopoietisches System* (vgl. Luhmann 1984, 57-65; Luhmann 1989, 43-90). Mit der operativen Geschlossenheit des Systems geht seine *Offenheit gegenüber der Umwelt* einher: Nur, wenn es Gründe für Zahlungen gibt, sind jeweils Anschlussoperationen im System gesichert. Die Wirtschaft bezieht die Gründe für Zahlungen primär aus ihrer Umwelt, indem Güter und Dienstleistungen zur Befriedigung von Bedürfnissen gehandelt werden. Auch die von Niklas Luhmann (Luhmann 1989, 59-63) als „Eigenbedürfnisse" der Wirtschaft identifizierten Sekundärbedürfnisse an Energie, Material und Arbeitsleistung rufen letztlich Umweltbezüge auf. Diese Verhältnisse von Selbst- und Fremdreferentialität beschreiben das, was (mit einer gewissen Betonung der Fremdreferenz) als *Realökonomie* bezeichnet wird. In der Realökonomie geht es um die *Bearbeitung von Knappheit an Gütern und Dienstleistungen* durch Entscheidungen über Zahlungen. Dabei sind Zahlungen Ereignisse, die sofort verschwinden.[1] Die Autopoiesis der Zahlungen verläuft im zeitlichen Nacheinander. Wie alle Sozialsysteme ist die Wirtschaft ein temporalisiertes System und dadurch in der Lage, ihre Komplexität nicht nur besser zu handhaben, sondern darüber hinaus auch zu steigern (vgl. Luhmann 1984, 76f. et passim; Luhmann 1993, 240-248). Ausdruck dieser Temporalisierung sind Entscheidungen, die in der Gegenwart getroffen werden, um heutige Zahlungen mit in der Zukunft liegenden Knappheitssituationen zu verknüpfen. Dies ist ein mehr oder weniger bei jeder Entscheidung mitlaufender Aspekt, da nur die Regenerierbarkeit von Zahlungsmitteln zukünftige geldvermittelte Knappheitsbewältigung erlaubt. Unternehmen nehmen die den Erlösen regelmäßig zeitlich vorauslaufenden Kosten nur dann auf sich, wenn in der Zukunft mit einem entsprechenden Rückfluss (vermehrt um ausreichenden Gewinn) gerechnet werden kann. Besonders einschlägig sind natürlich Entscheidungen über *Sparen und Investieren*. Wer spart, entscheidet sich *gegen* Zahlungen heute in der Erwartung, seine Ersparnisse in der Zukunft für bessere oder notwendigere Transaktionen einsetzen zu können. Wer investiert, entscheidet sich *für* Zahlungen heute in der Erwartung, durch eine Verzinsung des investierten Kapitals zukünftig mehr Geld ausgeben zu können.[2] Die dadurch mögliche Einbeziehung von Zu-

---

[1] Die Wirtschaft braucht daher spezielle Einrichtungen, um vergangene Zahlungen und ihr Gründe erinnerbar zu halten. Dies leistet die Buchhaltung (vgl. Baecker 1987).

[2] Und wer seine Ersparnisse nicht bloß im Garten vergräbt, entscheidet simultan über Sparen und Investieren.

kunft in wirtschaftliche Operationen beinhaltet ein nicht zu überschätzendes Potential für Komplexitätssteigerung.

Investitionen lassen sich zunächst in realwirtschaftliche Transaktionen umsetzen, indem man Zahlungen für Sachanlagen, etwa Maschinen und Anlagen oder Gebäude leistet. Und unabhängig von der buchhalterischen Abbildung gilt der Zusammenhang auch für ‚investiven Aufwand' für die Qualifikation von Mitarbeitern oder die Entwicklung neuer Produkte. Dabei und im laufenden Betrieb eines Unternehmens, bei dem es nicht um Investitionen, sondern um Kosten geht, werden jeweils Güter oder Dienstleistungen einschließlich Arbeitsleistungen heute erworben, um durch ihre Nutzung im Zeitablauf Zahlungsfähigkeit zu regenerieren, die über die ursprünglich aufgegebene Zahlungsfähigkeit hinaus zu einem Gewinn führt. Entscheidungen über derartige Sachverhalte sind Kern betriebswirtschaftlicher Unternehmensführung. Wilhelm Rieger beschreibt den Betrieb daher als „eine Einrichtung, die Geld verbraucht, um Geld zu erzeugen" (Rieger 1964, 155). Dass derartiger Geldverbrauch zunächst die Verfügung über Geld erfordert, ist Grund für das Tertiärbedürfnis der Wirtschaft nach *Geld als Investitionsmittel*, für *Finanzierungsbedarf* (vgl. Benner 1983, 280-303).

Im Fall der Wirtschaft führt die Temporalisierung des Systems über die Steigerung der Reflexivität des Geldgebrauchs zur Ausprägung eines weiter spezifizierten Sonderbereichs der Kommunikation: dem *Finanzsystem*. Helmut Willke schreibt ihm die Qualität eines eigenen funktionalen Teilsystems zu, dessen Leitdifferenz Chancen und Risiken sind (Willke 2006, 16-23).[3] Im Finanzsystem wird „die Selbstreferenz der Wirtschaft, also Geld, zum Handelsobjekt und Verhandlungsgegenstand. Ihr Thema ist die Evaluierung der Erwartung künftiger Zahlungen, […] Auf den Finanzmärkten stehen die Erwartungen selbst auf dem Spiel und werden mit anderen Erwartungen und Informationen verglichen und bestätigt oder verworfen. […] An den Finanzmärkten können nur Erwartungen zweiter Ordnung (Erwartungen von Zahlungen für Zahlungen) erfüllt oder enttäuscht werden […] Über die Berechtigung der Erwartungen erster Ordnung (Erwartung von Zahlungen für Leistungen) entscheidet dagegen allein ihr Schicksal auf den Produktmärkten" (Baecker 1988, 281f.). Entwickelte Finanzmärkte sind dabei dadurch gekennzeichnet,

---

[3] Vgl. zum weiteren Zusammenhang einer „Entdinglichung des Sozialen" Giesen 1991, 56-59 et passim.

dass sich funktionierende Sekundär- und weitergehend Zukunfts- und Derivatemärkte etablieren. Dadurch kommt es zu einer wachsenden Entfernung des Finanzmarktgeschehens von der Realwirtschaft: „Auf einem gut funktionierenden Sekundärmarkt gibt es keine Punkt-für-Punkt-Zuordnungen zwischen Titeln und Werten mehr, sondern die Titel fluktuieren und gleichen die Unbestimmtheit der Werte, denen sie gelten, durch rasche Substitutionsmöglichkeiten der Titel gegen Titel aus" (Baecker 1988, 284).[4]

Wenn zutreffend ist, dass das Finanzsystem zunehmend Eigenständigkeit gegenüber der Realökonomie gewonnen hat, ist zugleich festzuhalten, dass die Realwirtschaft weiterhin die Möglichkeitsvoraussetzungen für die Ausdifferenzierung des Finanzsystems schafft und dauerhaft bereithalten muss. Mit anderen Worten: auch bei funktionaler Eigenständigkeit und eigensinnigem Operieren des Finanzsystems ist dessen Fortbestehen vermutlich doch nicht denkbar, ohne dass gleichzeitig realwirtschaftliche Operationen weiterliefen und ohne, dass es Schnittstellen zwischen beiden Systemen gäbe.[5]

Wir lassen im folgenden die Frage beiseite, welches Ausmaß die Abkopplung des finanzwirtschaftlichen vom realwirtschaftlichen Geschehen erreicht hat und welche Folgen damit verbunden sind. Vielmehr geht es um eine spezifische Form sehr einfacher Finanztitel: um *Eigenkapital-*

---

[4] Dirk Baecker verwendet *Werte* als *Einheitsbegriff von Leistung und Preis*, der wesentlich für die Pragmatik von Entscheidungen in der Realwirtschaft ist (vgl. Baecker 1988, 64-73). *Titel* finden sich am Finanzmarkt: „Solange sich an der Different von Preis und Leistung noch keine Produktmarktzahlungen orientieren (können), werden die möglichen Werte mit *Titeln* versehen, die auf dem Finanzmarkt zu unterschiedlichen Zinsen nachgefragt und angeboten werden." [ebenda]. Titel sind damit der *Einheitsbegriff für die Differenz von Risiko und Rendite*. Dirk Baeckers Kennzeichnung des Titels als Einheitsbegriff von Zahlung und Zins steht dazu nicht im Widerspruch: Leistung und Preis finden ihre Entsprechung in der Zahlung (des Kapitalgebers) und der Verzinsung (dem geforderten Preis für die Zahlung). Im Kern geht es bei der Zahlung dabei um die Leistung der Risikoübernahme, und der Zins erhält seine Relevanz für Entscheidungen über Finanzmarktinvestitionen aus der Relation zum eingesetzten Kapital, also der Rendite.

[5] Insofern gilt weiterhin die Aussage von Dirk Baecker: „Jede Entscheidung auf einem Finanzmarkt reagiert nicht nur auf die Operationen der Finanzmärkte, sondern auch auf jene der anderen Märkte der Wirtschaft. Jede Entscheidung orientiert sich an einer Erwartung, die systematisch nicht auf dem Finanzmarkt selbst, sondern auf einem anderen Markt erfüllt oder enttäuscht wird" (Baecker 1988, 287).

investitionen in Unternehmen, zumal um solche, die in der Regel nicht an einem organisierten Finanzmarkt gehandelt werden. Gegenstand der Überlegungen ist damit eine Operation im Finanzsystem im Sinne von Helmut Willke (Willke 2006, 24): Durch die Zurverfügungstellung von Eigenkapital übernimmt der Investor im Umfang seiner Beteiligung *unternehmerisches Risikos* einzugehen. In entwickelten Geldwirtschaften bedeutet das durchweg, ein *Investitionsrisiko* zu übernehmen, das heißt Geld einzusetzen, um in der Zukunft einen Ertrag auf dieses Kapital zu erzielen. Der unternehmerische Erfolg oder Misserfolg des Investments erweist sich in der Realwirtschaft, in der Entwicklung, Produktion und Vermarktung von Gütern oder Dienstleistungen. Und in der Erwartung eines realwirtschaftlichen Erfolgs des Unternehmens stellt der Eigenkapitalinvestor heute Geld zur Verfügung in der unsicheren Erwartung, seinen Kapitaleinsatz vermehrt um einen Kapitalertrag zurückgewinnen zu können. Die erwartete Rendite auf das eingesetzte Kapital kann sich aus Dividendenzahlung und bei Veräußerung realisiertem Wertzuwachs zusammensetzen.

Die Besonderheit der nachfolgend untersuchten Investitionen liegt in den Investoren begründet, um deren Anlageentscheidungen es gehen soll: Private Equity-Fonds. Nach den im zweiten Abschnitt folgenden kurzen Erläuterungen zur Grundstruktur dieser Kapitalanlagegesellschaften und den von ihnen typischerweise getätigten Investitionen wird zu zeigen sein, dass sich die Organisation des Finanzinvestors in ihren Entscheidungsprozessen das Wissen anderer Organisationen und Personen für ihre eigenen Entscheidungen nutzbar macht. Ähnliche Verhältnisse findet man durchaus auch bei Investoren vor, die nicht reine Beteiligungsgesellschaften sind. Auch Industrieunternehmen, die Unternehmen oder Beteiligungen daran erwerben, vollziehen Prüfungs-, Bewertungs- und interne Genehmigungsprozesse, um über eine Investitionsmöglichkeit zu entscheiden. Auch in diesen Prozessen spielt das Wissen externer Berater eine vergleichbare Rolle wie wir sie unten für Entscheidungen von Private Equity-Fonds erörtern werden. Deren Entscheidungen forcieren jedoch in besonderer Weise die Bedeutung externen Wissens und der Entscheidungen Dritter für die eigene Investitionsentscheidung. Dabei ist die Rolle der Banken aber auch diejenige des Managements des Zielunternehmens, von zentraler Bedeutung, weil ihre Entscheidungen in die Sequenz der organisationsinternen Entscheidungen der Finanzinvestoren eingefügt werden und dabei zur Voraussetzung für eine Entscheidung des Fonds über eine Investition in ein Zielunternehmen werden.

2. Private Equity-Investitionen

Private Equity-Fonds sind Kapitalsammelstellen. Überschusseinheiten, die temporär auf Zahlungsmittel verzichten können, stellen ihnen Finanzmittel zur Verfügung mit der Maßgabe, diese in Unternehmensbeteiligungen zu investieren, die eine risikoadäquate Rendite versprechen. Anleger in Private Equity-Fonds sind in der Regel institutionelle Investoren wie Pensionskassen oder Versicherungen (vgl. Fleischhauer/Hoyer 2004), daneben auch äußerst vermögende Privatanleger. Sie gehen mit ihrer Geldanlage in einem derartigen Fonds erhebliche Risiken ein, denen eine entsprechend hohe Renditeerwartung (regelmäßig zwanzig bis dreißig Prozent pro Jahr) gegenübersteht.

Für die Investoren in Private Equity-Fonds handelt es sich um *Finanzinvestitionen*. Sie erwerben *Titel*, also Kombinationen von Renditeerwartungen und Risiken. Die Fonds, in denen private equity akkumuliert wird, investieren ihrerseits wiederum in Finanztitel, nämlich Eigenkapitalpositionen in Unternehmen. Diese Investitionen sind an die Erwartung geknüpft, über einen Zeitraum von in der Regel drei bis fünf Jahren über Rückflüsse aus dem Unternehmen und letztlich eine Weiterveräußerung der Unternehmensanteile die angestrebte Rendite auf das eingesetzte Eigenkapital zu erzielen. Die Renditeanforderungen sind dabei nur erfüllbar, wenn das Investment der Private Equity-Fonds mit einem erheblichen Anteil (nicht selten sechzig Prozent oder mehr) Fremdkapital finanziert wird. Erst dadurch entsteht die ‚Hebelwirkung', die in sogenannten ‚leveraged buy out'-Modellen zu der von den Fonds-Investoren geforderten Zielrendite führt.

Daraus ergibt sich für Private Equity-Fonds eine mindestens zweifache Aufgabenstellung: Sie müssen zum einen über die Zusammenstellung lohnender Projekte und deren Entwicklung in einem Beteiligungsportfolio die Renditeerwartungen der Investoren erfüllen und diese zum anderen von ihrer Fähigkeit dazu überzeugen, um weitere Mittel einwerben zu können. Die Fondsorganisationen sind auf diese Anforderungen im Management von Investitionsentscheidungen, in der laufenden Betreuung von Portfoliounternehmen und im Investorenmarketing eingerichtet. Für unser Thema nehmen wir diejenigen Prozesse und Strukturen in den Blick, die die Fondsorganisationen für ihre Entscheidungen über einzelne Investitionsgelegenheiten ausgebildet haben, um zu einer möglichst hohen Erfolgswahrscheinlichkeit zu kommen. Letztlich muss jedes einzelne Beteiligungsengagement die Genehmigung eines Investment Committee erreichen. Dieses Gremium ist die Reflexions- und Entscheidungsinstanz, die im Interesse der Fonds-Investoren unter Berücksichtigung gewisser Rahmenbedingungen wie branchenmäßiger oder geographischer Kriterien sowie dem maximalen Eigenkapitaleinsatz je Beteiligung über die Eignung des bei jedem Einzelengagement in Rede stehenden Finanztitels urteilt, den Renditezielen des Fonds gerecht zu werden. Dabei wird über das Gesamtmodell entschieden, das heißt über das Wertpotential des Unternehmens, an dem Anteile erworben werden sollen und zugleich über die Finanzierungsstruktur, die wie erläutert mit ausschlaggebend für den Investitionserfolg ist.

Dies wirkt zurück auf die Beurteilung des Zielunternehmens: Der Investitionserfolg des Private Equity-Investors stellt sich erst ein, wenn das Zielunternehmen hinreichende Cashflows erzeugt, um den Kapitaldienst für die eingegangene Verschuldung zu leisten, so dass der Werthebel auf das eingesetzte Eigenkapital in die richtige Richtung wirkt. Dies wird häufig durch eine Kombination aus Erfolg an den Produktmärkten und einer Steigerung der Effizienz des Unternehmens durch Restrukturierung erreicht. Wir haben es also mit einer Engführung von Finanzmarktentscheidungen mit Entscheidungen in der Realwirtschaft zu tun: Die Entscheidung über die mit dem Private Equity-Engagement verbundenen Eigen- und Fremdkapitaltitel hängen ab von erwarteten Entscheidungen in der Realgüterwirtschaft, so wie – nach dem Abschluss des Beteiligungserwerbs – alle auf die Realwirtschaft bezogenen tatsächlichen zukünftigen Entscheidungen im Portfoliounternehmen ihre Rückwirkungen auf die Anforderungen des Finanzmodells im Blick halten müssen.

Diese Engführung der Entscheidungssituationen beginnt bereits mit dem Entscheidungsprozeß über eine Investitionsgelegenheit: Das Projektteam des Fonds muss sowohl das Investment Committee überzeugen wie auch die finanzierenden Banken, in denen wiederum eine Mehrfachreflexion des Risikos durch Markt-, also vertriebsorientierten Bereiche und Kreditbereiche sowie letztlich bei größeren Engagements durch die Leitung der Bank sichergestellt werden muss.

3. Beobachten – Wissen – Entscheiden

3.1 Die Fondsorganisation

Private Equity-Investitionen kommen in einem mehrstufigen Beobachtungs- und Entscheidungsprozess zustande. Bereits die Entscheidung der Fondsinvestoren, Anlagekapital einem Private Equity-Fonds zur Verfügung zu stellen, erfordert einen komplexen Analyse- und Auswahlprozess, in dem die Fondsanleger sich ein Bild davon machen, ob sie den jeweils betrachteten Fonds für geeignet halten, ihre Renditeerwartung zu erfüllen. Es ist klar, dass es sich dabei um Beobachtungsverhältnisse handelt, in denen der Beobachter – der als Person oder Organisation mit je systemeigenen Mitteln beobachtet – eigene systemspezifische Erwartungen mit seinem Beobachtungen abgleicht. Wie derartige Entscheidungen in der Verknüpfung von Risikostrukturen, Renditeerwartungen und den Risikopräferenzen der Anleger zustande kommen und vor allem, welche Rolle die Kommunikation der Private Equity-Fonds, aber auch dritter Beobachter über den track record der Fonds und über die von ihnen geplanten zukünftigen Investitionen dabei spielen, bietet sich als Gegenstand einer eigenen Studie an. Im Folgenden wird vorausgesetzt, dass die Bereitstellung von Eigenkapital für den Fonds gesichert ist. Damit konzentrieren sich die Überlegungen auf die Entscheidung über die Investition des Fonds in eine Unternehmensbeteiligung. Dabei kommen multiple Beobachtungsverhältnisse zum Tragen, in deren Mittelpunkt das Zielunternehmen steht.

Wirtschaftlich relevant ist die Frage, ob das Zielunternehmen das Potential hat, Zahlungsströme zu erzeugen, die ausreichen, um den Zins- und Tilgungsplan für das aufgenommene Fremdkapital zu bedienen und über die Verwertung der Kapitalanteile am Ende der Halteperiode die erwartete Rendite zu erbringen.[6] Zur Beurteilung dieser Frage entwickeln die Private Equity-Investoren ein Unternehmensmodell, das einen möglichst großen Ausschnitt der Operationen des Zielunternehmens in seinen *wirtschaftlichen Dimensionen* erfassen soll. Es geht mithin um *Zahlun-*

---

[6] Über die Verwertung der Kapitalanteile bei Exit des Private Equity-Investors hinaus besteht die Möglichkeit der Rekapitalisierung des Unternehmens, bei der durch eine Neustrukturierung der Passivseite der Bilanz und damit verbundenen Auszahlungen an die Gesellschafter ebenfalls ein Beitrag zur Gesamtrendite der Investition erreicht wird.

gen und um ihren Niederschlag in betriebswirtschaftlichen Planungsrechnungen. Dazu müssen die Beobachtung der Umwelt des Zielunternehmens und die Beziehungen zwischen beiden ebenso wie die systeminternen Operationen des potentiellen Beteiligungsunternehmens in ihren Auswirkungen auf eingehende und ausgehende Zahlungen erfasst werden. Änderungen in den Präferenzen der Kunden, neue Rechtsvorschriften, das Verhalten von Wettbewerbern oder die Restrukturierung des Unternehmens durch den Investor: alles mag Auswirkungen auf betriebliche Prozesse und Strukturen, auf die öffentliche Wahrnehmung des Unternehmens oder auf seine Unternehmenskultur haben. Im Entscheidungsprogramm der Investoren kann all dies nur zur Geltung gebracht werden, wenn es in seinen Auswirkungen auf die Zahlungsströme in das und aus dem Unternehmen dargestellt werden kann. Jede denkbare Entwicklung des Zielunternehmens findet ihre Abbildung in den Kosten oder Erlösen, die sie verursacht oder, im Hinblick auf die Investitionsentscheidung konkreter: in den Ein- und Auszahlungen, die ihren Cashflow und damit einen der wesentlichen Bewertungsparameter bestimmen.

Die Beobachtung des Zielunternehmens durch die Investoren wird dadurch systemgerecht spezifiziert und in eine Form gebracht, die durch ein wirtschaftsmäßiges Entscheidungsprogramm bearbeitet werden kann. Dabei geht es um *Zukunft* und damit um *Risiko* (vgl. Luhmann 1991, 48-58 sowie 187-199 et passim). Die Beobachtung der gegenwärtigen Lage des Zielunternehmens und seiner Vergangenheit mag Ausgangspunkt entscheidungsvorbereitender Analysen sein, die Logik wirtschaftsmäßiger, also zahlungsbezogener Entscheidungsprogramme über Investitionen berücksichtigt indessen nur, was in der Zukunft für möglich gehalten wird. Damit bleiben alle Daten, die in entsprechende Unternehmensmodelle eingehen, fiktional. Sie bilden nicht ‚die Zukunft' ab, sondern vom Finanzinvestor für möglich gehaltene zukünftige Zustände, und kaum etwas ist wahrscheinlicher, als dass die im Rechenmodell abgebildete Situation nicht der tatsächlichen in der Zukunft entsprechen wird. Die methodischen Verfahren, mit dieser Ungewissheit umzugehen, sind zahlreich und können beliebige Komplexität annehmen.[7]

---

[7] Vgl. exemplarisch für die betriebswirtschaftliche Entscheidungstheorie und Bewertungsfragen die Lernbuchdarstellungen bei Schneider 1990, 339-375 und Drukarczyk 2003, 73-118, besonders 99-116.

Die dazu üblichen Simulationsrechnungen, die günstigere und ungünstigere Entwicklungen abbilden, machen die Zukunft nicht besser prognostizierbar. Mit einer gewissen Betonung von Extremlagen entfalten sie zwischen ‚best case' und ‚worst case' einen Raum möglicher Zukunftssituationen, innerhalb dessen der Beobachter die tatsächlich eintretende mit der für ihn hinreichenden Sicherheit erwartet. Diese Erwartung kann enttäuscht werden. Im Zeitpunkt der Entscheidung zählt, dass die Enttäuschungserwartung hinreichend klein ist.[8]

Ob dies der Fall ist, wird in Private Equity-Fonds Gegenstand einer Entscheidung, für die sich organisationsspezifische Prozesse und Strukturen gebildet haben. Private Equity-Fonds setzen in besonderem Maße auf mehrfache Risikoreflexion mit dem Ziel der Absorption von Unsicherheit als wesentlicher Funktion eines mehrstufigen Entscheidungsprozesses (vgl. Luhmann 2000, 183-221). Jeder Schritt dieses Entscheidungsprozesses dient dem Aufbau einer zunehmenden Wahrnehmung von Sicherheit hinsichtlich der Vorteilhaftigkeit der Investitionsgelegenheit, das heißt der Erzielbarkeit der erwarteten Rendite aus dem Investitionsvorhaben.

„Unsicherheitsabsorption setzt [...] Wissen voraus" (Luhmann 2000, 186). Die multiple Risikoreflexion in Investitionsprozessen von Private Equity-Investoren nutzt dabei das Wissen der eigenen Organisation ebenso wie das anderer auf die Beobachtung von Investitionsgelegenheiten spezialisierter Organisationen und darüber hinaus oftmals das Wissen des operativ geschäftsverantwortlichen (aktuellen oder zukünftigen) Managements des Zielunternehmens. Dabei können vier Beobachtergruppen oder -organisationen unterschieden werden: (1) der Fonds selbst, (2) externe Prüfungs- und Beratungsgesellschaften, (3) die finanzierenden Banken und (4) das Management der Zielgesellschaft, das für die Umsetzung des Geschäftsplans verantwortlich sein wird[9].

---

[8] Insofern geht es um die „Erfindung möglicher Zukünfte, die durch Anschlußentscheidungen entweder aufgegriffen oder fallengelassen werden" (Baecker 1999, 355). Vgl. dort auch den theoriegeschichtlichen Hinweis auf die österreichische Marktprozeßtheorie im Unterschied zu rational choice-Ansätzen

[9] Dies ist entweder – im Fall des sogenannten Management Buy-out Modells – das im Zielunternehmen bereits tätige Management oder – beim Management Buy-in – ein Führungsteam, das vom Finanzinvestor installiert wird. Der Regelfall ist in beiden Fällen die Kapitalbeteiligung des Managements.

Entscheidungen über Investitionsvorhaben von Private Equity-Fonds kommen als abschließender Schritt einer Sequenz interner und externer Entscheidungen und entscheidungsorientierter Kommunikationen zustande. Dadurch dass sie häufig nicht nur einmalig in eine bestimmte Branche investieren und durch lokale Niederlassungen oder Experten für bestimmte Regionen mit den Bedingungen des Domizillandes des Zielunternehmens vertraut sind, verfügen Fondsorganisationen in der Regel über industriespezifische und oft auch über auf den jeweiligen geographischen Markt bezogene eigene Expertise. Doch schon aus Gründen der Kapazität und der mit deren Vorhaltung verbundenen Kosten handelt es sich um eine *begrenzte* Expertise. In Investitionsprozessen mit ihren typischen formalen und zeitlichen Restriktionen ist eine sorgfältige Prüfung des Investitionsvorhabens auf dieser Kapazitätsbasis nicht möglich, zumal der Finanzinvestor parallel – und miteinander verzahnt – an der Investitionsentscheidung wie an dem Finanzierungsmodell arbeiten muss sowie oftmals zusätzlich am Beteiligungsmodell für das Management. Das führt zwangsläufig dazu, dass Analysen an Externe – Unternehmensberater, Wirtschaftsprüfer, Steuerberater und Rechtsanwälte – vergeben werden, dass das *Wissen Dritter maßgeblich wird für die Entscheidung*, die letztlich die Gremien des Finanzinvestors treffen müssen. Harold L. Wilensky sieht einen Zusammenhang zwischen der Abhängigkeit einer Organisation von externen Bedingungen und der Einschaltung externer Experten: „The more an organization is in conflict with its social environments or depends on it for the achievement of its central goal, the more resources it will allocate to the intelligence function and the more of these resources will be spent on experts whom we might call ‚contact men' (Wilensky 1967, 10). Der Umstand, dass der Erfolg (Rendite) des Private Equity-Fonds nahezu ausschließlich auf externen Bedingungen beruht, nämlich denen, die den Erfolg des – ebenfalls externen – Zielunternehmens bestimmen, wäre in diesem Sinne Grund für den umfassenden Rückgriff auf externe Experten. Und der Einschaltung externer Berater kommt nicht allein die Funktion der Kompensation fehlender interner Kapazitäten zu. Vielmehr übernimmt der Berater die Funktion, *gezielte Irritation* in den Entscheidungsprozeß hineinzutragen und gerade dadurch die Sicherheit im Entscheidungsprozeß zu erhöhen.

3.2 Berater

Eindeutig handelt es sich hier um Verhältnisse der Beobachtung zweiter Ordnung: Berater entscheiden nicht. Jedenfalls nicht darüber, wie die Fondsorganisation über eine Investitionsgelegenheit entscheidet. Sie beobachten und kommunizieren ihre Beobachtungen, die wiederum vom Finanzinvestor als tatsächlich entscheidender Organisation beobachtet und zum Gegenstand eigener, systeminterner, entscheidungsorientierter Kommunikation gemacht werden. Innerhalb des Private Equity-Fonds kommt es dabei auf organisational verankertes Wissen über die Verarbeitung derartiger Beobachtungen zweiter Ordnung an. Es entsteht mithin eine *doppelte Struktur,* in der *Wissen* im Sinne Dirk Baeckers *als Prüfoperation* (vgl. Baecker 1999, 85-90) eingesetzt wird.[10] Zunächst beobachten die Berater das Zielunternehmen vor dem Hintergrund ihres Wissens über die Geschäftsplanung, über den Markt und den Wettbewerb sowie über sonstige Umweltbedingungen, unter denen das Rechtssystem, die Medien und die Politik vermutlich besonders relevant sind. Die in den Planungsrechnungen des Finanzinvestors und deren Prämissen sowie der darauf aufbauenden Unternehmensbewertung unterstellten Erwartungen wird damit dem Risiko ausgesetzt, sich als unplausibel zu erweisen, so dass die Renditeerwartung der Investoren nicht erfüllt werden kann.

Das derart gewonnene Wissen über das potentielle Beteiligungsunternehmen kommunizieren die Berater an den Finanzinvestor, der die Informationen in seinen Entscheidungsprozeß aufnimmt und weiterverarbeitet. Dabei handelt es sich erneut um Beobachtungsoperationen, nämlich der Beobachtung der Berater durch den Finanzinvestor und zugleich um eine Prüfoperation. Die Beobachtungen der Berater werden dem wie immer vorläufigen Wissen über das Zielunternehmen entgegengesetzt. Die Verarbeitung der so gewonnenen Informationen über das Zielunternehmen wird angeleitet von dem spezifischen Wissen der Finanzinvestoren über die Interpretation, Bewertung und Gewichtung von Berateraussagen.

---

[10] „Wir halten fest, daß Wissen eine Struktur ist, mit dessen Hilfe ein soziales System enttäuschungsbereite Erwartungen an seine Umwelt adressiert. Es ist eine ‚komplexe Prüfoperation', die bei allen Kommunikationen die Möglichkeit mitlaufen läßt, daß man sich an Erwartungen orientiert, die bereits nicht mehr aufrechterhalten werden können und daher gegen neue Erwartungen ausgewechselt werden müssen. Darum ist Wissen so anstrengend. Es stellt auf Enttäuschungen ab." (Baecker 1999, 90).

Sie entscheiden mithin selbst, in welchem Grad sie die Revisionsbedürftigkeit ihrer eigenen Erwartungen durch ihre Berater zulassen wollen. Sie kontrollieren damit die Irritabilität ihres eigenen Entscheidungsprozesses – systemkonform (dies geschieht in Organisationen!), indem Entscheidungen getroffen werden.

Man mag dabei eine gewisse Paradoxie darin sehen, dass die Organisation Unsicherheitsabsorption gerade dadurch erlangt, dass sie ihr Wissen gezielt – und gegen hohe Honorare – Irritationen, also Verunsicherungen, aussetzt, um durch die systeminterne Handhabung der Irritation Sicherheit für die eigene Entscheidung zu gewinnen. Niklas Luhmann hat darauf hingewiesen, dass die Irritierbarkeit der Organisation ausreichend groß sein muss, um „ihre Weltkonstruktionen zu kontrollieren – und zwar, wie wir wissen, nicht an der ‚wirklichen Welt', sondern am Widerstand eigener Operationen gegen eigene Operationen zu kontrollieren" (Luhmann 2000, 217).[11] Und darum geht es auch in unserem Fall: Die in die Erwartungsbildung der Fondsorganisation einfließenden Wirklichkeitskonstruktionen werden kontrolliert, indem entweder frühere Entscheidungen revidiert werden – dann konnte kein hinreichender Widerstand gegen die Entscheidung mobilisiert werden, den Irritationsgehalt der Beraterinformationen zu akzeptieren – oder indem die Wirklichkeitskonstruktion der Organisation sich durchsetzen kann, eben weil die Beraterinformation keine ausreichende Mobilisierungswirkung für die Entscheidung zur Revision früherer Entscheidungen entfalten kann.

Bei dieser auf den Konflikt zwischen Wirklichkeitskonstruktionen, daraus abgeleiteten Erwartungen und Irritationen durch Berater konzentrierten Überlegung sei mindestens aus Gründen der Vollständigkeit auch die Situation bestätigender Beraterinformationen erwähnt. Für die Organisation ist dies sicherlich die am wenigsten ‚anstrengende' Situation, während Entscheidungsrevision und mehr noch das Festhalten an Entscheidungen trotz kontraindikativer Informationen erheblich größerer argumentativer Mühe und möglicherweise machtförmiger Durchsetzungskraft[12] bedarf. In jedem Fall dient das Sich-Einlassen der Organisation auf mögliche Irritationen und auf das Risiko, möglicherweise Entschei-

---

[11] Für die hohe Relevanz irritierender Informationen, die vorhandenes Wissen in frage stellen siehe auch in einem ökonomischen Kontext Machlup 1982, 8.
[12] Zum Verhältnis von Unsicherheitsabsorption und Macht vgl. Luhmann 2000, 220f.

dungen revidieren zu müssen, der Herstellung von Sicherheit im Entscheidungsprozeß über eine vorgeschlagene Investition. Man hat sich nicht auf sich selbst verlassen, sondern Experten befragt, von denen man erwartet, dass sie selbst keine Präferenz für eine Seite der Entscheidung haben. Vielmehr werden Berater mindestens wirtschaftlich durch Reputations- und daraus resultierend (Folge-)Beauftragungsrisiken und – zumindest soweit es sich um Wirtschaftsprüfer und Rechtsanwälte handelt – auch durch Haftungsrisiken auf besonders strenge Maßstäbe der Professionalität, Sorgfalt und Sachbezogenheit verpflichtet. Das führt häufig dazu, dass die Kommunikation der Berater entweder Risiken besonders stark herausstellt oder besonders vage bleibt, so dass an die Beobachtung zweiter Ordnung durch den Private Equity-Fonds hohe Anforderungen an die Interpretation und Gewichtung der Berateraussagen gestellt werden, die entsprechendes Wissen sowohl aus der eigenen Beobachtung des Zielunternehmens und seiner Umwelt wie hinsichtlich der Verarbeitung von Beraterinformationen voraussetzt.

3.3 Banken

Bereits vor längerer Zeit hat Dirk Baecker auf die „Doppelreflexion" des unternehmerischen Risikos durch kreditgebende Banken hingewiesen (vgl. Baecker 1988, 288-291).[13] Im Fall von Unternehmensbeteiligungen durch Private Equity-Fonds bezieht sich diese Risikoreflexion durch die Banken auf das potentielle Beteiligungsunternehmen, denn die Bereitstellung von Fremdkapital hat den Charakter einer *Projektfinanzierung,* die keinen Rekurs auf andere Vermögensgegenstände des Fonds zulässt, sondern lediglich die Anteile an dem Zielunternehmen als Sicherungsgegenstand vorfindet. Letztlich wird die Finanzierung des vom Finanzinvestor zu zahlenden Kaufpreises wirtschaftlich äquivalent mit einer Finanzierung des Zielunternehmens, da ausschließlich dessen Cashflows für Zins und Tilgungszahlungen zur Verfügung stehen.

Damit sind die über eine Kreditvergabe entscheidenden Banken vor analoge Fragen gestellt wie der Private Equity-Fonds selbst: Es geht um die Wiederherstellbarkeit von Zahlungsfähigkeit vermehrt um den Zins als Preis für die temporäre Aufgabe von Zahlungsfähigkeit durch Kredit-

---

[13] Diese Fragen werden vertieft in Baecker 1991, vor allem Kapitel III.

vergabe. Der Unterschied zur Eigenkapitalinvestition durch den Finanzinvestor ist graduell und bildet sich vor allem in der Rangfolge von Festbetragsansprüchen (Fremdkapital) und Residualansprüchen (Eigenkapital) bei der Bedienung ihrer Auszahlungsanforderungen an das finanzierte Unternehmen ab. Beides, die Bereitstellung sowohl von Eigen- wie von Fremdkapital sind selbstverständlich Investitionsvorgänge (Schneider 1990, 52 sowie 55; Benner 1983, 70-76; Benner 1990, 145f.). Die Rangfolge der Auszahlungsansprüche variiert das Maß, in dem die Eigen- und Fremdkapitalgeber dem Projektrisiko ausgesetzt sind, jedoch sind es dieselben Risiken, die, wenn sie schlagend werden, nacheinander alle Financiers treffen. Und gerade bei den signifikanten Verschuldungsgraden, die Finanzinvestoren ihren Portfoliounternehmen zumuten, steigt die Abhängigkeit der Fremdkapitalgeber vom Unternehmenserfolg deutlich an und nivelliert dadurch die Unterschiede zu den Eigenkapitalgebern. Unter diesen Voraussetzungen wird die Prüfung der ‚Kreditwürdigkeit' notwendigerweise zur Prüfung der Erwartungen an die zukünftige Entwicklung des Geschäfts (vgl. Baecker 1991, 113-117).[14]

Die Prozesse und Strukturen, die Bankorganisationen zur Anfertigung von Kreditentscheidungen eingerichtet haben, zeigen deutliche Ähnlichkeiten zu denjenigen, die wir bei Private Equity-Fonds vorfinden: Kreditentscheidungen in der für die Finanzierung von Unternehmensbeteiligungen relevanten Größenordnung erfordern in der Regel die Zustimmung des Bankvorstands, der sich bei seiner Entscheidung auf die Empfehlung des Kreditbereichs stützt. Dieser wiederum muss die von dem Finanzinvestor vorgelegte Geschäftsplanung für das Zielunternehmen für plausibel genug halten, um der Realisierung von Zins und Tilgung hinreichend sicher zu sein.

Dabei stehen Banken vor einer ähnlichen Situation wie die Finanzinvestoren: Ihre Expertise reicht nicht aus, um allein auf die eigene Beobachtung und deren Relationierung mit dem eigenen Wissen zu setzen, um das potentielle Kreditengagement zu beurteilen. Daher setzen auch Kreditinstitute auf das Wissen Dritter und ziehen Analysen externer Be-

---

[14] Zur empirischen Bedeutung der Kreditwürdigkeitsprüfung im Hinblick auf Projekte gegenüber der Bonitätsprüfung von ‚Adressen' und vgl. Baecker 1991, 113-117. Interessanterweise fällt es Banken offenbar leichter, zu einem Urteil über die Finanzierungswürdigkeit komplexer, multipler Risikostrukturen zu kommen, wie sie sich in ‚Adressen' abbilden, als ein einzelnes Projekt zu beurteilen.

rater heran. Häufig nimmt das praktisch die Form des Rückgriffs auf die bereits für den Finanzinvestor erstellten Berateranalysen an. Eine Bank, die derart verfährt, schränkt damit ihre Möglichkeiten der Risikoreflexion insoweit ein, als sie diese nur im Hinblick auf ihre eigene Verarbeitung der Beraterinformationen ‚verdoppelt'. Dabei muss man in Rechnung stellen, dass die Funktion der Beratergutachten für den Entscheidungsprozeß diejenige ist, Irritation zu erzeugen oder zumindest Irritationspotential. Die Banken nehmen mithin Analysen in ihren Kreditentscheidungsprozeß auf, deren Auftragshintergrund eher ist, nach Sachverhalten zu suchen, die *gegen* ein finanzielles Engagement bei dem Zielunternehmen sprechen als bestätigende Informationen zusammenzutragen. Darüber hinaus können offensichtlich die für Wirtschaftsprüfer, Steuerberater und Rechtsanwälte geltenden *berufsständischen Professionalitätsverpflichtungen* eine hinreichende Vertrauensbasis schaffen, um als ‚objektive' Informationen wahrgenommen zu werden (vgl. für Wirtschaftsprüfung Emmerich 2000, 349-351 et passim).

Die Analyse der Verknüpfung der Entscheidung der Bank über die Kreditvergabe für ein Beteiligungsprojekt mit derjenigen des Fonds über die Investition macht sofort deutlich, dass die Entscheidung der Banken für die Finanzierung des Beteiligungsprojekts *Voraussetzung für eine Entscheidung über dessen Realisierung* ist. Anders als zwischen Beratern und Private Equity-Fonds geht es im Verhältnis zu den Banken mithin nicht allein um die Nutzung externen Wissens für den Entscheidungsprozeß der Fondsorganisation, nicht allein um eine Multiplizierung der Risikoreflexion durch Beobachtung der Beobachtung der Banken. Vielmehr ist die Fremdkapitalfinanzierung eine für das Gesamtprojekt erfolgskritische Ressource. Nur über die ‚Hebelwirkung' hoher Verschuldungsgrade ist die Zielrendite des Fonds erreichbar.

Für eine theoretische Erfassung der Zusammenhänge ist von zentraler Bedeutung, dass die *Verknüpfung der Bankenentscheidung mit derjenigen des Fonds* über die Projektdurchführung *im Entscheidungsprogramm des Investors angelegt* ist: Seine Renditeerwartung ist nur erfüllbar, wenn die Fremdkapitalfinanzierung in der geplanten Weise zustande kommt. Das Projekt nicht zu realisieren, ist eine Entscheidung der Fondsorganisation auf der Basis ihres eigenen Entscheidungsprogramms. Die Bankenentscheidung manifestiert sich dabei in der Form einer Nicht-Zahlung. Sie ist ohne weitere Übersetzungsleistung in das investitionsrechnerische Entscheidungsprogramm des Finanzinvestors einzusetzen und führt zu einer Nicht-Zahlungsentscheidung im Hinblick auf das Investitionsvorhaben, weil entweder nicht ausreichend Zahlungsmittel zur Verfügung stehen oder bei Substitution von fehlendem Fremd- durch Eigenkapital die durch die ‚Hebelwirkung' des Fremdkapitals erzielbare Rendite ausbleibt.

Diese Überlegungen ermöglichen eine Verdeutlichung des Unterschieds zwischen der Verarbeitung von Beraterinformationen und der Entscheidung des Finanzinvestors:[15] Beides sind für die Finanzorganisation *Umweltvorgänge*, die sie mit ‚Bordmitteln', das heißt durch Entscheidungen, intern verarbeitet. Die *Bankenentscheidung* nimmt die Fondsorganisation letztlich im Hinblick auf die *Verfügbarkeit einer Ressource*, nämlich Fremdkapital, wahr. Das begründet eine Situation der *Kontingenzerfahrung als Abhängigkeit*. Wir halten dabei fest, dass diese Abhängigkeitserfahrung eine systemeigene auf der Grundlage ihrer spezifischen und eigendefinierten Umweltbeziehungen ist.

Berater stellen demgegenüber *Informationen* zur Verfügung und machen damit für die Fondsorganisation *Kontingenz als Unsicherheit* erlebbar. „Angesichts von Unsicherheiten mögen sich rein interne umweltunabhängige Gewissheitsgrundlagen, selbstgeschaffene Evidenzen, Akten oder Protokolle empfehlen" (Luhmann 1984, 252f.), um trotz aller Unwägbarkeiten dennoch zu entscheiden. In unserem Fall wird die Fondsorganisation bei der Übertragung der Beraterinformationen in ihr Entscheidungsprogramm selbst entscheiden, wie sie Informationen auswählt, gewichtet und welchen Einfluss sie ihnen auf die Projektion des Verlaufs der Ein- und Auszahlungen des Projekts zugesteht, die den Investitionserfolg bestimmen. Damit kann die Fondsorganisation durch Entscheidungen über die *Inputgrößen des Entscheidungsprogramms* den Grad ihrer Irritierbarkeit durch Berateinformationen abbilden. Im Unterschied dazu verschärfen a*usbleibende Ressourcen* diese Situation, weil ein Teil der Variation der Inputgrößen nicht mehr Gegenstand eigener Entscheidungen ist. Im Fall von Private Equity-Investitionen werden die Renditeziele der Finanzinvestoren in aller Regel nicht mehr erreichbar

---

[15] Siehe zum im Text folgenden grundlegend: Luhmann 1984, 251-253 mit der einschlägigen Formulierung: „Wird die Umwelt als *Ressource* aufgefaßt, erfährt das System Kontingenz als *Abhängigkeit*. Wird sie als *Information* aufgefaßt, erfährt das System Kontingenz als *Unsicherheit*" (ebd., 252 mit weiterführenden Literaturhinweisen).

sein, wenn der ‚Hebeleffekt' der Fremdfinanzierung ganz ausbleibt oder sich – bei alternativen Gestaltungen der Eigen-/Fremdkapitalrelation – weniger wirksam darstellt als zunächst erwartet. Man ist von Dritten abhängig.

Und gerade weil die informationsbedingte Unsicherheit im Fall der Beraterinformationen durch interne Operationen verarbeitet werden kann, der Einfluss ressourcenbedingter Abhängigkeit aber wesentlich schwieriger durch das System zu kontrollieren ist, versuchen die Vertreter der Fondsorganisation, sich in den Entscheidungsproze der Banken einzuschalten, um zu erreichen, dass die Kapitalressourcen, die für die Realisierung der Investitionen erforderlich sind, tatsächlich bereitgestellt werden. Die Fondsorganisation wird also für ihr Beteiligungsprojekt werben, das heißt, die Sicherheit der der Bank zustehenden Zahlungsströme überzeugend darzustellen versuchen. Und zugleich wird der Finanzinvestor versuchen, sich durch die Ansprache mehrerer Kreditinstitute alternative Ressourcenpools zugänglich zu machen, wobei dies durch die Wettbewerbssituation der Banken erleichtert wird. Dabei laufen bei den Banken komplexe Prozesse der Erwartungsbildung und -revision, des Wissensgebrauchs und der Wissenskontrolle ab, die hier nicht im Einzelnen nachgezeichnet werden können. Die Entscheidung der Banken beruht jedenfalls auf Erwartungen und Wissen, in die das Wissen Dritter – Berater wie Fonds – umfangreich eingeflossen ist. Und diese Entscheidung hat hohen Informationswert – im Sinne eines Unterschieds, der einen Unterschied ausmacht (vgl. Bateson 1994, 408) – für den Finanzinvestor. Im Falle einer positiven Entscheidung wird die Investition in das Zielunternehmen möglich. Im Fall einer negativen Entscheidung ist zugleich auch über die Nicht-Zahlung des Private Equity-Fonds entschieden.

Doch so groß die Bedeutung dieser Information für die Entscheidung des Finanzinvestors auch sein mag, so gering ist ihre Relevanz für das Wissen der Fondsorganisation über das Zielunternehmen: Finanzieren die Banken das Beteiligungsprojekt, so bestätigen sie damit die Einschätzungen der Fondsorganisation. Dabei wird kein neues Wissen über das Zielunternehmen generiert. Im Fall der Ablehnung des Kreditantrags besteht zwar prinzipiell die Möglichkeit, aufgrund der offenkundig abweichenden Beurteilung des Zielunternehmens durch die Kreditinstitute das eigene Wissen, die eigenen Erwartungen zu revidieren. Doch was würde das nützen? Eine Ablehnung durch die Banken stellt die entscheidenden Finanzmittel für die Unternehmensbeteiligung nicht bereit, so dass diese nicht zustande kommt. Damit endet der Investitionsprozess. Es gibt innerhalb der Fondsorganisation hinsichtlich der Investitionsgelegenheit nichts mehr zu entscheiden. Was auch immer man aus der Entscheidung der Banken über das Zielunternehmen lernen könnte, es spielt keine Rolle mehr, und der Finanzinvestor ist gut beraten, die Kosten solchen Lernens nicht den – oft beträchtlichen – Kosten des abgebrochenen Transaktionsprozesses hinzuzufügen.[16]

3.4 Management

Die vorausgegangenen Analysen haben bereits alle wesentlichen Aspekte benannt, die für die Untersuchung desjenigen Wissens und derjenigen Entscheidungen einschlägig sind, die das Management des potentiellen Beteiligungsunternehmens im Entscheidungsprozeß des Finanzinvestors zur Geltung bringt. An einer kurzen Rekapitulation des Sachverhalts mögen die Verhältnisse klar werden: Finanzinvestoren arbeiten entweder mit dem bestehenden Management des Zielunternehmens zusammen in der Absicht, mit diesem Team das Geschäft weiterzuführen (Management Buy Out) oder sie stellen ein operativ kompetentes Team zusammen, das nach dem Beteiligungserwerb die Geschäftsführung übernimmt (Management Buy In). Dies bietet den Finanzinvestoren eine weitere Gelegenheit, das Wissen anderer heranzuziehen, um die Investitionsmöglichkeit zu beurteilen. Handelt es sich um ein Management Buy out-Team, so kann der Finanzinvestor auf die organisationsinterne Sicht des Zielunternehmens auf Markt und Wettbewerb zugreifen und gewinnt zugleich ein Bild von den internen Verhältnissen, die die Entscheidungsprozesse in dem Zielunternehmen prägen. Das wird insbesondere dann wichtig sein, wenn der Finanzinvestor Änderungen in der Organisation

---

[16] Im Hinblick auf die Gestaltung des eigenen Entscheidungsprozesses und der Kommunikation mit den Banken mag es gleichwohl für die Fondsorganisation nützlich sein, aus dem Negativ-Entscheid der Kreditinstitute zu lernen. Was hätte man früher genauer sehen und dadurch die zunächst mit Kosten verbundene Weiterverfolgung des Projekts eher beenden können? Wie hätten die eigenen positiven Erwartungen plausibler begründet, das Projekt überzeugender vorgestellt werden können? Solche und ähnliche Fragen sind wesentlich für die Weiterentwicklung des Wissens der Fondsorganisation über das effektive und effiziente Management von Investitionsprozessen.

plant, sei es in der Form von Restrukturierungen, Strategieänderungen oder einer Forcierung der Cashflow-Orientierung der Unternehmensführung. Dass es sich dabei um die Sicht einzelner Personen handelt, die Mitglieder der Organisation des Zielunternehmens sind, muss angesichts potentieller Unterschiede zwischen persönlicher Wahrnehmung und daraus resultierenden Erwartungen an das Verhalten der Organisation und dem tatsächlichen Organisationsverhalten berücksichtigt werden. Gleichzeitig gilt auch, dass es sich bei dem Buy out-Team regelmäßig um das oberste Management handelt, dessen Erfahrung und dessen Einfluss auf die Entwicklung des Unternehmens durchaus signifikant sind.

Die Wissensbasis eines Management Buy in-Teams ist demgegenüber auf Markt und Wettbewerb und die Außensicht auf das Zielunternehmen beschränkt. Wissen über die internen Verhältnisse des Zielunternehmens müssen sich das Buy in-Team, ebenso wie der Finanzinvestor und die Banken im Verlauf des Investitionsprozesses erarbeiten. Das Managementteam ist häufig operativ industrieerfahren, so dass dessen Plausibilisierungsüberlegungen zu dem Geschäftsplan besonders relevant für den Finanzinvestor sind. Damit ist das *Irritationspotential* der Aussagen des Managements tendenziell noch größer als dasjenige der Berater. Um dieses Irritationspotential zur Geltung zu bringen, muss sich der Finanzinvestor jedoch gegen diejenigen Problemlagen schützen, die in der Ökonomik Gegenstand der Forschungen zu Principal-Agent-Konstellationen sind (vgl. Spremann 1990; Deutschmann 2002). Dazu dient die *kapitalmäßige Beteiligung des Managements* an dem Zielunternehmen, die das Zielsystem der Geschäftsführung mit demjenigen des Finanzinvestors synchronisiert. Je besser dies über die Gestaltung der Einzelheiten des Beteiligungsmodells für das Managementteam gelingt, umso stärker wird die risikoorientierte Analyse des Zielunternehmens die (Rendite-)Erwartungen der Finanzinvestoren abbilden (vgl. Eisinger/Bühler 2004; Hank 2006, 59 et passim).

Angesichts der beobachtbaren Praxis, dass Finanzinvestoren gelegentlich ihre Investitionsentscheidung abhängig machen von der gelungenen Einbindung des Managements, ist zu fragen, ob wir es mit einer Ressourcen-, also Abhängigkeitskonstellation oder mit einer Informations-, das heißt Unsicherheitskonstellation zu tun haben. Einerseits ist die Verfügbarkeit von Management-Kompetenz und -kapazität zweifellos eine wesentliche Ressource für den Finanzinvestor, der aufgrund seiner eigenen organisatorischen Voraussetzungen die Geschäfte des Zielunternehmens nicht selbst führen kann. Anders als im Fall der Bankenfinanzierung wirkt die Entscheidung des Managementteams nicht unmittelbar auf den Geschäftsplan, das heißt auf das Entscheidungsprogramm des Finanzinvestors. Vielmehr entscheidet sich an der Frage der Mitwirkung des Managements, ob die *organisatorischen Voraussetzungen* geschaffen werden können, um den Geschäftsplan überhaupt ins Werk setzen zu können. Es liegt jedoch in der Entscheidung des Finanzinvestors, wie stark er sich der Abhängigkeit von der Ressource Management aussetzt: Bevor ein Managementteam – zu dessen Zusammensetzung es Alternativen geben mag – die Mitwirkung an der Realisierung des Geschäftsplans im Ganzen verweigert, kann es eine konditionierte Mitwirkungsbereitschaft geben, die eine Änderung des Geschäftsplans im Sinne einer aus Sicht der Manager stärkeren Annäherung an eine realistisch erreichbare Unternehmensentwicklung erfordert. Dabei kommen komplexe Mechanismen des Abgleichs von Anforderungen des Investors einerseits und die eigenen Position sichernden vorsichtigen Zugeständnissen des Managements andererseits zum Tragen. Gerade der Konflikt zwischen dem Mehr-erreichen-wollen des Finanzinvestors und dem Interesse des Managements, auf der sicheren Seite des ‚im Normalfall' – also wenn die Bedingungen in der Zukunft nicht wesentlich ungünstiger sind als die in der Vergangenheit erlebten – Erreichbaren zu sein, hat im Fall einer Einigung auf einem vom Management und dem Finanzinvestor für plausibel gehaltenen Geschäftsplan offenbar eine hohe Unsicherheit absorbierende Wirkung. Es scheint mithin *primär* um *Information* zu gehen, um die Unsicherheit, die die Informationen des Managements in den Entscheidungsprozeß des Finanzinvestors hineinträgt, der diese Unsicherheit durch eigene Entscheidungen absorbiert, indem der eigene Wissensbestand in Bezug auf das Zielunternehmen verändert wird. Die Erfahrung der Abhängigkeit von der Ressource Managementkapazität wird der Finanzinvestor erst machen, wenn sich endgültig keine Einigung mit einem Managementteam erreichen lässt und dieses auch nicht ganz oder in Teilen zu ersetzen ist. In jedem Fall sind es wiederum *Systemleistungen* innerhalb der Organisation, des Finanzinvestors, die in der Form von Entscheidungen definieren, bis zu welchem Grad Unsicherheitsabsorption durch Annäherung an gemeinsam getragene Erwartungen geleistet werden kann und wann die Fondsorganisation akzeptiert, dass die Ressource Managementkapazität nicht verfügbar ist und damit hinnimmt, dass infolge der Abhängigkeit von dieser das Investitionsprojekt nicht zustande kommt.

4. Strukturelle Kopplungen

Das bisher gesammelte Material soll in einigen abschließenden Überlegungen mit einer theoretischen Klammer versehen werden, die es erlaubt, die zahlreichen Facetten des Zusammenspiels fremden Wissens und eigener Entscheidungen im Investitionsprozess von Private Equity-Fonds aus einem einheitlichen Blickwinkel zu betrachten.

Unter Rückgriff auf Humberto Maturana hat Niklas Luhmann die Verhältnisse zwischen autopoietisch operierenden Sozialsystemen und ihrer Umwelt untersucht.[17] Für die Kontakte zwischen System und Umwelt erhält dabei der Begriff der strukturellen Kopplung zentrale Bedeutung; strukturelle Kopplung wird sogar als *Voraussetzung für die Operationsfähigkeit von Systemen* identifiziert: Nur wenn ein System „durch seine eigenen Strukturen in einem laufenden structural coupling mit seiner Umwelt in Kontakt steht, kann es die eigenen Operationen fortsetzen" (Luhmann 1988, 887). Das gilt zunächst hinsichtlich des Zusammenhangs zwischen sozialen, kommunikativen System und Bewusstseinssystemen. Bewusstseinszustände sind für Kommunikation unentbehrlich und zugleich beansprucht die Kommunikation das Bewusstseinssystem ständig und erzeugt damit die Voraussetzungen für eine Aufmerksamkeit des Bewusstseins für die Herstellung kommunikativer Anschlüsse. „Die Evolution der gesellschaftlichen Kommunikation ist nur möglich in ständiger operativer Kopplung mit Bewusstseinszuständen. Diese Kopplung ist zunächst durch Sprache, sodann mit einem weiteren Effektivitätsschub durch Schrift und schließlich durch Buchdruck erreicht worden. Entscheidend dafür ist [...] die Ausdifferenzierung besonderer Wahrnehmungsgegenstände, die auffallen oder faszinieren, weil sie keinerlei Ähnlichkeit mit sonst Wahrnehmbarem haben ... . Sprache und Schrift faszinieren und präokkupieren das Bewusstsein und stellen

---

[17] Das ist natürlich das Generalthema von Luhmann 1984. Speziell zur hier relevanten Frage struktureller Kopplungen siehe Luhmann 1988; Luhmann 2000, 397-400; Luhmann 2000a, 372-406 und grundlegend zur Evolutionstheorie und dem Begriff des structural coupling exemplarisch Maturana 1980, aber auch die bei Luhmann angegebenen Stellen.

dadurch sicher, dass es mitzieht, obwohl die Eigendynamik des Bewusstseins dies keineswegs notwendig macht und stets Ablehnung bereithält" (Luhmann 1988, 888f.). Und zugleich kann nur das Bewusstsein Kommunikation anregen, denn ohne bewusstseinsmäßige Wahrnehmung fehlt die Fremdreferenz der Kommunikation, fehlt der operationsnotwendige Kontakt zur Umwelt des kommunizierenden Systems.

Wenn man sagen kann, dass das System durch strukturelle Kopplung seinen Umweltkontakt herstellt und sich damit Umweltbedingungen anpasst, ist zugleich hervorzuheben, dass strukturelle Kopplungen „die kognitiven Prozesse des Systems nur irritieren, nicht aber determinieren können. […] Strukturelle Kopplungen sind also voll kompatibel mit der Autopoiesis des Systems; sie schränken sie nicht ein, sie benutzen sie, um Umweltbeziehungen trotzdem zur Geltung zu bringen" (Luhmann 2000a, 373).

Diese Zusammenhänge gelten für das Gesellschaftssystem insgesamt. In funktional differenzierten Gesellschaften müssen auch die Teilsysteme strukturell mit ihrer gesellschaftlichen Umwelt – also anderen Sozialsystemen – gekoppelt sein, wobei die Vielfalt der sozialen Funktionssysteme multiple Kopplungen ermöglicht und erfordert (vgl. Luhmann 2000, 397; Luhmann 2000a, 382).

Im Hinblick auf unser Fallbeispiel ist interessant, welche strukturellen Kopplungen zwischen Realwirtschaft und Finanzsystem bestehen, die dem Finanzsystem Investitionsgelegenheiten geben und zugleich der Realwirtschaft Finanzmittel zur Verfügung stellen, um auf ihren Märkten operieren zu können. Wir gehen der Frage nach diesen strukturellen Kopplungen nach, indem wir erörtern (1) welche Rolle Geld als gemeinsames symbolisch generalisiertes Kommunikationsmedium spielt und (2) was Organisationen zur strukturellen Kopplung von Finanzsystem und Realwirtschaft beitragen.

(1) Geld als gemeinsames Medium. Einleitend hatten wir darauf hingewiesen, dass es sich bei den hier zugrunde gelegten (finanz-)wirtschaftlichen Operationen um recht elementare Finanztitel handelt, nämlich solche deren Rendite in hohem Maße direkt auf dem Erfolg des Beteiligungsunternehmens in der Realwirtschaft beruht. Dabei findet eine Kopplung zwischen Finanzsystem und Realwirtschaft über das *gemein-*

same Kommunikationsmedium statt, über *Geld* (Willke 2006, 16-23).[18] Das Beteiligungsunternehmen muss in seinen realgüterwirtschaftlichen Operationen reüssieren, indem es als Verkäufer von Gütern oder Dienstleistungen hinreichend viele Kunden findet, die Zahlungsmittel gegen den Erwerb einer Leistung des Unternehmens aufzugeben bereit sind. Nur derartiger Erfolg trägt dem Unternehmen ausreichend Zahlungsmittel ein, um zunächst den von den Banken erwarteten Kapitaldienst zu leisten und letztlich – durch aus der Erwartung zukünftiger Cashflows resultierenden Unternehmenswert – die vom Finanzinvestor erwarteten Rendite erbringen zu können.

Die Operationen des Finanzsystems laufen dabei eigensinnig, ohne von den realwirtschaftlichen Gegebenheiten determiniert zu werden. Die Finanzkontrakte, die der Investition in das Beteiligungsunternehmen zugrunde liegen, ändern sich nicht mit dessen realwirtschaftlichem Erfolg oder Misserfolg. Der von Helmut Willke identifizierte selbstreferentielle Kreislauf von Investitionen, die durch Renditen (Renditeerwartungen) gesteuert wird, läuft weiter. Aber er lässt sich durch die strukturelle Kopplung an die Entwicklungen der realwirtschaftlichen Umwelt irritieren und passt sich durch seine Verarbeitung dieser Irritationen an die Umweltbedingungen an. Die temporäre Aufgabe von Zahlungsfähigkeit gegen die Erwartung, diese wiederzugewinnen und eine Rendite als Preis für die Kapitalüberlassung zu erzielen, bleibt das Operationsprinzip des Finanzsystems, und die Ausdifferenzierung von Finanztiteln, die dieses Operationsprinzip abbilden, ist Teil der Evolutionsdynamik des Systems. Aber evolutive Dynamik bedeutet eben immer Anpassung des Systems an seine Umwelt mit den Mitteln des Systems. Der Erfolg oder Misserfolg der Investition in ein Beteiligungsunternehmen wird dabei innerhalb des Finanzsystems in der Form der Zahlungsmittel erkennbar, die als Rückfluss aus der Investition für neue Anlagen zur Verfügung stehen. Die Tatsache, dass aufgrund der Performance des Zielunternehmens in der Realwirtschaft mehr oder weniger Rendite erzielt wird oder im Extremfall auch das eingesetzte Kapital nicht wiedergewonnen werden kann, fließt als Information über die Umwelt, die das Finanzsystem mit seinen eigenen Mitteln wahrnimmt, in das Wissen des Systems ein und kann für die Entscheidung über zukünftige Investitionsgelegenheiten

---

[18] Helmut Willke bezeichnet Geld als ‚superlanguage', weil es Finanzsystem und Realwirtschaft übergreift (vgl. Willke 2006, 26).

oder spezifische Strukturen von Finanzkontrakten wieder herangezogen werden.

(2) Strukturelle Kopplung durch Organisation. Für die Bewerkstelligung dieses Anpassungsprozesses und die so in Gang gehaltene Evolution des Finanzsystems ist ein weiterer struktureller Kopplungsmechanismus besonders relevant. Implizit haben wir mit dem Hinweis auf *Entscheidungen* diesen Zusammenhang bereits angesprochen. Das Finanzsystem prozediert Investitionen nach der Logik der Rendite auf das eingesetzte Kapital. Diese Logik muss indessen in Entscheidungen zur Geltung gebracht werden. Und hier kommen Organisationen ins Spiel, denen gerade in einer Welt tiefer funktionaler Differenzierung eine zentrale Position zukommt als „Treffraum für die unterschiedlichsten Funktionssysteme, ohne dass deren systemeigene Autopoiesis dadurch eingeschränkt würde" (Luhmann 2000a, 398).

Im Zentrum unserer Überlegungen stehen die *Fondsorganisation*, jenes Unternehmen, das Entscheidungen über Beteiligungsprojekte trifft, und das *Beteiligungsunternehmen*. In den komplexen Entscheidungsprozessen, die oben zumindest ansatzweise nachgezeichnet wurden, wird durch eine Kette von Entscheidungen – die die Entscheidungen Dritter, maßgeblich der Banken, der Berater, des Managements als Prämissen berücksichtigen – letztlich die Bindung eines Investitionsbetrags an ein spezifisches realwirtschaftliches Projekt (Unternehmen) hergestellt. Wir haben bereits auf die strukturelle Kopplung zwischen Finanzsystem und Realwirtschaft hingewiesen, die durch Entscheidungen hergestellt wird und eine Anpassung des Finanzsystems an die Bedingungen der realwirtschaftlichen Umwelt möglich macht. Die Verarbeitung der Irritationen der Autopoiesis der Investitionen findet mit Hilfe der Entscheidungen der Fondsorganisation statt, die dabei in Entscheidungsprogrammen die Operationslogik des Finanzsystems abbildet.

Mit der Entscheidung, in ein Unternehmen zu investieren, wird zugleich für dieses eine spezifische Form der Eigen- und Fremdkapitalfinanzierung begründet. Nach Beginn des Beteiligungsverhältnisses wird das Unternehmen in seinen internen Prozessen und marktorientierten Operationen darauf zu achten haben, dass die Anforderungen der Fremdkapitalgeber erfüllt werden können. Dabei trifft eine Organisation – das Beteiligungsunternehmen – Entscheidungen im Hinblick auf die Realwirtschaft, wobei als Entscheidungsprämisse die Anforderungen des Finanzsystems berücksichtigt werden, die damit den Raum möglicher

Operationen im Wirtschaftssystem eingrenzen. Besonders deutlich wird der Effekt struktureller Kopplung – hier die Irritation des Wirtschaftssystems durch das Finanzsystem – in Fällen, in denen Renditeerwartungen des Finanzinvestors, damit eng verbundene Auszahlungsanforderungen der Kreditinstitute und schließlich die Anforderungen des realwirtschaftlichen Operationsbereichs des Beteiligungsunternehmens in Konflikt stehen. Die häufig von den Finanzinvestoren im Hinblick auf den Kapitaldienst angestrebte schnelle Verbesserung des Cashflow des Beteiligungsunternehmens kann bisher verfolgte Ziele und Projekte in Frage stellen; in jedem Fall wird sie dazu führen, dass das Unternehmen diese Umweltbedingungen in seinen auf die Realwirtschaft bezogenen Entscheidungen berücksichtigt, wobei das nicht bedeutet, dass Entscheidungen dadurch im einzelnen determiniert würden. Die Autopoiesis der Entscheidungen in der Organisation läuft weiter. Aber die selbstreferentielle Vernetzung von Entscheidungen gewinnt einen zusätzlichen fremdreferentiellen Verweisungszusammenhang aus dem in der Umwelt liegenden Finanzsystem. Wie das Beteiligungsunternehmen damit umgeht, ist allein eine Frage seiner Systemoperationen, also Entscheidungen. Die einzelnen Systeme „brauchen sich […] nicht abzustimmen. Jedes von ihnen arbeitet auf seine Weise. […] Und alle Integrationsprobleme, alle wechselseitigen Einschränkungen der Freiheitsgrade *fallen nur in der Organisation an*" (Luhmann 2000a, 398). Für die Lösung dieser Integrationsprobleme sind dazu Rollen für die ‚corporate governance' definiert, die maßgeblich definieren, welchen Verlauf der ‚structural drift' nimmt, mit dem sich das Beteiligungsunternehmen den Bedingungen anpasst, die das Finanzsystem in seiner Umwelt setzt.[19] Diese Orientierungs- oder Anpassungsleistung wird verstärkt durch die Parallelschaltung der Interessen des Managements und derjenigen des Finanzinvestors, die durch eine Beteiligung des Managements am Unternehmen erreicht wird.

Wir haben es also mit strukturellen Kopplungen zu tun, die wechselseitig wirksam werden und in beiden Systemen zu evolutiven Anpassungen an je eigene Umweltbedingungen führt. Man könnte an Koevolution denken und stünde dann vor den weiterführenden Fragen, wie Selek-

---

[19] Hierbei kommt eine strukturelle Kopplung zu einem weiteren gesellschaftlichen Funktionssystem – nämlich dem Rechtssystem – im ‚Treffraum' der Organisation zum Tragen, da die Fragen der corporate governance teils in Rechtsgesetzen, teils in Verträgen geregelt werden.

tionsdruck zwischen den Systemen entsteht, ob dieser hinreichend stark ist und welche Entwicklungen im Finanzsystem und in der Realwirtschaft, etwa in Richtung auf Rationalitätsgewinne, dadurch forciert werden.

Literatur

Baecker, D. (1987): Das Gedächtnis der Wirtschaft, in: ders. et. al. (Hrsg.) Theorie als Passion – Niklas Luhmann zum 60 Geburtstag, Frankfurt/M., S. 519-546

Baecker, D. (1988): Information und Risiko in der Marktwirtschaft, Frankfurt/M.

Baecker, D. (1991): Womit handeln Banken? Eine Untersuchung zur Risikoverarbeitung in der Wirtschaft, Frankfurt/M.

Baecker, D. (1999): Organisation als System, Frankfurt/M.

Bateson, G. (1994): Ökologie des Geistes. Anthropologische, psychologische, biologische und epistemologische Perspektiven, 5. Auflage, Frankfurt/M.

Benner, W. (1983): Betriebliche Finanzwirtschaft als monetäres System, Göttingen

Benner, W. (1990): Finanzielle Haftung und Intermediation als Grundkonstituenten moderner Geldwirtschaften. Einige Basisüberlegungen, in: ders., Liebau, G. (Hrsg.), Finanzielle Haftung in der Geldwirtschaft. Hans-Dieter Deppe zum 60. Geburtstag, Stuttgart, S. 135-163

Deutschmann, C. (2002): The regime of shareholders: end of the regime of managers? Soziale Systeme, 8. Jg., Heft 2, S. 178-190

Drukarczyk, J. (2003): Unternehmensbewertung, 4. überarbeitete und erweiterte Auflage, München

Eisinger, G., Bühler, T. (2004): Management-Incentives bei Private Equity-Transaktionen. M & A Review, 12/2005, S. 536-538

Emmerich, G. (2000): Finanzielle Märkte, Wirtschaftsprüfung und Vertrauen, in: Holst, J., Wilkens, M. (Hrsg.), Finanzielle Märkte und Banken – Innovative Entwicklungen am Beginn des 21. Jahrhunderts. Wolfgang Benner zum 60. Geburtstag, Berlin, S. 338-364

Fleischhauer, U., Hoyer, G. A. (2004): Studie: Private Equity als fester Bestandteil der Anlageportfolios europäischer Institutionen, in: Finanzbetrieb 5/2004, S. 395-397

Giesen, B. (1991): Die Entdinglichung des Sozialen. Eine evolutionstheoretische Perspektive auf die Postmoderne, Frankfurt/M.

Hank, R. (2006): Das Geld anderer Leute, in: Merkur, 60. Jahrgang, S. 54-60

Luhmann, N. (1984): Soziale Systeme. Grundriß einer allgemeinen Theorie, Frankfurt/M.

Luhmann, N. (1988): Wie ist Bewußtsein an Kommunikation beteiligt?, in: Hans Ulrich Gumbrecht/K. Ludwig Pfeiffer, Materialität der Kommunikation, Frankfurt/M., S. 889-905

Luhmann, N. (1989): Die Wirtschaft der Gesellschaft, 2. Aufl., Frankfurt/M.

Luhmann, N. (1991): Soziologie des Risikos, Berlin/New York

Luhmann, N. (1993): Temporalisierung von Komplexität: Zur Semantik neuzeitlicher Zeitbegriffe, in: ders. Gesellschaftsstruktur und Semantik. Studien zur Wissenssoziologie der modernen Gesellschaft, Band 1, Frankfurt/M., S. 235-300

Luhmann, N. (2000): Organisation und Entscheidung, Opladen/Wiesbaden

Luhmann, N. (2000a): Die Politik der Gesellschaft. Herausgegeben von A. Kieserling, Frankfurt/M.

Machlup, F. (1982): Optimum Utilization of Knowledge, in: Society, November/December 1982, S. 8-10

Maturana, H. R. (1980): Autopoiesis: Reproduction, Heredity and Evolution, in: Milan Zeleny (Hrsg.) Autopoiesis, dissipative structures, and spontaneous social orders, Boulder, S. 45-79

Rieger, W. (1964): Einführung in die Privatwirtschaftslehre, 3., unveränderte Auflage, Erlangen

Schneider, D. (1990): Investition, Finanzierung und Besteuerung, 6., vollständig neu bearbeitete Auflage, Wiesbaden

Spremann, K. (1990): Asymmetrische Information. Zeitschrift für Betriebswirtschaft, 60. Jahrgang. S. 561-586

Wilensky, H. L. (1967): Organizational Intelligence: Knowledge and Policy in Government and Industry, New York

Willke, H. (2006): The autonomy of the financial system: symbolic coupling and resilience in: Strulik, Torsten/Willke, Helmut, Towards a Cognitive Mode of Governing the Global Financial System?, (im Erscheinen); zitiert nach dem Manuskript

„Während auf hoher See ein Sturm tobt..."

Innovationssysteme, regionale Entwicklung und wissensbasierte Ökonomie aus der Perspektive des Triple-Helix-Modells[1]

Loet Leydesdorff

1. Einleitung

Seit 1996, als die Organisation für ökonomische Zusammenarbeit und Entwicklung (OECD) das Konzept einer „wissensbasierten Ökonomie" (Abramowitz/David 1996; Foray/Ludvall 1996; OECD 1996) formuliert hat, hat die Suche nach Indikatoren zur angemessenen Erfassung der „Wissensbasis" einer Ökonomie an Priorität bei der OECD gewonnen. Godin (2006) argumentiert, dass die OECD dabei hauptsächlich ihre bereits vorhandenen Indikatoren der „Wissenschafts- und Technologiepolitik" sowie einige Indikatoren der „output and impact"-Kategorie in die Kategorien der „Wissensbildung und -verbreitung" umetikettiert hat. Er zieht hieraus die Schlussfolgerung, dass „die wissensbasierte Ökonomie vor allem ein rhetorisches Konzept" sei. Im Folgenden werde ich zeigen, dass die Verlagerung von Innovationstheorie und Innovationsindikatoren hin zur Suche nach Indikatoren für „wissensbasierte Systeme" sowohl theoretisch als auch empirisch-systematisch ausgearbeitet werden kann. Die wechselseitigen Informationsflüsse zwischen drei Dimensionen wer-

---

[1] Aus dem Englischen übersetzt von Lars Meyer. Der Originaltext ist erschienen in Journal of Technology Transfer, 31(1), 2006.

den hierbei als Indikator zur Erfassung der Wissensbasis einer Wirtschaft genutzt.

2. Innovationen, Pfade, Nischen

David und Foray (2002, 9) haben angemerkt, dass die wissensbasierte Ökonomie „einen Bruch in der Kontinuität im Verhältnis zu früheren Perioden markiert, eher eine grundlegende Veränderung als eine ausgeprägte Diskontinuität".[2] In der Tat lässt sich die wissensbasierte Ökonomie verstehen als „Umbau des Schiffes, während auf hoher See ein Sturm tobt" (Neurath 1932/33). Die Entwicklung von Indikatoren tendiert dabei jedoch dazu, der entsprechenden Entwicklung politischer Programme sowie der Theoriebildung hinterherzuhinken.

Ein Beispiel dafür ist die vom U.S. National Science Board im Jahre 1972 initiierte, halbjährlich erscheinende Reihe *Science Indicators*. 1987 wurde diese Reihe in *Science and Engineering Indicators* umbenannt, um „ein gesteigertes Bewusstsein hinsichtlich der komplementären Rollen von Wissenschaft und technischer Forschung sowie Ausbildung bei der Erzeugung sowohl neuen Wissens als auch neuer technologischer Produkte und Prozesse zum Ausdruck zu bringen" (National Science Board 1987, IX). Die Verlagerung der Perspektive von der Wissenschaftspolitik zur Innovationspolitik wurde allerdings bereits viel früher vollzogen, nämlich als Antwort auf die Ölkrise der 1970er Jahre (z.B. OECD 1980; Rothwell/Zegveld 1981). Indikatoren für Innovation wurden seitens der OECD schließlich im so genannten *Oslo Manual* entwickelt (OECD 1992; OECD/Eurostat 1997).

Zur Entwicklung von Indikatoren müssen zuallererst jene linearen Innovationsmodelle, die entweder Nachfrageorientierung (*market pull*) oder technologische Entwicklung (*technology push*) als Antriebskräfte von Innovation annehmen, ersetzt werden. Diese Modelle führen je nach dem zur Konzentration auf entweder ökonomische Indikatoren oder Wissenschafts- und Technologieindikatoren. Die Schnittstelle zwischen diesen Dimensionen ist jedoch wesentlich schwieriger abzubilden. Innovation findet aber geradezu definitionsgemäß an einer Schnittstelle statt.

---

[2] Englischsprachige Originalzitate sind im Folgenden, soweit keine Übersetzungen der Originalquellen vorliegen, übersetzt worden.

Innerhalb der ökonomischen Theoriebildung wurde die Bedeutung von Innovation für wirtschaftliches Wachstum bereits in den 1950er Jahren erkannt (Abramowitz 1956; Solow 1957). Wissensproduktion wurde damals jedoch noch als dem Wirtschaftsprozess äußerlich betrachtet. Nelson und Winter (1977) haben vorgeschlagen, Unterschiede bei den Wachstumsraten verschiedener Wirtschaftszweige durch deren unterschiedlichen strukturellen Beziehungen zu technologischen Pfaden zu erklären. Wirtschaftszweige sind in unterschiedlicher Weise von technologischen Entwicklungen betroffen (Pavitt 1984).

Bspw. wird der Bankensektor in einem anderen Tempo durch Informations- und Kommunikationstechnologien restrukturiert als die Landwirtschaft (Barras 1990; Freeman/Perez 1989). Ferner können Innovationen entlang technologischer Pfade eine Eigendynamik entwickeln (Hughes 1987). Es ist zu erwarten, dass die Entwicklung einer Schnittstelle zu einem *Innovationssystem* jedoch auch die Institutionen, die während dieses Prozesses verbunden wurden, verändern wird. Sahal (1985) definierte eine solche Rekombination als Innovation des Systems *selbst*. Infolgedessen können sich die beiden Seiten der Schnittstelle zu einer Art Ko-Evolution miteinander verkoppeln (Arthur 1989). In einem solchen Fall ist ein neuer Pfad zu erwarten.

Während der Markt als ein offenes, zum Gleichgewicht strebendes Netzwerk modelliert werden kann, bedarf Innovation zunächst der Abschottung des Netzwerkes im Hinblick auf die beteiligten Akteure (Callon 1998). Innovationen werden von lokalen Produktionseinheiten wie Forschungslaboratorien, Handwerksstätten und Gemeinschaften von Gerätemachern hervorgebracht und weiterentwickelt, allerdings stets in Interaktion mit Marktkräften. Als ein zusammengesetztes Gebilde hat Innovation deswegen sowohl eine Marktdimension als auch eine systemische Dimension. Diese beiden Dimensionen balancieren sich an den Schnittstellen aus: was in technischer Hinsicht produziert werden kann gegenüber dem, was auf jeweiligen Märkten im Hinblick auf die Gebrauchswerteigenschaften verbreitet werden kann (Lancaster 1979; Saviotti 1996; Frenken 2001).

An einigen Orten, im Gegensatz zu anderen, können die sich einstellenden Wechselwirkungen stabilisiert werden. Wenn ein dominantes Design auftaucht (Abernathy/Utterback 1978; Utterback/Suarez 1993) ändert sich die evolutionäre Landschaft aufgrund der steilen Lernkurven, die dem Durchbruch auf dem Markt folgen (Arrow 1962; Rosenberg

1982). Ferner kann ein Wettbewerbsvorteil lokal ausgebildet werden. Eine solche lokal abgeschirmte Netzwerkverdichtung kann als Nische betrachtet werden (Kemp et al. 1998). Schnittstellenprobleme, die zur Entstehung von Transaktionskosten führen, können innerhalb von Nischen einfacher als in ihrer Umgebung gelöst werden (Williamson 1985; Biggiero 1998).

3. Von Schnittstellen zu Innovationssystemen

Im Gegensatz zu Organisationen verfügen Nischen über keine festen Abgrenzungen. Sie können als Verdichtungen von Schnittstellen in einer Umwelt, die ansonsten eher lose verbunden ist, betrachtet werden. Die Anhäufung von Schnittstellen ermöglicht Wettbewerbsvorteile durch Reduktion von Transaktionskosten innerhalb der Nische. Eine Nische kann z.B. innerhalb eines multinationalen und aufgefächerten Unternehmens oder, noch allgemeiner, innerhalb der Ökonomie überhaupt, gebildet werden. Porter (1990) hat z.B. vorgeschlagen, nationale Ökonomien im Hinblick auf Innovationscluster zu analysieren. Cluster können sich über Branchen, einzelne Betriebsbereiche oder auch „horizontale Integrationen" verschiedener betriebsinterner Geschäftsbereiche erstrecken. Es ist zu erwarten, dass sich diese Cluster als Innovationssysteme verhalten, die sich schneller entwickeln als ihre entsprechende Umwelt, und die außerdem im Stande sind, einen Wettbewerbsvorteil zu schaffen und zu behaupten.

Oder anders gesagt: Innovationssysteme können als komplexe Systeme betrachtet werden, weil sie auf der Aufrechterhaltung von Schnittstellen in einer Mannigfaltigkeit von Dimensionen beruhen. Manchmal können die geographischen Abgrenzungen von Nischen überschaubar sein, wie im Falle italienischer Industriegebiete. Diese umfassen oft nur eines oder wenige Täler (Beccatini et al. 2003; Biggiero 1998). Aus kulturellen oder politischen Gründen mag Manchem daran liegen, Innovation *a priori* als national oder regional zu definieren. Aber ein Innovationssystem entwickelt sich beständig, weswegen seine Form nicht *ex ante* gegeben ist. Man kann die *Hypothese* eines Innovationssystems vertreten, entscheidend bleiben jedoch die Operationalisierung und die Messmethode.

Riba und Leydesdorff (2001) konnten bspw. zeigen, dass es gemäß ihrer Definition von wissensintensiven Indikatoren nicht möglich ist, ein spezifisch katalonisches Innovationssystem auszuweisen, obwohl es sich in der Literatur durchsetzte, ein solches System auf Basis berufsbezogener und branchenspezifischer Indikatoren zu konstatieren (Braczyk et al. 1998). „Nationale Innovationssysteme" wurden aus verschiedenen Gründen postuliert, bspw. wegen der Notwendigkeit, statistische Daten auf einer nationalen Basis und im Verhältnis zu nationalen Produktionssystemen zu erheben (Lundvall 1998; Nelson 1993). Im Falle Japans (Freeman 1987) oder im Vergleich lateinamerikanischer Länder (Cimoli 2000) mag eine solche Abgrenzung eher eine geeignete Verfahrensweise sein als im Falle europäischer Länder, die am gemeinsamen Rahmen der Europäischen Union teilhaben (Leydesdorff 2000). Außerdem können Innovationssysteme hinsichtlich ihrer verschieden gelagerten Stärken und Schwächen variieren. Während man bspw. ein Innovationssystem in der Cambridge-Region als hochgradig wissenschaftsbasiert erwarten kann (Etzkowitz et al. 2000), ist das Innovationssystem im Baskenland industriebasiert und für seine Wissensbasis stärker auf technologische Zentren mit angewandter Forschung als auf Universitäten angewiesen (Moso/ Olazaran 2002).

Die Definition eines Innovationssystems kann sich je nach der zugrundeliegenden Perspektive unterscheiden. Während bspw. die OECD sich darauf konzentriert, nationale Statistiken zu vergleichen, neigt die EU dazu, sich auf die Veränderungen bei den Interaktionen zwischen den Mitgliedstaaten zu konzentrieren, z.B. in grenzüberschreitenden Regionen.[3] Inzwischen ist bspw. Belgien in einem derartigen Umfang regionalisiert, dass man nicht länger davon ausgehen kann, dass die Innovationsdynamik Flanderns sich mit anderen Teilen des Landes verbindet. Die Frage, welche Dimensionen für die Besonderheiten welches Innovationssystems von Bedeutung sind, erfordert empirische Spezifikation und Forschung. Um aber aus solchen Forschungsbemühungen Schlussfolgerungen ziehen zu können, bedarf es eines theoretischen Bezugssystems.

---

[3] Der Vertrag von Maastricht (1991) setzt eine beratende Rolle des Europäischen Ausschuss der Regionen (Council of the European Communities 1992) fest. Diese Rolle wurde durch den Vertrag von Amsterdam im Jahre 1997, welcher direkte Konsultationen zwischen dem Ausschuss der Regionen und dem europäischen Parlament vorsieht, weiterhin gestärkt.

Ein solches Bezugssystem sollte es uns ermöglichen, sowohl zwischen (verschiedenen) Innovationssystemen zu vergleichen wie auch hinsichtlich der jeweils beteiligten Dimensionen.

In der Innovationsforschung sind im Verlaufe der 1990er Jahre drei Bezugssysteme entwickelt worden (Shinn 2002):

1. Der Ansatz der vergleichenden Analyse nationaler Innovationssysteme (Lundvall 1988, 1992; Nelson 1993; Edqvist 1997);

2. Die These eines neuen Modus der Produktion wissenschaftlichen Wissens („Mode 2") (Gibbons et al. 1994; Nowotny et al. 2001), und

3. Die Theorie einer Triple-Helix aus Universitäts-Wirtschafts-Regierungsbeziehungen (Etzkowitz/Leydesdorff 1997; 2000; Leydesdorff/ Etkowitz 1998).

3.1 Nationale Innovationssysteme

Konzepte wie die „Wissensökonomie" (Machlup 1962) und/oder die „Informationsgesellschaft" (Bell 1973; Castells 1996) tauchen in der Literatur sehr viel früher auf als der Ausdruck „wissensbasierte Ökonomie". Die OECD führte das Konzept einer „wissensbasierten Ökonomie" allerdings insbesondere als Reaktion auf die zunehmende Kritik am Ansatz der Analyse *nationaler* Innovationssysteme, der bis zu diesem Zeitpunkt gängig war, ein (Godin 2006). Obwohl man gerne auch auf ältere Literatur verweist (List 1841; vgl. Freeman/Soete 1997), ist der Ansatz der Analyse *nationaler* Innovationssysteme aus einer Faszination für das japanische Innovationssystem der 1980er Jahre hervorgegangen (Freeman 1987; 1988; Irvine/Martin 1984).

Lundvall (1988) hat die Theorie nationaler Innovationssysteme für den spezifischen skandinavischen Kontext ausgearbeitet. Lundvall zufolge ermöglichen Spezifierungen innerhalb von Nutzer-Hersteller-Beziehungen es Entwicklern, Ungewissheiten auf Märkten rascher und über längere Zeiträume hinweg zu reduzieren, als im Falle weniger koordinierter Ökonomien (Teubal 1979).[4] Lundvall hat vorgeschlagen, die

---

[4] Diese Literatur ist auch als Debatte über die „varieties of capitalism" bekannt (Hall/Soskice 2001): Während das angelsächsische Modell als liberale Marktökonomie charakterisiert werden kann, können koordinierte Ökonomien Wettbewerbsvor-

Lernprozesse innerhalb von Nutzer-Hersteller-Beziehungen – und nicht ökonomisches Handeln nach Maßgabe individueller Präferenzen – als Mikrobasis der Wirtschaft zu betrachten. Er formuliert bspw.: „Wenn sich Technologie schnell und grundlegend verändert – wenn sich ein neues technologisches Paradigma (zur Definition und Diskussion siehe Dosi 1982) entwickelt –, wird der Bedarf von Nähe in geographischer und kultureller Hinsicht noch wichtiger. Ein neues technologisches Paradigma wird implizieren, dass etablierte Normen und Standards veralten und dass alte Informationskodes nicht in der Lage sind, die Charakteristika von Innovationsaktivitäten zu übersetzen. Mit dem Fehlen allgemein akzeptierter Standards und Kodes, die fähig sind, Informationen zu übersetzen, kann Face-to-Face-Kontakt sowie ein gemeinsamer kultureller Hintergrund von entscheidender Bedeutung für den Informationsaustausch werden" (Lundvall 1988, 355).

Nachdem argumentiert wurde, dass Interaktionen zwischen Nutzern und Herstellern, die dem gleichen nationalen System zugehören, aus Gründen von Sprache und Kultur effizienter sein kann können, fährt Lundvall (ebd., 360) fort, indem er die Nation als wesentlichen Bezugsrahmen für Innovationen vorschlägt. Nationen können als Nationalökonomien, die im 19. Jahrhundert entstanden sind (List 1841; Marx 1848), betrachtet werden. Heutzutage bilden sie starke „Integratoren" in ansonsten differenzierten Ökonomien (Nelson/Winter 1975; Nelson 1982; Skolnikoff 1993). Außerdem können Nationalstaaten aussagekräftig im Hinblick auf ihre innovative Leistungsfähigkeit verglichen werden (Lundvall 1992; Nelson 1993).

Im Kontext der Europäischen Union sollte das Konzept nationaler Innovationssysteme mit Vorsicht betrachtet werden. Auch etliche typisch skandinavische nationale Innovationsprojekte sind gescheitert (Van den Besselaar 1998), und es ist zunehmend schwieriger nachzuvollziehen, ob und inwiefern bspw. Nokia – ein finnisches Unternehmen – spezifische nationale Werte verkörpert, die anders und stärker als diejenigen seiner Hauptkonkurrenten vom Weltmarkt abgeschirmt wurden. In einer anderen Studie verallgemeinert Edqvist (1997) das Konzept der Innovationssysteme für sektorenübergreifende Innovationsmuster und deren institutioneller Verbindungen (vgl. Carlsson, 2006; Carlsson/Stankiewicz 1991;

teile bieten, indem sie korporative Elemente und den Wohlfahrtsstaat einbeziehen (Whitley 1999).

Whitley 2001). Ferner lässt sich Lundvalls Argument bezüglich Nutzer-Hersteller-Beziehungen als Mikrobasis ökonomischer Reichtumsproduktion auf der Netzwerkebene – als verschieden von individuellen Präferenzen – als Beitrag verstehen, der über seine Fokussierung auf nationale Systeme hinausgeht.

Nutzer-Hersteller-Beziehungen tragen zur Ausbildung und Erhaltung eines Innovationssystems als eine Teildynamik des Systems bei. In einer frühen Phase der Entwicklung einer Technologie kann eine enge (bspw. ko-evolutionäre) Beziehung zwischen technischen Spezifikationen und Marktcharakteristiken die Entwicklung eines Designs mit einem Wettbewerbsvorteil unterstützen (Frenken 2001; Callon et al. 2002). In einem nächsten Stadium jedoch, wenn das Diffusionsparameter größer als die Hälfte der Substitutionsrate wird, ist eine Gabelung dieser beiden Teildynamiken zu erwarten. Die Diffusion kann global werden und sich danach mit lokalen Produktionsprozessen rückkoppeln, bspw. wenn multinationale Unternehmen sich entscheiden, Ressourcen aus ihrem Herkunftsland auszulagern.

Anders gesagt: Es ist zu erwarten, dass geographische Nähe der Inkubation von Technologien dient. Aber die Herkunftsregionen müssen nicht zwangsläufig übereinstimmen mit den Kontexten, die von diesen Technologien zu einem späteren Zeitpunkt der Entwicklung profitieren. Etliche italienische Industriebezirke liefern Beispiele eines solchen Verlaufs. Wenn Unternehmen einen Wettbewerbsvorteil entwickeln, können sie eine Region verlassen, womit sie zugleich die Gefahr der Deindustrialisierung erzeugen, der beständig auf regionaler Ebene entgegengewirkt werden muss (Dei Ottati 2003; Sforzi 2003). Jene vier Regionen, die von der EU in den frühen 1990ern als „Innovationsmotoren" ausgewiesen wurden, waren Ende der 1990er Jahre schon nicht mehr die innovativsten Regionen (Boschma/Lambooy 2002; Kraus/Wolff 2002; Laafia 1999; Viale/Campodall'Orto 2002).

Zusammengefasst lässt sich sagen, dass ein lokales Innovationssystem im Sinne einer Nation oder Region hinsichtlich der Austauschbeziehungen (*flows*) und Bestandsgrößen (*stocks*), die dieses System beinhaltet, unterschieden werden kann. Das institutionelle Bezugssystem eines Innovationssystems muss mit einer funktionalistischen Analyse vervollständigt werden. Steuerung – and deshalb die Möglichkeit der Aneignung – geht aus der Rekombination von institutionellen Möglichkeiten und funktionalen Anforderungen hervor. In einigen Fällen und auf bestimmten Ebenen der Innovation kann lokale Stabilisierung im Rahmen geographischer Nähe günstig sein, z.B. wegen der gesteigerten Problemlösungskapazitäten innerhalb einer Nische. Aber in einem späteren Stadium kann sich dieser Vorteil in einen Nachteil verwandeln, weil die Innovationen in lokale Bedingungen eingeschlossen werden können. Mannigfaltige Teildynamiken konkurrieren und interagieren. Das Resultat ist eine komplexe Dynamik.

3.2 „Mode 2"

Die Mode 2-These (Gibbons et al. 1994) besagt, dass das ökonomische System unter dem Druck der Globalisierung und der neuen Kommunikationstechnologien einen neuen Grad an Freiheit gewonnen hat. Was unter dem vorausgegangenen Regime starr zu sein schien, kann unter dem neuen Kommunikationsregime flexibel werden. In ihrem neuesten Buch präzisieren Nowotny et al. (2001), dass die neue Flexibilität nicht als „schwache Kontextualisierung" verstanden werden darf, sondern dass von einer „starken Kontextualisierung" ausgegangen werden muss. Ein Innovationssystem ist ein Gebilde, das sich beständig im Umbau befindet und das selbst in seinem operationalen Kern umgebaut werden kann. Die Perspektiven dieses Wandels werden dabei eher durch die Kodifikation von Erwartungen begrenzt als durch historische Bedingungen. Die Institutionen können durch politische und technische Interventionen reflexiv verändert werden.

Wie verteilen sich die Problemlösungs- und Innovationskapazitäten über das System? Die Autoren der Mode 2-These schreiben: „Es gibt nicht mehr nur einen wissenschaftlich ‚korrekten' Weg, falls es ihn überhaupt gegeben haben sollte, vor allem dann, wenn Fragen der Kosteneffizienz und zeitlicher Beschränkungen zu berücksichtigen waren – wie das zum Beispiel bei der Kartierung des menschlichen Genoms der Fall war. Auch gibt es sicherlich nicht nur einen wissenschaftlich ‚richtigen' Weg zur Entdeckung eines wirksamen Impfstoffs gegen AIDS oder nur ein ‚korrektes' Konstruktionsprogramm zur Lösung von Problemen in einem bestimmten Industriezweig. Stattdessen entstehen im Verlauf eines Projekts Wahlmöglichkeiten, weil viele Faktoren ins Spiel kommen, wissenschaftliche, ökonomische, politische und kulturelle. In einem dynamischen und interaktiven Prozeß bringen diese Möglichkeiten dann weitere

Wahlmöglichkeiten hervor, die den Weg für Variationsstrategien freigeben, über deren Weiterentwicklung letztlich die Selektion durch Erfolg entscheidet" (Nowotny et al. 2004, 148).

Die Perspektive wandelt sich infolgedessen von Interdisziplinarität zu Transdisziplinarität. Die globale Perspektive bietet uns mehr Auswahlmöglichkeiten als wir bisher erfasst haben. Reflexion ist als derjenige Mechanismus zu verstehen, der innerhalb des Diskurses einen Unterschied macht. Zu beachten ist, dass diese Autoren Reflexion als eine Eigenschaft von Kommunikation betrachten. Kommunikation fügt der Reflexion individueller Akteure eine weitere Dimension hinzu. Anders gesagt: Während Lundvall (1988) sich bereits auf Interaktion konzentrierte und argumentierte, dass Kommunikation ein lokales Innovationsumfeld zu stabilisieren vermag, argumentieren diese Autoren, dass Kommunikationen uns zu einer globalen Perspektive auf die entsprechenden Umfelder befähigen. Kommunikation kann dabei selbst eine interne Dynamik entwickeln.

Reflexion erzeugt Sinn aus einer nachträglichen Perspektive. Zudem stiftet die reflexive Perspektive eine Dynamik, die sich von der historischen unterscheidet. Während sich Letztere auf die Möglichkeiten und Beschränkungen innerhalb einer gegebenen Einheit (z.B. einer Region) konzentriert, ermöglicht uns der Diskurs, ein Bezugssystem durch Kontextualisierung und Analyse neu zu definieren. Deswegen verschiebt sich der Fokus methodologisch von der historischen Rekonstruktion eines Systems „by following the actors" (Latour 1987) zur funktionalen Analyse eines *antizipierten* Innovationssystems in der Gegenwart. Dabei hängt die Bestandsfähigkeit dieses Gebildes nicht nur von seiner intrinsischen Qualität ab, sondern auch vom Unterstützungsgrad, der seitens anderer gesellschaftlicher Teilsysteme (z.B. der Wirtschaft oder der involvierten politischen Systeme) mobilisiert werden kann.

Inwieweit erweitert dieses Modell das Modell des „nationalen Innovationssystems" hinsichtlich der Frage der Mikrofundierung? Lundvalls Mikroökonomie gründet nicht mehr auf den Präferenzen der Handelnden, sondern auf der Kommunikation und Interaktion zwischen Nutzern und Herstellern. Die Autoren des „Mode 2" definieren eine weitere für das Innovationssystem maßgebliche Kommunikationsdynamik. Handlung als Quelle von Kommunikation – die dabei als reflexiv zu erwarten ist, bspw. wenn Präferenzen erwogen werden – ist zwangsläufig einer bestimmten Position zugeordnet. Kommunikation hingegen ist relational und entwickelt sich in der Gegenwart zwischen kommunizierenden Handelnden mit einer emergenten Dynamik.

Es ist zu erwarten, dass die Verbindungen (*links*) eines Kommunikationssystems auf andere Weise operieren werden als die Knoten (*nodes*). Kategorien wie Reflexivität und Wissen können in Bezug auf die eine oder andere Schicht des Systems unterschiedliche Bedeutungen haben. Bspw. entfaltet die Struktur von Kommunikation Präferenzen, indem sie bestimmten Akteuren Zugang gewährt und anderen nicht. Zusätzlich zu Handlungen, welche die Variationen erzeugen, ist die interne Dynamik der Kommunikation in der Lage, einen Wandel auf der Systemebene, d.h. hinsichtlich struktureller Selektionen, zu generieren. Obgleich die Kommunikationsdynamik von den Handelnden verstanden werden kann, ist doch davon auszugehen, dass die Netzwerkdynamik partiell latent bleibt (Lazarsfeld/Henry 1968; Giddens 1981).

Luhmann (1984) hat vorgeschlagen, Kommunikation als ein von Handlung unterschiedenes Bezugssystem zu verstehen. Er unterstrich die analytische Unabhängigkeit dieser Perspektive (z.B. Luhmann 1996). Die beiden Systeme des Handelns und der Kommunikation sind zu betrachten als „strukturell gekoppelt" in der Handlung als einem Ereignis (Maturana 1978). Dieses Ereignis kann dem Akteur als Handlung zugeschrieben werden, während es zugleich als Element innerhalb des Kommunikationssystems betrachtet werden kann.

Soziale Systeme kommunizieren, zusätzlich zur Kommunikation im Rahmen von Austauschbeziehungen erster Ordnung, reflexiv. Die Austauschbeziehungen entwickeln sich entlang der Zeitachse, aber mit Sinn wird das Ausgetauschte erst aus einer nachträglichen Perspektive belegt. Außerdem können verschiedene Bedeutungen unterschiedlich kodifiziert werden. Bspw. bedeutet „Energie" in der wissenschaftlichen Kommunikation etwas anderes als im politischen Diskurs. Während sich Ökonomen und Politiker Sorgen über „Engpässe der Energieversorgung" machen, wird „Energie" in der Physik als „Erhaltungsgröße" definiert. Ausdrücke können also in verschiedenen Kontexten unterschiedliche Bedeutungen haben. Außerdem fügt die evolutionäre Dynamik sozialer Kommunikation der Dynamik erster Ordnung des Austauschs eine weitere Komplexitätsschicht hinzu. Institutionalisierung und Organisation stabilisieren Kommunikation historisch, aber dadurch, dass der Kommunikation Sinn hinzugefügt wird, wird potentiell ein Set globaler Perspektiven generiert (Urry 2003).

Globale Perspektiven können sich einstellen, wenn Kommunikationen in spezifischer Weise kodifiziert werden. Wissenschaftliche Kommunikation z.B. befähigt uns, Phänomene sehr genau zu de- und rekonstruieren. Wie oben angemerkt, kann der Preismechanismus hinsichtlich von Preis-Leistungs-Verhältnissen verfeinert werden. Politische Kommunikation wird in einer Demokratie durch die *trias politica* (Montesquieu 1748) hindurchgeleitet. Die Differenzierung mannigfaltiger Kommunikationen in Funktionen erlaubt es dem sozialen System, komplexer zu prozessieren als in einem hierarchischen Modus. Jedoch ist unter diesen Bedingungen ein Verlust zentraler Aspekte der Koordination und Steuerung zu erwarten, während die interagierenden (Teil)Systeme der Kommunikation zunehmend selbstorganisiert werden. Dieses Kommunikationsregime formt die existierenden Kommunikationsstrukturen um. Selektionsmechanismen anderer Art als die natürlichen rekonstruieren das System aus potentiell anderen Perspektiven als der historisch verfügbaren (Leydesdorff 2003).

Zusammengefasst lässt sich sagen, dass die Kommunikationsschicht die Gesellschaft mit einem Selektionsumfeld für historische Institutionen versorgt. Während zu erwarten ist, dass Variation Zufälligkeit beinhaltet, ist Selektion deterministisch. Allerdings sind die Kommunikationsstrukturen des Gesellschaftssystems komplex, weil sich die Kommunikationskodes differenziert haben. Kommunikationen entwickeln sich entlang verschiedener Achsen, aber sie können zusätzlich auch durch die reflexive Verwendung verschiedener Kodes an den Schnittstellen übertragen werden.

Interaktionsbeziehungen zwischen den Kommunikationskodes wurden für wissensbasierte Unternehmen dann von zunehmendem Interesse, als Schnittstellen zwischen Forschung und Entwicklung sowie Marketing zunehmend gestaltet werden mussten (Galbraith 1967). In Universitäts-Wirtschafts-Regierungsbeziehungen werden jedoch drei Arten von Kommunikation verkoppelt. Mit der Reibung zwischen der institutionellen Schicht dieser Beziehungen und der Dynamik der wechselseitigen Erwartungen ist zu erwarten, dass das System einen höheren Grad an Freiheit gewinnt. Die Ausnutzung dieses Freiheitsgrades bietet in zunehmendem Maße einen Wettbewerbsvorteil.

3.3 Die Triple-Helix

Während der Ansatz der Analyse von Innovationssystemen diese ausschließlich im Hinblick auf Überlagerungen von institutionellen Untersuchungseinheiten definiert, definiert die „Mode 2"-These Innovationen ausschließlich im Hinblick auf kommunikative Rekonstruktionen. Der Triple-Helix-Ansatz kombiniert diese beiden Perspektiven als unterschiedliche Teildynamiken des zu untersuchenden Systems. Dieses Modell fügt jedoch die Dynamik des Marktes als seine dritte, in der neoklassischen Ökonomie mikrofundierte Perspektive hinzu. Außerdem ist anzunehmen, dass ein Innovationssystem von verschiedenen Teildynamiken in unterschiedlichem Maße vorangetrieben werden kann. Infolgedessen verschiebt sich die Diskussion von einer ontologischen Diskussion darüber, was ein Innovationssystem „ist" zu der methodologischen Frage inwiefern sich Innovationssysteme im Hinblick auf diese potentiell unterschiedlichen Dimensionen untersuchen lassen.

Im Triple-Helix-Modell werden die wesentlichen Institutionen, die das wissensbasierte System tragen, als Universität, Wirtschaft und Regierung ausgewiesen. Diese Träger des Innovationssystems unterhalten ein doppelschichtiges Netzwerk: eine Schicht institutioneller Beziehungen, innerhalb derer sie gegenseitig ihr Verhalten einschränken und eine Schicht funktionaler Beziehungen, in welcher sie gegenseitig ihre Erwartungen formen. Die Funktionen, die evolutionär rekombiniert und reproduziert werden müssen, lassen sich spezifizieren als (a) Reichtumserzeugung in der Ökonomie, (b) Erzeugung von Neuheiten durch organisierte Wissenschaft und Technologie und (c) lokale Kontrolle dieser beiden Funktion zum Zweck der Aufrechterhaltung und Reproduktion des Systems. Diese Schichten sind miteinander rückgekoppelt und verändern so institutionelle Rollen, institutionelle Umgebungen und infolgedessen auch die evolutionären Funktionen der verschiedenen Beteiligten im Verlaufe der weiteren Entwicklung.

Innerhalb dieser komplexen Dynamik können die beiden oben spezifizierten Mechanismen – Nutzer-Hersteller-Beziehungen und reflexive Kommunikation – als Ergänzung der Mikrofundierung der neo-klassischen Ökonomie betrachtet werden. Erstens ist jeder Akteur bzw. jede Anhäufung von Akteuren hinsichtlich Präferenzen und anderer Eigenschaften unterschiedlich positioniert. Zweitens wirken die Akteure, z.B. in den ökonomischen Austauschbeziehungen, aufeinander ein. Dies erzeugt die Netzwerke. Drittens ist zu erwarten, dass die Anordnungen von Positionen (Knotenpunkten) und Relationen (Verbindungen) Informationen beinhalten, weil nicht alle Netzwerkpositionen gleichmäßig gehalten werden und Verbindungen selektiv erzeugt und aufrechterhalten werden.

Abbildung 1: Mikrofundierung des Triple-Helix-Modells der Innovation

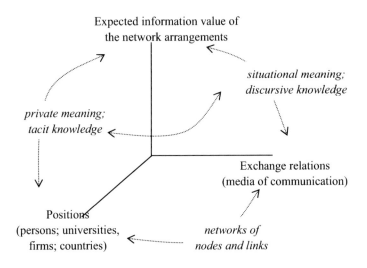

Der erwartete Informationsgehalt der Verbreitungen kann von den beteiligten Akteuren an lokalen Knotenpunkten erkannt werden. Dieses Erkennen erzeugt Wissen bei diesen Akteuren und innerhalb ihrer Organisationen. Wissen kann innerhalb der Netzwerkbeziehungen jedoch auch als diskursives Wissen prozessiert werden. Wissen, das kommuniziert wird, kann von den Wissenschaften weiterkodifiziert werden (Cowan/ Foray 1997). Abbildung 1 fasst diese Konfiguration zusammen.

Wenn man dieses Modell auf der Ebene des sozialen Systems verallgemeinert, können drei analytisch unabhängige Dimensionen eines Innovationssystems unterschieden werden (siehe Abbildung 2): (1) die Geographie, welche die Positionen von Akteuren und deren Aggregationen organisiert, (2) die Ökonomie, welche die Austauschbeziehungen organisiert, und (3) der Wissensinhalt, der sich hinsichtlich dieser Dimensionen herausbildet (Archer 1995). Diese Spezifikationen vorausgesetzt, lassen sich die entsprechenden Dimensionen und deren Interaktionsbeziehungen wie folgt modellieren:

Abbildung 2: Drei Dimensionen eines Innovationssystems einschließlich Interaktionsbeziehungen erster Ordnung

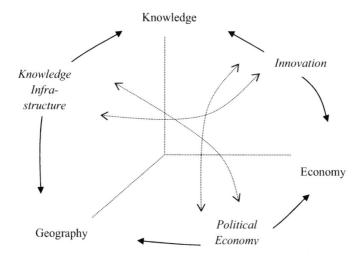

Die Wissensbasis einer Ökonomie kann als Interaktionseffekt zweiter Ordnung zwischen den Interaktionseffekten, wie sie in Abbildung 2 dargestellt sind, verstanden werden. Indem neue Lösungen der Verkopplung dieser drei Komponenten gefunden werden, können neue technologische Pfade an den Schnittstellen historisch geformt werden. Technologische Regime und Paradigmen sind jedoch als Systeme höherer Ordnung rückgekoppelt hinsichtlich von Erwartungen, die sich erst im Nachhinein herausbilden (Leydesdorff/Van den Besselaar 1998). Anders gesagt: Ein technologisches Regime verbleibt in der Schwebe als Selektionsdruck auf jene technologischen Pfade, durch die es erzeugt und reproduziert wird.

Abbildung 3: Die Interaktionsbeziehungen erster Ordnung erzeugen eine wissensbasierte Ökonomie als System höherer Ordnung (nach Leydesdorff/Meyer 2003)

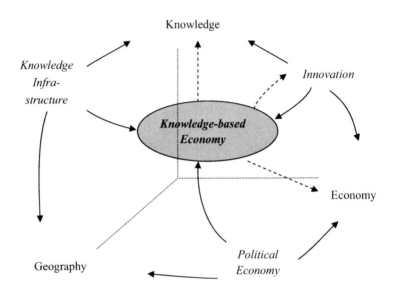

Abbildung 3 veranschaulicht die Wissensbasis einer Ökonomie als den besagten bestimmten Interaktionseffekt zweiter Ordnung zwischen den an Schnittstellen stattfindenden Interaktionen erster Ordnung. Ein Interaktionseffekt zweiter Ordnung kann historisch nicht auftreten bevor die Interaktionseffekte erster Ordnung nicht fest etabliert sind. Nach seinem Auftreten kann die entstehende Resonanz jedoch als ein Attraktor fungieren, der die Kommunikationsflüsse, auf denen er ruht, einkuppelt und damit zugleich reorganisiert (Kampmann et al. 1994).

Eine Nische wissensbasierter Selbstorganisation kann auf lokaler Ebene als eine Art „Nest" negativer Entropie aufrechterhalten werden. Die Reduktion von Ungewissheit wird bewirkt durch die Erwartung eines Regimes höherer Ordnung. Zu beachten ist dabei, dass diese Erwartung auf reflexiven Interaktionen basiert. Die lokale Verankerung eines solchen Systems ist jedoch nicht mehr gegeben. Es kann in der geographischen Dimension und/oder im Hinblick auf Branchen in der Wirtschaft und/oder im Hinblick auf Technowissenschaft/Technik, wie im Falle der Biotechnologie, positioniert sein (Carlson 2002; 2006). Wenn die strukturellen Interaktionsbeziehungen aus historischen Gründen verändert werden (wie etwa in Osteuropa während der 1990er), ist zu erwarten, dass sich die Interaktionsbeziehungen zweiter Ordnung verändern. Die jeweiligen Innovationssysteme können dann schon in ein anderes Bassin der Attraktion eingeflossen sein.

4. Struktureller Wandel

Bevor ich der Frage nachgehe, wie die Wissensbasis einer Wirtschaft als höherstufige Interaktion zwischen drei zweidimensionalen Schnittstellen empirisch beschrieben werden kann, möchte ich zuerst die Mechanismen des strukturellen Wandels innerhalb der Selbstorganisation eines komplexen Systems spezifizieren. Wie schon bemerkt, sind Interaktionsbeziehungen zwischen den Funktionen und den institutionellen Trägern dieser Funktionen zu erwarten. Die Schichten der Funktionalität und Institutionalisierung können sich entweder vertikal (wie z.B. wenn Eins-zu-Eins-Verständigung zwischen Funktionen und den tragenden Institutionen stattfindet) oder horizontal (wie bei Universitäts-Wirtschafts-Regierungsbeziehungen) koppeln. Die horizontale Kopplung zwischen Institutionen konnte oben bereits als etwas beschrieben werden, das eine von der horizontalen Kopplung zwischen Funktionen verschiedene Dynamik beinhaltet. Funktionen koppeln sich evolutionär (als eine vorgreifende Rückkopplung), während Institutionen sich historisch, d.h. entlang des „Zeitpfeils" koppeln (Coverney/Highfield 1990).

Die Störungsverhältnisse innerhalb der Kopplung ermöglichen die Variation. Die Teilsysteme selektieren jedoch auch zwischen einander während sie sich rekursiv weiterentwickeln. Die Störungen sind nötig für die weitere Entwicklung „erforderlicher Varietät" (Ashby 1958) in Innovationssystemen. Aufgrund dieser Störungen können die Systeme nicht in der einen oder anderen Richtung vollendet werden. Folglich können Innovationssysteme als im Prozess beständiger Umwandlung befindlich erwartet werden (Etzkowitz/Leydesdorff 1998). Die diversen Teildynamiken fungieren dabei jedoch vor allem als Selektionsmechanismen für einander. Selektion ist eine rekursive Operation: Einige Selektionen können der Stabilisierung wegen selektiert und manche Stabilisierungen können der Globalisierung wegen selektiert werden. Diese Rekursivität der Selektion kann leicht das Signal der Möglichkeit von Innovation unterdrücken und damit zu relativer Stagnation führen. Die Entwicklungsresistenz von Innovation kann folglich als Versagen eines komplexen Systems betrachtet werden; trotz seiner Kapazität, beständig neue Variationen auf niedrigerer Ebene zu entwickeln (Bruckner et al. 1994).

Unter welchen Bedingungen kann die Variation – die als Störung im Zuge fortlaufender Interaktion produziert wird – zu strukturellen Veränderungen auf der Systemebene führen? Zwei Mechanismen sind von Bedeutung für das Verständnis strukturellen Wandels als Mechanismus, der sich trotz Entwicklungsresistenz global durchsetzt: (1) die Emergenz von Kopplungen (*Lock-ins*) zwischen Teilsystemen und (2) die Möglichkeit der Gabelung (*Bifurcation*) innerhalb eines sich entfaltenden Systems. Eine Gabelung erzeugt eine Schnittstelle (z.B. zwischen einem Produktions- und einem Distributionssystem), während eine Kopplung dazu tendiert, eine Schnittstelle in eine Ko-Evolution aufzulösen, bspw. zwischen einer spezifischen Technology und einem Markt. Die verkoppelten Systeme können sich in einem folgenden Stadium gabeln. Die beiden Mechanismen sind analytisch betrachtet jedoch unabhängig voneinander.

Es ist bspw. zu erwarten, dass ein Computerhändler seine Lagerbestände auffüllt, wenn er bestimmte Marken besser als andere verkauft. Das Absatzmuster der vorausgegangenen Periode kann in der Folgezeit durch ein angepasstes Angebot noch verstärkt werden. Im Laufe der Zeit führt dies zu einem Angebotsprofil, das mit den Marktsegmenten, die lokal am attraktivsten sind, übereinstimmt. Wenn Angebot und Nachfrage einander entsprechen, können sich die beiden Teilsysteme der Dynamik (Technologie und Markt) zu einem System koppeln. Wenn die Nachfrage jedoch weiter steigt, kann sich der Markt segmentieren oder in anderer Weise differenzieren. Die vorhergehend gewonnene Stabilität meta-stabilisiert sich in diesem Fall und kann sich potentiell globalisieren.[5]

---

[5] Aus einer historischen Perspektive (das heißt entlang des „Zeitpfeils") ließe sich Gabelung als Destabilisierung betrachten; aber aus einer evolutionären Perspektive (das heißt im Nachhinein) lässt sie sich aufgrund des neu gewonnen Freiheitsgrades als eine Meta-Stabilisierung betrachten. Anfänglich ist eine Gabelung als

"Kopplung" wurde von Arthur (1989; 1994) mittels des Polýa-Urnen-Modells modelliert, das Prinzip ist aber durch die historische Arbeit von David (1985) über die QWERTY-Tastatur bekannt geworden (vgl. Liebowitz/Margolis 1999). Man kann in suboptimalen Technologien verhaftet bleiben, wenn der Umfang einer bestimmten Technologie Netzwerkeffekte generiert hat, die sich mit der Anwendung dieser Technologie rückkoppeln. Statt das Grenzprodukt zu verringern, kann die Skalenökonomie sodann als zu steigenden Grenzerträgen führend charakterisiert werden. Informationstechnologien stellen diesen Wirtschaftstyp in höherem Maße dar als die industriellen Technologien der vorigen Periode (Arthur et al. 1997). Im Falle einer Kopplung verliert das System jedoch aufgrund der engen Kopplung zwischen den Dimensionen im Rahmen ihrer Ko-Evolution einen Grad an Freiheit. Bspw. kann dann die Auswahl zwischen verschiedenen Technologien nicht mehr gegeben sein.

Der Reaktions-Diffusions-Mechanismus ermöglicht es, Freiheitsgrade an den Schnittstellen zu gewinnen. In einem frühen Stadium der Entwicklung einer neuen Technologie können die Prozesse der Erfindung, Produktion und des Marketings von geringem Umfang und intensiv gekoppelt sein, bspw. innerhalb eines Unternehmens oder einer geographischen Region. Der Verbreitungsmechanismus beinhaltet jedoch eine andere Dynamik als der Produktionsprozess. Es lässt sich zeigen, dass die beiden gekoppelten Mechanismen sich gabeln, wenn das Verbreitungsparameter größer als die Hälfte der Rate im Produktionsprozess wird (Turing 1952; vgl. Rosen 1985, 183f.).[6] Es ist zu erwarten, dass diese Gabelung zu einer Entkopplung der bis dahin eng gekoppelten Systeme führt. Ferner kann ein (zusätzlicher) Freiheitsgrad auf der Systemebene gewonnen werden. Wenn die Verbreitung einmal von der Produktion entkoppelt ist, kann Erstere sich mit der lokalen Produktion

---

Schwankung festgelegt, aber wenn die Frequenz innerhalb des komplexen Systems mit anderen Gabelungen interagiert, kann eine komplexere Dynamik (die Erzeugung negativer Entropie in den wechselseitigen Beziehungen in drei oder mehreren Dimensionen eingeschlossen) erwartet werden. Außerdem kann der Freiheitsgrad innerhalb der Meta-Stabilisierung von einem System für dessen Globalisierung genutzt werden.

[6] Technisch gesehen beinhaltet die Systemmatrix der zwei Gleichungen in diesem Fall zwei Eigenwerte; folglich wird der Ruhezustand ein Sattelpunkt. Es ist zu erwarten, dass sich die beiden Pfade dann teilen.

rückkoppeln, bspw. wenn die Internationalisierung zum Desinvestment im Herkunftsland führt.

Zusammengefasst: Die beiden evolutionären Mechanismen der Kopplung und Gabelung liefern uns Mechanismen für den strukturellen Wandel innerhalb von Innovationssystemen. Einerseits führt Kopplung (*Lock-in*) zu einer neuen Dimension entlang derer die Entwicklung eines neuen Pfades zu erwarten ist; dies allerdings um den Preis der Opferung eines Freiheitsgrades. Andererseits bietet Gabelung (*Bifurcation*) einen Mechanismus der Wiedererlangung von Freiheitsgraden, jedoch unter Berufung auf die neu hergestellte Dimension. Durch die Herausbildung eines neuen Pfades kann das System sich von einem Bassin der Attraktion zu einem anderen bewegen.

5. Indikatoren der Wissensbasis einer Ökonomie

In einem evolutionären Modell ist nicht zu erwarten, dass die institutionellen Dimensionen Eins-zu-Eins mit den Funktionen, die von den Akteuren getragen werden, übereinstimmen. Durch die Verwendung des Triple-Helix-Modells lassen sich jedoch im Zuge einer Annäherung erster Ordnung die Universität als Hauptträger der Funktion der Wissensproduktion, die Wirtschaft als Vertretung der ökonomischen Funktion und die entsprechende Regierungsebene als verantwortlich für die Verknüpfung und Organisation der beiden anderen Funktionen auf der jeweiligen Systemebene identifizieren. Das dreidimensionale System lässt sich durch Messung der Variation in jeder Dimension sowie der Ko-Variation zwischen ihnen operationalisieren. Man erhält so das folgende Schema von Universitäts-Wirtschafts-Regierungsbeziehungen (UIG):

Abbildung 4: Die drei Messdimensionen in einer Triple-Helix-Konfiguration und ihre Kombinationen

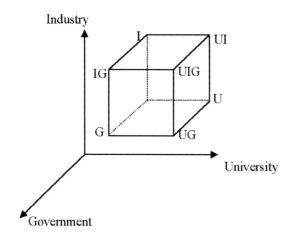

Wie bereits geschildert lässt sich die Wissensbasis einer Ökonomie als Interaktionseffekt zweiter Ordnung zwischen den verschiedenen zweiseitigen Beziehungen betrachten. Im Gegensatz zur Ko-Variation zwischen zwei Dimensionen können die wechselseitigen Informationsflüsse in drei Dimensionen negativ sein. Diese potentiell negative Entropie bietet uns einen Indikator für die Selbstorganisiertheit innerhalb der Anordnungen von Kommunikationsflüssen in institutionellen Arrangements (Leydesdorff 2003b).

Es lässt sich zeigen, dass die wechselseitigen Informationsflüsse in der Relation zwischen zwei Systemen stets positiv oder Null (im Falle keiner Beziehung) sind; diese probabilistische Entropie kann nie negativ sein (Theil 1972). Die wechselseitigen Informationsflüsse zwischen drei Dimensionen können jedoch negativ werden, wenn die zweiseitigen Beziehungen ein Netzwerk bilden (Abramson 1963, 129ff.). Die Dynamik des Systems kann zunehmend von den Kommunikationsverbindungen zwischen den Teilsystemen bestimmt werden. Zu bemerken ist, dass ein solches System, im Hinblick auf das Netzwerk der Beziehungen, an den Knotenpunkten nicht mehr handlungsbasiert, sondern kommunikationsbasiert ist. Anders gesagt: Das übergelagerte Systeme kann in fortschreitendem Maße als eine weitere Teildynamik fungieren, die jene sich auf der Systemebene durchsetzende Ungewissheit reduziert.

Wie kann eine auf der Netzwerkebene produzierte negative Entropie die Ungewissheit innerhalb eines dreidimensionalen Systems reduzieren? In einer Familie bspw. kann ein Kind Beziehungen zu beiden Eltern unterhalten. Aber zusätzlich zu diesen beiden Komponenten des erwarteten Informationsgehalts dieses Familiensystems und deren gemeinsamer Komponente in ihrer Summe (wenn die drei bspw. zum Abendessen zusammen sind), kann die Beziehung zwischen den beiden Eltern die Ungewissheit für das Kind jenseits dessen Kontrollierbarkeit reduzieren. Außerdem reduzieren die latenten Beziehungen die Ungewissheit lokal als Rückkoppelungsmechanismus auf die sich historisch ergebenden Momente.

Dieser Freiheitsgrad wird im Triple-Helix-Modell als eine Überlagerung von Erwartungen deklariert, die die zugrundeliegenden Arrangements beständig, jedoch in einem unbeständigen Maße restrukturiert. Die wechselseitigen Informationsflüsse zwischen den drei Dimensionen können als Indikator dieser Operation verwendet werden, weil dies die Übermittlung auf der Netzwerkebene ausweist (Theil 1972; Leydesdorff 1995). Die Formalisierung der Maßeinheit lautet folgendermaßen:

$$T_{UIG} = H_U + H_I + H_G - H_{UI} - H_{IG} - H_{Ug} + H_{UIG} \quad (1)$$

Während jedes der Interaktionssysteme (H_U H_I und H_G) die Ungewissheit steigert, wird die Ungewissheit auf der Systemebene durch die wechselseitigen Beziehungen an den Schnittstellen zwischen ihnen reduziert. Wie im zweidimensionalen Fall konditionieren und determinieren sich die Systeme gegenseitig in ihren Beziehungen. Die dreidimensionale Ungewissheit innerhalb der Überlappung (H_{UIG}) fügt sich jedoch wiederum positiv zu der Ungewissheit, die sich auf der Netzwerkebene durchsetzt. Aufgrund der Änderung der Zeichen kann die dreidimensionale Übersetzung negativ werden, wenn die Reduktion der Ungewissheit durch die zweiseitigen Beziehungen sich gegen die zentrale Koordination durchsetzt. Anzumerken ist, dass sich der Wert von T_{UIG} direkt aus der relativen Häufigkeitsverteilung der Variablen und deren Kovarianz durch Verwendung von Shannon-Formeln errechnen lässt.[7] Was als das Univer-

---

[7] $H_i = -\sum p_i \log p_i$, $H_{ij} = -\sum p_{ij} \log p_{ij}$, etc.

sitätssystem, Wirtschaftssystem oder das Regierungssystem betrachtet wird muss jedoch auf einer theoretischen Grundlage spezifiziert werden.

Abbildung 5: Die wechselseitigen Informationsflüsse zwischen Universitäts-Wirtschafts-Regierungs-Beziehungen Relationen, wie sie die Abfrage im Internet mittels des AltaVista Search Engine ergeben hat.[8]

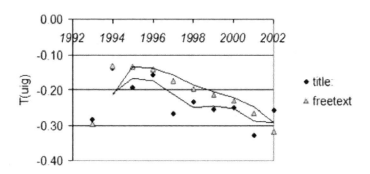

In einem anderen Kontext habe ich mehrere Beispiele der Messung der wechselseitigen Informationsflüsse zwischen drei Dimensionen, bei denen Scientometric, Webometric und U.S. Patentdaten verwendeten wurden, ausgearbeitet (Leydesdorff 2003b). Abbildung 5 liefert ein Beispiel des Ko-Auftretens der Wörter „Universität", „Wirtschaft" und „Regierung", abgefragt durch Verwendung der AltaVista Advanced Search Engine in verschiedenen Jahren. Die Entwicklung der Daten zeigt den zunehmend negativen Wert der wechselseitigen Informationsflüsse zwischen den drei Dimensionen im Zeitverlauf. Das Muster folgt der Globalisierung des Internets nach seiner Initialphase von 1993-1995.[9]

---

[8] Die Kurven basieren auf zweijährigen Durchschnittswerten. Die Messung wurde am 15. Mai 2003 durchgeführt.

[9] Die Alta Vista-Suchmaschine liefert eine Rekonstruktion der Entwicklung aus einer nachträglichen Perspektive, während die Entwicklung beständig fortschreitet. Während der Messung habe ich hinsichtlich von Instabilitäten in der Stichprobe kontrolliert (Rousseau 1999).

6. Schlussfolgerungen

Das Triple-Helix-Modell kann als ein neo-evolutionäres Modell ausgearbeitet werden, das es uns erstmals ermöglicht, Innovationssysteme als komplexe Systeme zu verstehen und das uns weiterhin als Heuristik der Operationalisierung zu dienen vermag. Eine Mikrofundierung des Modells konnte angeboten werden, indem argumentiert wurde, dass die Wissensbasis einer Ökonomie nicht handlungsbasiert ist, sondern ebenfalls und in wesentlicher Hinsicht kommunikationsbasiert ist. Wenn Information zwischen Akteuren ausgetauscht wird, kann die Kommunikation mit Sinn belegt werden, und dieser Sinn kann weiterhin kodifiziert werden, bspw. indem Wissen entwickelt wird. Wissen kann vielleicht als Sinn, der einen Unterschied macht, betrachtet werden. Wissen informiert die Austauschprozesse und stützt ferner die Lösungen, die bis dahin an Schnittstellen gefunden wurden. Diese letztere Operation kann Ungewissheit reduzieren, senkt Transaktionskosten und verwandelt Schnittstellen innerhalb des Systems auf innovative Weise. Wenn Wissen weiter organisiert und kodifiziert wird, bspw. hinsichtlich von Wissenschaft und Technik, kann diese globalisierende – d.h. zugleich meta-stabilisierende – Dynamik verstärkt werden.

Die neue Dynamik einer wissensbasierten Ökonomie hat wichtige Konsequenzen für die Funktion von Regionen. Die regionalen Schauplätze können als Brutstätten, an denen Produktions-, Innovations- und Diffusionsprozesse eng gekoppelt sind, dienen. Die Dichte der lokalen Interaktionen erhöht die Chancen von Kopplung und infolgedessen der (Ko-)Herausbildung von Pfaden innerhalb des Systems (Callon et al. 2002). Deswegen ist zu erwarten, dass metropolitane Regionen über einen Vorteil in der Neuen Ökonomie verfügen.

Die Entwicklung innovativer Schnittstellen ist jedoch keine notwendige Bedingung für den Erfolg in einer wissensbasierten Konfiguration. Interaktionen zweiter Ordnung zwischen den Schnittstellen sind eine Bedingung für die Reduktion von Ungewissheit auf der Systemebene. Jenseits der zweidimensionalen Schnittstellen vermag es ein dreidimensionales System, die Reduktion von Ungewissheit auszuweisen. Die Entwicklung eines drei-dimensionalen Indikators wurde im Vorausstehenden als Instrument vorgeschlagen, um unseren Innovationssystemen in dem durch die wissensbasierte Ökonomie entstandenen Ozean Orientierung zu verschaffen.

Literatur

Abernathy, W. J., Utterback, J. (1978): Patterns of Industrial Innovation, in: Technology Review, 50, S. 41-47

Abramowitz, M. (1956): Resource and Output Trends in the United States since 1870, in: American Economic Review, 46, S. 5-23

Abramowitz, M., David, P. A. (1996): Measuring Performance of Knowledge-Based Economy, in: OECD (Hrsg.), Employment and Growth in the Knowledge-Based Economy, Paris, S. 35-60

Archer, M. S. (1995): Realist Social Theory: The Morphogenetic Approach. Cambridge

Arrow, K. J. (1962): The Economic Implications of Learning by Doing. Review of Economic Studies, 29, S. 155-173

Arthur, W. B. (1989): Competing Technologies, Increasing Returns, and Lock-in by Historical Events, in: Economic Journal, 99, S. 116-131

Arthur, W. B. (1994): Increasing Returns and Path Dependence in the Economy, Ann Arbor

Arthur, W. B., Durlauf, S. N., Lane, D. A. (Hrsg.) (1997): The Economy as an Evolving Complex System II, Redwood

Ashby, R. (1958): Requisite Variety and Its Implications for the Control of Complex Systems, in: Cybernetica, 1 (2), S. 1-17

Barras, R. (1990): Interactive Innovation in Financial and Business Services: The Vanguard of the Service Revolution, in: Research Policy, 19, S. 215-237

Beccatini, G., Bellandi, M., Dei Ottati, G., Sforzi, F. (2003): From Industrial Districts to Local Development: An Itinerary of Research, Celtenham/ Norhhampton

Bell, D. (1973): The Coming of the Post-Industrial Society, New York

Biggiero, L. (1998): Italian Industrial Districts: A Triple Helix Pattern of Problem Solving, in: Industry and Higher Eductation, 12 (4), S. 227-234

Boschma, R. A., Lambooy, J. G. (2002): Knowledge, Market Structure and Economic Coordination: The Dynamics of Italian Industrial Districts, in: Growth and Change, 33 (3), S. 291-311

Braczyk, H.-J., Cooke, P., Heidenreich, M. (Hrsg.) (1998): Regional Innovation Systems, London/Bristol

Bruckner, E., Ebeling, W., Montaño, M. A. J., Scharnhorst, A. (1994): Hyperselection and Innovation Described by a Stochastic Model of Technological Evolution, in: Leydesdorff, L., v. d. Besselaar, P. (Hrsg.), Evolutionary Economics and Chaos Theory: New Directions in Technology Studies, London, S. 79-90

Callon, M. (1998): The Laws of the Market, Oxford/Malden

Callon, M., Méadel, C., Rabeharisoa, V. (2002): The Economy of Qualities, in: Economy and Society, 31 (2), S. 194-217

Carlsson, B. (Hrsg.) (2002): New Technological Systems in the Bio Industries – an International Study, Boston/Dordrecht/London

Carlsson, B. (2006): Internationalization of Innovation Systems: A Survey of the Literature, in: Research Policy, 35(1), S. 56-67

Carlsson, B., Stankiewicz, R. (1991): On the Nature, Function, and Composition of Technological Systems, in: Journal of Evolutionary Economics, 1 (2), S. 93-118

Castells, M. (1996): The Rise of the Network Society, Oxford/Malden

Cimoli, M. (Hrsg.) (2000): Developing Innovation Systems: Mexico in a Global Context, London

Council of the European Communities, and Commission of the European Communities (1992) Treaty on European Union. Office for Official Publications of the European Communities, Luxemburg

Coveney, P., Highfield, R. (1990): The Arrow of Time, London

Cowan, R., Foray, D. (1997): The Economics of Codification and the Diffusion of Knowledge, in: Industrial and Corporate Change, 6, S. 595-622

David, P. A. (1985): Clio and the Economics of Qwerty, in: American Economic Review, 75, S. 332-337

David, P. A., Foray, D. (2002): An introduction to the economy of the knowledge society, in: International Social Science Journal, 54(171), S. 9-23

Dei Ottati, G. (2003): Local Governance and Industrial Districts' Competitive Advantage, in: Beccatini, G., Bellandi, M., Ottati, G. D., Sforzi, F. (Hrsg.), From Industrial Districts to Local Development: An Itinerary of Research, Cheltenham, S. 108-130

Dosi, G. (1982): Technological Paradigms and Technological Trajectories: A Suggested Interpretation of the Determinants and Directions of Technical Change, in: Research Policy, 11, S. 147-162

Edqvist, C. (Hrsg.) (1997): Systems of Innovation: Technologies, Institutions and Organizations, London

Etzkowitz, H., Leydesdorff, L. (1998): The Endless Transition: A ‚Triple Helix' of University-Industry-Government Relations, in: Minerva, 36, S. 203-208

Etzkowitz, H., Leydesdorff, L. (2000): The Dynamics of Innovation: From National Systems and 'Mode 2' to a Triple Helix of University-Industry-Government Relations, in: Research Policy, 29 (2), S. 109-123

Etzkowitz, H., Leydesdorff, L. (Hrsg.) (1997): Universities in the Global Knowledge Economy: A Triple Helix of University-Industry-Government Relations, London

Etzkowitz, H., Webster, A., Gebhardt, C., Terra, B. R. C. (2000): The Future of the University and the University of the Future: Evolution of Ivory Tower to Entrepreneurial Paradigm. Research Policy, 29 (2), S. 313-330

Foray, D., Lundvall, B.-A. (1996): The Knowledge-Based Economy: From the Economics of Knowledge to the Learning Economy, in: OECD Documents: Employment and Growth in the Knowledge-Based Economy, Paris, S. 11-32

Freeman, C. (1987): Technology Policy and Economic Performance: Lessons from Japan, London

Freeman, C. (1988): Japan, a New System of Innovation, in: Dosi, G,. Freeman, C., Nelson, R. R., Silverberg, G., Soete, L. (Hrsg.), Technical Change and Economic Theory, London, S. 31-54

Freeman, C., Perez, C. (1988): Structural Crises of Adjustment, Business Cycles and Investment Behaviour, in: Dosi, G,. Freeman, C., Nelson, R. R., Silverberg, G., Soete, L. (Hrsg.), Technical Change and Economic Theory, London, S. 38-66

Frenken, K. (2001): Understanding Product Innovation Using Complex Systems Theory. Unpublished Ph. D. Thesis, University of Amsterdam, Amsterdam.

Frenken, K., Leydesdorff, L. (2000): Scaling Trajectories in Civil Aircraft (1913-1970), in: Research Policy, 29 (3), S. 331-348

Galbraith, J. K. (1967): The New Industrial State, Harmondsworth

Gibbons, M., Limoges, C., Nowotny, H., Schwartzman, S., Scott, P., Trow, M. (1994): The New Production of Knowledge: The Dynamics of Science and Research in Contemporary Societies, London

Giddens, A. (1981): Agency, Institution, and Time-Space Analysis, in: Knorr-Cetina, K. D. Cicourel, A. V. (Hrsg.), Advances in Social Theory and Methodology. Toward an Integration of Micro- and Macro-Sociologies, London, S. 161-174

Godin, B. (2006): The Knowledge-Based Economy: Conceptual Framework or Buzzword. Journal of Technology Transfer, 31(1), S. 17-30

Hall, P. A., Soskice ,D. W. (Hrsg.) (2001): Varieties of Capitalism: The Institutional Foundations of Comparative Advantage, Oxford u.a.

Hughes, T. P. (1987): The Evolution of Large Technological Systems, in: Bijker, W., Hughes, T. P., Pinch, T. (Hrsg.), The Social Construction of Technological Systems, Cambridge, S. 51-82

Irvine, J., Martin, B. R. (1984): Foresight in Science: Picking the Winners, London

Kampmann, C., Haxholdt, C., Mosekilde, E., Sterman, J. D. (1994): Entrainment in a Disaggregated Long-Wave Model, in: Leydesdorff. L..v. d. Besselaar, P. (Hrsg.), Evolutionary Economics and Chaos Theory: New Directions in Technology Studies, London, S. 109-124

Kemp, R., Schot, J., Hoogma, R. (1998): Regime Shifts to Sustainability through Processes of Niche Formation. The Approach of Strategic Niche Management, in: Technology Analysis and Strategic Management, 10 (2), S. 175-195

Krauss, G., Wolff, H.-G. (2002): Technological Strengths in Mature Sectors – an Impediment of an Asset of Regional Economic Restructuring? The Case of Multimedia and Biotechnology in Baden-Württemberg, in: Journal of Technology Transfer, 27 (1), S. 39-50

Laafia, I. (1999): Regional Employment in High Technology. Eurostat, siehe unter: http://europa.eu.int/comm/eurostat

Lancaster, K. J. (1979): Variety, Equity and Efficiency, New York

Latour, B. (1987): Science in Action, Milton Keynes

Leydesdorff, L. (2000): Is the European Union Becoming a Single Publication System?, in: Scientometrics, 47 (2), S. 265-280

Leydesdorff, L. (2001): Indicators of Innovation in a Knowledge-Based Economy, in: Cybermetrics, 5 (Issue 1), Paper 2, siehe unter: http://www.cindoc.csic.es/cybermetrics/articles/v5i1p2.html

Leydesdorff, L. (2003a): The Construction and Globalization of the Knowledge Base in Inter-Human Communication Systems, in: Canadian Journal of Communication, 28 (3), S. 267-289

Leydesdorff, L. (2003b): The Mutual Information of University-Industry-Government Relations: An Indicator of the Triple Helix Dynamics, in: Scientometrics, 58 (2), S. 445-467

Leydesdorff, L. (2006): The Knowledge-Based Economy: Modeled, Measured, Simulated. Boca Raton

Leydesdorff, L., v. d. Besselaar, P. (1998): Technological Development and Factor Substitution in a Non-Linear Model, in: Journal of Social and Evolutionary Systems, 21, S. 173-192

Leydesdorff, L., Etzkowitz., H. (1998): The Triple Helix as a Model for Innovation Studies, in: Science and Public Policy, 25 (3), S. 195-203

Leydesdorff, L., Cooke, P., Olazaran, M. (Hrsg.) (2002): Regional Innovation Systems, in Europe (Special Issue), in: Journal of Technology Transfer, 27 (1), S. 5-145

Liebowitz, S. J., Margolis, S. E. (1999): Winners, Losers & Microsoft: Competition and Antitrust in High Technology, Oakland

List, F. (1841): The National Systems of Political Economy, London

Luhmann, N. (1996): On the Scientific Context of the Concept of Communication, in: Social Science Information, 35 (2), S. 257-267

Lundvall, B.-Å. (1988): Innovation as an Interactive Process: From User-Producer Interaction to the National System of Innovation, in Dosi, G., Freeman, C., Nelson, R., Silverberg, G., Soete, L. (Hrsg.), Technical Change and Economic Theory, London, S. 349-369

Lundvall, B.-Å. (Hrsg.) (1992): National Systems of Innovation, London

Machlup, F. (1962): The Production and Distribution of Knowledge in the United States. Princeton

Marx, K. (1848): The Communist Manifesto. Paris (Translated by Samuel Moore in 1888), Harmondsworth

Montesquieu, C. de Sécondat, Baron de (1748): De l'esprit des lois, Paris.

Moso, M., Olazaran, M. (2002): Regional Technology Policy and the Emergence of an R&D System in the Basque Country, in: Journal of Technology Transfer, 27 (1), S. 61-75

National Science Board (1987): Science & Engineering Indicators – 1987, Washington

Nelson, R. R. (Hrsg.) (1982): Government and Technical Progress: A Cross-Industry Analysis, New York

Nelson, R. R. (Hrsg.) (1993): National Innovation Systems: A Comparative Analysis, New York

Nelson, R. R., Winter, S. G. (1975): Growth Theory from an Evolutionary Perspective: The Differential Productivity Growth Puzzle, in: American Economic Review, 65, S. 338-344

Nelson, R. R., Winter, S. G. (1977): In Search of Useful Theory of Innovation, in: Research Policy, 6, S. 35-76

Neurath, O. (1932/33): Protokollsätze, in: Erkenntnis, 3, S. 204-214

Nowotny, H., Scott, P., Gibbons, M. (2004): Wissenschaft neu denken. Wissen und Öffentlichkeit in einem Zeitalter der Ungewißheit, Weilerswist

OECD (1980): Technical Change and Economic Policy, Paris

OECD (1996): OECD Economic Outlook, No. 60, Paris

OECD/Eurostat. (1997): Proposed Guidelines for Collecting and Interpreting Innovation Data, Oslo Manual, Paris

Pavitt, K. (1984): Sectoral Patterns of Technical Change: Towards a Theory and a Taxonomy, in: Research Policy, 13, S. 343-373

Porter, M. E. (1990): The Competitive Advantage of Nations, London

Rosenberg, N. (1982): Learning by Using, in: Inside the Black Box: Technology and Economics, Cambridge, S. 120-140
Rothwell, R., Zegveld, W. (1981): Industrial Innovation and Public Policy, London
Rousseau, R. (1999): Daily Time Series of Common Single Word Searches in Altavista and Northernlight, in: Cybermetrics 2/3, Paper 2, siehe unter: http://www.cindoc.csic.es/cybermetrics/articles/v2i1p2.html
Sahal, D. (1985): Technological Guideposts and Innovation Avenues, in: Research Policy, 14, S. 61-82
Saviotti, P. P. (1996): Technological Evolution, Variety and the Economy, Cheltenham/Brookfield
Sforzi, F. (2003): The 'Tuscan Model' and Recent Trends, in: Beccatini, G., Bellandi, M., d. Ottati, G. Sforzi, F. (Hrsg.), From Industrial Districts to Local Developments: An Itinerary of Research, Cheltenham, S. 29-61
Shinn, T. (2002): The Triple Helix and New Production of Knowledge: Prepackaged Thinking on Science and Technology, in: Social Studies of Science, 32 (4), S. 599-614
Skolnikoff, E. B. (1993): The Elusive Transformation: Science, Technology and the Evolution of International Politics, Princeton
Solow, R. M. (1957): Technical Progress and the Aggregate Production Function, in: Review of Economics and Statistics, 39, S. 312-320
Teubal, M. (1979): On User Needs and Need Determination. Aspects of a Theory of Technological Innovation, in: Baker M. J. (Hrsg.), Industrial Innovation. Technology, Policy and Diffusion, London, S. 266-289
Theil, H. (1972). *Statistical Decomposition Analysis*. Amsterdam/ London
Turing, A. M. (1952): Philos. Trans. R. Soc. B., 237, S. 5-72
Urry, J. (2003): Global Complexity, Cambridge
Utterback, J., Suarez, F. F. (1993): Innovations, Competition, and Industry Structure, in: Research Policy, 22, S. 1-22
Van den Besselaar, P. (1998): Technology and democracy, the limits to steering, in: Chatfield, R. H., Kuhn, S., Muller, M. (Hrsg.), Broadening Participation – 5th PDC Seattle: CPSR, S. 1-10
Viale, R., Campodall'Orto, S. (2002): An Evolutionary Triple Helix to Strengthen Academy-Industry Relations: Suggestions from European Regions, in: Science and Public Policy, 29 (3), S. 154-168
Whitley, R. D. (1999): Divergent Capitalisms: The Social Structuring and Change of Business Systems, New York

Whitley, R. D. (2001): National Innovation Systems, in: Smelser, N. J., Baltes, P. B. (Hrsg.), International Encyclopedia of the Social and Behavioral Sciences, Oxford, S. 10303-10309

Williamson, O. (1985): The Economic Institutions of Capitalism, New York

Wissensgesellschaft

Kollektive Intelligenz und die Konturen eines kognitiven Kapitalismus

Helmut Willke

1. Exposition

Moderne Organisationen und Gesellschaften befinden sich im Umbruch zu wissensbasierten Systemen. Neben die traditionellen Infrastrukturen der Macht und des Geldes tritt mit zunehmendem Gewicht Wissen als Operationsbedingung und als notwendige Steuerungsressource. Wissen im Allgemeinen und Expertise als systematisiertes und organisiertes Wissen im Besonderen verändern soziale Ordnung kontinuierlich, seit die Verwendung von Wissen nicht mehr altes, unvordenkliches Wissen betont, sondern *neues* Wissen.

Von einer Wissensgesellschaft oder einer wissensbasierten Gesellschaft lässt sich sprechen, wenn die Strukturen und Prozesse der materiellen und symbolischen Reproduktion einer Gesellschaft so von wissensabhängigen Operationen durchdrungen sind, dass Informationsverarbeitung, symbolische Analyse und Expertensysteme gegenüber anderen Faktoren der Reproduktion vorrangig werden. Die Idee der Wissensgesellschaft als mögliche Form nach-industrieller und nach-kapitalistischer Gesellschaft hat nichts zu tun mit dem abwegigen Modell einer Wissen*schaft*sgesellschaft. Jedenfalls für den Fall moderner Gesellschaften kann nicht ein Funktionssystem, sei es Politik, Ökonomie oder Wissenschaft, für das Ganze stehen, ohne die Gesellschaft insgesamt zu deformieren. Zugleich sollte klar sein, dass auch in einer Wissensgesellschaft nicht *alle* Kommunikationen von Kriterien des Wissens geprägt sind. Damit ist gesagt, dass von einer Wissensgesellschaft nur gesprochen werden sollte, wenn qualitativ neue Formen der Wissensbasierung und Symbolisierung alle wesentlichen Bereiche einer Gesellschaft durchdringen.

Die Wissensgesellschaft existiert noch nicht, aber sie wirft ihre Schatten voraus. Mit dem „Sieg" der Gesellschaftsform der kapitalistischen Demokratie über den Sozialismus, dem Aufbau leistungsfähiger globaler digitaler Datennetze und der Verdichtung globaler Kontexte für lokales Handeln verliert der moderne *Nationalstaat* schrittweise Elemente seiner Bedeutung. Mit der Höherstufung von Produkten und Dienstleistungen zu wissensbasierten, professionellen Gütern verlieren die herkömmlichen Produktionsfaktoren (Land, Kapital, Arbeit) gegenüber der implizierten oder eingebauten Expertise dramatisch an Bedeutung und damit mutiert die moderne *kapitalistische Ökonomie* schrittweise zu einer post-kapitalistischen, wissensbasierten Produktionsform – zu einer ersten Ausprägung eines kognitiven Kapitalismus im Kontext der Wissensgesellschaft. Beide Elemente zusammen verändern das Gesicht der modernen Arbeits- und Wohlfahrtsgesellschaften grundlegend. Die für entwickelte Gesellschaften relevante Form der Arbeit wird *Wissensarbeit*, während herkömmliche Formen der „einfachen" Arbeit von Maschinen übernommen werden oder in die noch verbliebenen Billiglohnländer abwandern. Der „Wohlfahrtsstaat" zerbricht an seiner Überforderung durch Sozialleistungen und Subventionen, die in einer sich globalisierenden Wirtschaft nicht mehr nationalstaatlich organisierbar und kontrollierbar sind.

In einer polit-ökonomischen Perspektive provoziert die Wissensgesellschaft die Frage: Was sind die Kollektivgüter der Wissensgesellschaft? Die Antwort mag überraschen: Es gibt neben den drei klassischen Kollektivgütern nur ein einziges neues solches Gut – *kollektive Intelligenz*. Dies klingt nach einem Minimalstaat (Nozick 1974, 113; Willke 1996b, 92ff.) für die Wissensgesellschaft, aber der Eindruck täuscht. Tatsächlich bezeichnet kollektive Intelligenz eine emergente Eigenschaft von Sozialsystemen, die nicht auf der bloßen Aggregation individueller Intelligenzen gründet, sondern auf einer eigenständigen Intelligenz des Systems selbst. Nur für diese Komponente kommt in der Wissensgesellschaft auf die Politik eine neue Staatsaufgabe zu, wenn und soweit sich ein politisches System dafür verantwortlich erklärt, der Genese der Wissensgesellschaft durch entsprechende Infrastrukturen und Suprastrukturen den Weg zu bereiten. Streng analog lässt sich der legitime Aufgabenbereich eines Sozialstaates dadurch eingrenzen, dass es nicht um eine benevolent erscheinende Steigerung des individuellen Glücks geht, sondern darum, den unvermeidbaren kollektiven Risiken und Gefährdungslagen einer hochkomplexen Gesellschaft durch kollektive Systeme der Vorsorge und Versicherung zu begegnen, wenn und soweit dies individuelle Verantwortung übersteigt, also auf individuell nicht steuerbaren Systemdynamiken beruht.

So wie in der Wissensökonomie Brot und Schuhe zwar nicht irrelevant werden, aber als Güter einer agrarischen oder massenindustriellen Epoche als unproblematisch und selbstverständlich in den Hintergrund rücken, um Raum zu schaffen für die Dominanz wissensbasierter Güter, so rücken die traditionellen Kollektivgüter der nationalstaatlich organisierten Gesellschaften des Industriezeitalters in den Hintergrund oder verschwinden ganz aus der Reichweite politischer Verantwortung. Für eine ganze Reihe von ehemaligen Kollektivgütern ist dieser Prozess der Konversion zu Privatgütern bereits ganz oder weitgehend abgeschlossen: Post, Telekommunikation, Bahn, Standardisierung, Energie etc. Nur drei der klassischen Kollektivgüter aus der frühen Moderne, innere und äußere Sicherheit und Steuerhoheit, scheinen durch die Umwälzungen zur Wissensgesellschaft unangetastet zu bleiben. Sie bezeichnen die Kernaufgaben der klassischen Politik, den Schutz von Leib und Leben der Bürger, und das korrelierende Recht, die für die Erfüllung dieser Aufgaben notwendigen Steuern zu erheben.

Es bleibt ein mittlerer Bereich von Kollektivgütern, die für die Politik des klassischen Nationalstaates und für den modernen Sozialstaat kennzeichnend sind, und die in der Wissensgesellschaft zur Debatte und zur Disposition stehen: zunächst alle staatlich erzwungenen Systeme der sozialen Sicherung, die soziale Absicherung als Kollektivgut definieren. Diese geraten allerdings nicht erst durch die Heraufkunft der Wissensgesellschaft unter Druck, sondern bereits durch einen überzogenen und sich selbst überfordernden Wohlfahrtsstaat, der nicht mehr öffentlich finanzierbar ist und der zudem nach dem Ende des Staatssozialismus seine ideologische Legitimation verloren hat (Willke 2000a). Vor allem sind es aber Entgrenzung und Globalisierung, welche die Fähigkeit der Nationalstaaten zur Produktion von Kollektivgütern in Frage stellen. Philip Cerny unterscheidet mit Theodore Lowi distributive, redistributive und regulatorische Güter als Kategorien von Kollektivgütern. Für alle drei Kategorien sieht er eine schwindende Rolle des Nationalstaates: „In all three of the principal categories of traditional public goods – regulatory, productive/distributive and redistributive – globalization has undercut the structural capacity of the national state" (Cerny 1996, 128).

Es ist absehbar, dass an die Stelle dieser Art von Kollektivgütern Hybridgüter treten, die aus einem minimalen Sockel staatlich oder anderweitig kollektiv erzwungener Solidarität und zusätzlichen Komponenten individuell verantworteter Leistungen bestehen, in welcher Kombination auch immer. Die Veränderung dieser Kollektivgüter möchte ich hier vernachlässigen, weil sie eher mit der Veränderung des Sozialstaates als mit der Formierung der Wissensgesellschaft zu tun haben. Besondere Relevanz für die Wissensgesellschaft haben dagegen die von staatlichen Quasi-Monopolen oder zumindest von staatlicher Definitionsmacht abgestützten Kollektivgüter der allgemeinen Schulbildung, der Berufsausbildung, der tertiären Professionalisierung an Hochschulen, der Technologie- und Wissenschaftspolitik (Kitschelt 1996) und der Risikovorsorge (Preuß 1996). Nimmt man zu diesen Kollektivgütern noch die verbliebenen Verantwortlichkeiten der Politik für eine wissensbasierte Infrastruktur dazu (Willke 1996a), dann ist das Feld an Kollektivgütern abgesteckt, das für die Wissensgesellschaft von zentraler Bedeutung ist.

Bemerkenswert ist zunächst, dass alle genannten Kollektivgüter im Feld einer Wissensbasierung der Gesellschaft inzwischen umstritten sind. Es ist keineswegs mehr klar, warum die Politik in Form des staatlichen Schulsystems, des Wissenschaftssystems und der dualen Berufsausbildung als Träger, Veranstalter, Regulator und Kontrolleur geeigneter sein sollte als private Akteure. Wenn es private Schulen, private Hochschulen und Berufsausbildungen gibt, welchen besonderen Sinn haben dann noch hoheitlich organisierte und bürokratisch schwerfällige Paralleleinrichtungen? Es ist heftig umstritten, ob staatliche Technologie- und Wissenschaftspolitik Sinn ergeben und ihre Ziele überhaupt erreichen können oder ob nicht private Akteure, Organisationen und Korporationen viel kompetenter darin sind, entsprechende Steuerungsleistungen zu erbringen. Wenn ziemlich klar ist, dass in den zukunfts- und wachstumsträchtigsten Technologiebereichen wie Software, Computer, Vernetzung oder Telekommunikationssysteme nicht staatliche Programme, sondern private Unternehmer und Unternehmen die erfolgreichen und treibenden Kräfte sind, dann sind die Milliarden-Ausgaben für staatlichen Programme schwer zu begründen. Wenn sich nach dem Anschub durch das amerikanische Verteidigungsministerium das ARPA-Netz als Internet als geradezu chaotisches, verteiltes, primär durch private Initiativen getragenes großtechnisches Infrastruktursystem von globaler Bedeutung entwickelt, welchen Sinn machen dann noch nationalstaatlich beschränkte Infrastrukturprogramme?

Bemerkenswert ist aber auch, dass gerade mit Blick auf Wissensökonomie und Wissensgesellschaft gleichzeitig der Ruf nach einer öffentlich verantwortlichen, politisch legitimierten Steuerung der Grundlinien der Wissensgesellschaft und der Schaffung bestimmter Bedingungen der Möglichkeit einer Wissensökonomie laut werden und entsprechende Aktivitäten geradezu Hochkonjunktur haben. Während sich die USA im Glanz ihrer gegenwärtigen historisch singulären Vormachtstellung sonnen, und Japan auf der anderen Seite die bittere Niederlage des finanziellen und finanzpolitischen „melt down" der 1990er Jahre aufarbeitet, maßt sich die EU an, innerhalb eines Jahrzehnts in den I&K-Technologien führend zu werden, verfolgt etwa Singapur ein ehrgeiziges politisches Programm der Herstellung der Wissensgesellschaft und einer KBE (knowledge-based economy) (Hein 2000), will Deutschland in der Biotechnologie aufholen, Großbritannien seine Universitäten für den tertiären Bildungsmarkt global wettbewerbsfähig machen und Frankreich seine wissensbasierte Infrastruktur generalüberholen. Allenthalben wimmelt es nur von politischen Programmen, Projekten und Promulgationen, welche die Wissensökonomie fördern und am besten die Wissensgesellschaft erzwingen sollen.

Offenbar sind in diesem Spannungsfeld Differenzierungen notwendig. Zu klären ist, welche Komponenten und Aspekte einer kollektiven Intelligenz als Kollektivgut begründet sind und welche Teile davon anderen Akteuren und Mechanismen überlassen bleiben sollten. Um diesem Ziel näher zu kommen, möchte ich in einem ersten Schritt einige Aspekte der Idee und der Leistungen einer kollektiven Intelligenz behandeln (2), um dann daraus einen ersten tentativen Ausblick auf die Möglichkeiten und Grenzen eines kognitiven Kapitalismus zu ziehen (3).

2. *Kollektive Intelligenz*

Kollektive Intelligenz, so habe ich in *Atopia* ausgeführt (Willke 2001, Kap. 2.3), ist für die individualistisch deformierte westliche Kultur des Wissens vor allem ein Affront gegen die Singularität des Menschen. Dabei ist diese Kultur selbst nichts anderes als eine großartige und großflächige Komposition von „Kondensstreifen aus kristallisierter Erfahrung" (Gelernter 2000). Komponenten kollektiver Intelligenz finden sich in allen Werkzeugen bis hin zu den Maschinerien der entwickeltsten Technologien. „One sees the continuing digital transformation of and astonishingly wide range of material artifacts and associated social practices. In one location after another, people are saying in effect: Let us take what exists now and restructure or replace it in digital format" (Winner 1997, 993). Sie finden sich ebenso in konfirmierten sozialen Praktiken, den Gedächtnissen von „epistemic communities" und „communities of practice", von Institutionen und Organisationen, in den materiellen oder ideellen Artefakten von Sprachen, Kulturen und anderen Symbolsystemen, die vergangene Lernerfahrungen festhalten. Es scheint, als trete die Idee kollektiver Intelligenz erst dann aus ihrer Latenz und als bekomme sie erst dann ihren bedrohlichen Beiklang, wenn sie nicht die Vergemeinschaftung vergangener Lernerfahrungen als selbstverständlichen Hintergrund des Wissens (Baumgartner 1993) invisibilisiert, sondern sich auf aktuelle Anstrengungen der Erzeugung zukünftigen Wissens bezieht. Dieses Wissen können sich viele nur als individuelles Wissen vorstellen, und eine bestimmte Intelligenz, die in die Prozesse und Strukturen sozialer Systeme eingebaut ist und damit unbestimmte Wirkungen haben kann, scheint Vielen nicht geheuer zu sein.

Die durchwegs noch nationalstaatlich organisierten Schulsysteme der modernen Gesellschaften bieten ein überschaubares und plausibles Beispiel für die hier gemeinten unterschiedlichen Ebenen von Intelligenz und Expertise. Auf der Ebene von Personen geht es um die Intelligenz, das Wissen und die Expertise von Schülern, Lehrern, Schulverwaltern und vielleicht noch Eltern. Sicher ist, dass sich auf dieser Ebene die Schulsysteme der OECD-Länder *nicht* unterscheiden, denn die bestehenden Unterschiede nivellieren sich auf eine Normalverteilung. Auf einer zweiten Ebene der Aggregateigenschaften greifen dagegen bereits deutliche Unterschiede. Aggregateigenschaften bezeichnen vor allem Durchschnittswerte der Schulbildung, wie Anzahl der Schuljahre, Anzahl der Schulstunden, durchschnittliche Größe der Klassen, Ausbildungsstand der Lehrer, Bezahlung der Lehrer, Verteilung der Fächer, Anspruchsniveau in den einzelnen Fächer etc. Einige dieser Gesichtspunkte leiten schon über auf die dritte Ebene der Systemeigenschaften oder der kollektiven Intelligenz des Schulsystems. Ansehen, Status, Bezahlung und

Arbeitsbedingungen von Lehrern erweisen sich als wichtige Indikatoren der Qualität eines Schulsystems, denn sie entscheiden in hohem Maße mit darüber, was ein Schulsystem aus dem statistisch normal verteilten Ausmaß an personaler Intelligenz „macht". Ähnliches gilt für das Kriterium des Anspruchsniveaus unterschiedlicher Fächer oder für das Kriterium der curricularen Schwerpunkte. Ein Schulsystem, das Schwerpunkte auf klassische Texte, tote Sprachen und auf das Kopieren von Vorbildern legt, setzt andere Schwerpunkte von vermitteltem Wissen und erreichbarer Erfahrung als ein System, das lebende Sprachen, Naturwissenschaften, neue Technologien und Experimentieren bevorzugt. Auf dieser dritten Ebene der systemischen Intelligenz kommen einige zusätzliche Faktoren ins Spiel, die gewöhnlich übersehen oder in ihrer Bedeutung verkannt werden: vor allem Infrastrukturen für Vernetzung, Support und Produktivität des Systems, und Suprastrukturen der Systemsteuerung.

Es bedarf nun keiner langwierigen Begründungen, dass eine Steigerung der Intelligenz des Schulsystems (in entwickelten Gesellschaften) vor allem durch Interventionen auf der Ebene der Aggregateigenschaften und der Ebene systemischer Qualitäten Erfolg verspricht. Oder doch? Ganze Bataillone von Sozialwissenschaftlern der Denkrichtung Rational Choice und methodologischer Individualismus haben auch nach dreißig Jahren Systemtheorie diese Unterschiede zwischen den Ebenen genauso wenig wahrgenommen (Boudon 1998) wie Generationen von Bildungsbeamten und Bildungspolitikern. Dorothea Frede spricht ein klares Wort gelassen aus: „Die Einsicht jedes mittelmäßigen Managers, dass Funktionsmängel ihre Ursachen nicht in Personen und deren Motivation, sondern in Struktur und Organisation haben, scheint deutschen Bildungspolitikern fremd zu sein" (Frede 2000). Um die Ursachen suboptimaler kollektiver Intelligenz in den Strukturen und Prozessen von Organisationen geht es hier, nicht um eine mangelnde Intelligenz von Personen. Dies bedeutet auch, dass für die Anprangerung von Missständen die Auswege populistischen Geschreis (über Faulheit, Dummheit, Desinteresse etc.) gegen Personen wie Lehrer, Professoren, Schüler oder Studenten ebenso irrelevant und irreführend sind wie eine symbolische Politik der Einwirkung auf Personen – Arbeitspflichten für Lehrer in den Ferien, Anwesenheitspflichten für Professoren, Anwesenheitslisten für Studenten etc.

Relevante Prüffragen zur Evaluierung der kollektiven Intelligenz eines Systems sind stattdessen Fragen nach der Substanz und Qualität der Leistungsprozesse, der Infrastrukturen und der Suprastrukturen des Systems. Welche Leistungen kann das System erbringen und wie trägt es zur Wertschöpfung seiner Adressaten bei? Wie geht es mit seinen Ressourcen um und welche negativen Externalitäten erzeugt es? Wie sichert es die beiden generischen Kernkompetenzen der Wissensgesellschaft – Lernfähigkeit und Innovationskompetenz? Wie sorgt es dafür, dass seine Governanzregimes (Suprastrukturen) diesen Aufgaben und Leistungen gerecht werden? Auf der Ebene von Organisationen führen diese Art von Fragen zu der Vorstellung, der Vision oder dem Desiderat der *intelligenten Organisation* im Sinne von James Quinn (1992) und anderen (Senge et al. 1999; Willke 1998). Hier geht es darum, die genannten Fragen für die Ebene der Gesellschaft zu stellen und die Rolle und Reichweite der Politik in der Gestaltung der kollektiven Intelligenz einer Gesellschaft zu beleuchten.

Die vorrangige Aufgabe der Politik der Wissensgesellschaft ist es, die Bedingungen der Möglichkeit kollektiver Intelligenz der Gesellschaft zu schaffen. Wenn es die Basiskompetenz des frühen Nationalstaates war, den Bürgerkrieg zu unterbinden und Leib und Leben seiner Bürger vor illegitimer Gewalt zu schützen, und wenn es die entsprechende Fähigkeit des Sozialstaates ist, existenzbedrohende Armut zu unterbinden und armutsbedingte Beeinträchtigungen von Leib und Leben seiner Bürger zu verhindern, dann ist es die kennzeichnende Kompetenz der Politik der Wissensgesellschaft, optimale Bedingungen für die Nutzung der Ressource Wissen zu schaffen. Auf der Seite der Gefahrenabwehr und der Risikovorsorge bezeichnet dies die öffentliche Aufgabe, Modelle und Mechanismen der Bewältigung von Ignoranz dort zu fördern, wo Systemrisiken drohen. Auf der Seite der produktiven Nutzung von Wissen meint dies die Aufgabe, für die Gesellschaft die prozessualen und strukturellen Bedingungen zu schaffen, die kollektive Lernfähigkeit und systemische Innovativität als Kernkompetenzen der Gesellschaft sichern. Das sind weder utopische noch symbolische Forderungen. Wenn es Organisationen schaffen, für ihren Fall und für ihre Ebene diese Forderungen durch strategische Positionierung und Wissensmanagement beispielhaft zu erfüllen und sich so den Herausforderungen der Wissensökonomie erfolgreich zu stellen, dann gibt es keinen Grund, der Politik der Wissensgesellschaft die vergleichbare Aufgabe nicht zuzutrauen und zuzumuten. Allerdings sind dann auch entsprechende Anstrengungen notwendig, und nach den Erfahrungen mit Organisationen sind diese nur zu erwarten, wenn für die entscheidenden Akteure ein entsprechender systemischer Leidensdruck spürbar ist.

Für die Politik der Wissensgesellschaft kommt dieser Leidensdruck nur indirekt und zeitverzögert von der klassischen Quelle, den Wählern, denn diese durchschauen die komplizierten und komplexen Dynamiken globaler Wettbewerbsfähigkeit und regulatorischer Konkurrenz nur an manifesten Krisensymptomen, also wenn es bei weitem zu spät für brauchbare Maßnahmen ist. Die Systemkrise der amerikanischen „Savings- and Loan Banks", welche die amerikanischen Steuerzahler über fünfhundert Milliarden Dollar kostet (Thurow 1999, 243), ist für die Wähler nicht zu durchschauen, und sie ist nie wahlwirksam geworden. Die Krise des japanischen Banken- und Finanzsystems ist für die japanischen Wähler nicht zu durchschauen, und sie wird bis heute nicht wahlwirksam. Der Bankrott der deutschen Arbeitsmarkt- und Arbeitslosigkeitspolitik ist für die Wähler nicht zu durchschauen, und so bieten beide großen Volksparteien nach wie vor die gleichen untauglichen Rezepte an. Die Politik ist deshalb gezwungen, will sie mittelfristig erfolgreich sein, sich den erforderlichen Druck selbst zu vergegenwärtigen, das heißt, im Wortsinne den künftig sicher zu erwartenden Druck in die Gegenwart zu projizieren, um ihn rechtzeitig für sich handlungsrelevant zu machen. Verlässlichere Instanzen für die Erzeugung von brauchbarem Leidensdruck sind deshalb inzwischen vor allem die eigendynamischen und eigenmächtigen gesellschaftlichen Funktionssysteme selbst und hilfsweise international vergleichende Institutionen wie die OECD, die ILO, die Weltbank, die WTO oder der IMF und in einzelnen Problemfeldern, wie etwa Bildungsniveau und Leistungsstand des Schulsystems, entsprechend spezialisierte Evaluierungs- und Testeinrichtungen.

Schon aus diesen Andeutungen ist der Schluss unvermeidlich, dass die Politik der Wissensgesellschaft zuerst für sich selbst eine systemische Intelligenz ihrer Operationsweise schaffen muss, bevor sie daran gehen kann, diese Leistung für die Gesellschaft insgesamt zu erbringen. Die Ausgangslage ist miserabel. Die deutsche und die kontinentaleuropäische Politik, mit einigen Ausnahmen etwa im Fall von Holland, ist überladen und überfordert mit den Altlasten eines Wohlfahrtsstaates, der definitiv nicht mehr haltbar, weil nicht mehr finanzierbar ist, der aber als Erwartungsniveau und Anspruchsgenerator für ein traditionelles Klientel weiter wirksam ist. Darüber hinaus fehlt der Politik allerdings auch eine Vision eines „Dritten Weges" jenseits von amerikanischem Neoliberalismus und deutsch-französischem sozialen Konservativismus. Entgegen vorschnelller Kritik enthält aber beispielsweise das Schröder-Blair-Papier vom August 1999 zum Dritten Weg durchaus eine konzeptionelle Neuorientierung in der Sozialpolitik, wenngleich auch diesem Papier jeder Ausblick auf und jeder Ehrgeiz für die Gestaltung der Wissensgesellschaft fehlt (Willke 2000a).

Vordringlich erscheint in dieser Perspektive nicht nur eine Entrümpelung der Politik und eine Revision der Staatsaufgaben (Grimm 1996), sondern eine viel grundlegendere Entzauberung des Staates (Willke 1983) und eine grundlegende Revision der Funktion von Politik. Um überhaupt eine Art von Regierungsfähigkeit wiedererlangen zu können, muss die Politik von der Überlastung mit ebenso planlosen wie notwendig erfolglosen Interventionen in alle nur denkbaren gesellschaftlichen Problemfelder befreit werden. Stattdessen sollte sie sich darauf beschränken, den gesellschaftlichen Funktionssystemen eine supervisorische Unterstützung in den Fähigkeiten der Selbststeuerung und des Managements ihrer Eigenkomplexität zu geben, um so die dezentrale Problemlösungskompetenz und die verteilte Intelligenz der gesellschaftlichen Subsysteme zur Wirkung zu bringen. Diese neue geforderte Kompetenz der Politik lässt sich bruchlos in ihre supervisorische Rolle für die Wissensgesellschaft verlängern. Zusätzlich zur Aktivierung der Selbststeuerung der Funktionssysteme geht es nun vor allem darum, die sozietalen Infrastrukturen und Suprastrukturen zu schaffen, die den Funktionssystemen über Komplexitätsmanagement hinaus erlauben, mit der für die Gesellschaft insgesamt kritischen Ressource Wissen produktiv umzugehen.

Welche Art von Infrastruktur wäre dafür sinnvoll, wenn gerade eine ganze Fülle herkömmlicher öffentlicher Infrastrukturen, von Post und Bahn über Energie bis zum Telefonnetz entstaatlicht und Privatunternehmen überantwortet oder jedenfalls privater Konkurrenz ausgesetzt worden ist, andererseits aber eine öffentliche Infrastruktur von Schulen, Berufsbildungseinrichtungen, Hochschulen und Forschungseinrichtungen noch weitgehend so funktioniert wie vor einhundert oder zweihundert Jahren? Offenbar sind Entweder-oder-Antworten wenig geeignet, der komplexen Problemlage gerecht zu werden. Die meisten Beobachter sind sich darin einig, dass beispielsweise in einigen europäischen Staaten die elementare Ausbildung in der Schule und für den Beruf ziemlich gut ist, während die amerikanischen Elite-Universitäten und vor allem deren

Postgraduierten-Programme die Weltspitze markieren. „Looking at the three developed regions of the world, two have education problems. Japan is superbly educated at the bottom but needs creativity at the top. America is superbly creative at the top but needs better skills at the bottom. Only Europe can claim to be well educated at the bottom and creative at the top" (Thurow 1999, 147). Diese Aussage von Lester Thurow zeigt die Unterschiede der Systemlösungen mit einer allerdings ziemlich schmeichelhaften und eher unzutreffenden Einschätzung der europäischen Situation.

Immerhin zeigt dieses Bild, dass die unterschiedlichen Systeme ganz unterschiedliche Schwerpunkte kollektiver Intelligenz mit unterschiedlichen Stärke-Schwäche-Profilen ausbilden. Wiederum drängt sich daraus abgeleitet der Eindruck auf, dass es für eine Steigerung der Qualität möglicher Leistungen der Politik der Wissensgesellschaft gar nicht so sehr darauf ankommt, diese herkömmlichen Infrastrukturen, soweit sie überhaupt noch öffentliche sind, zu verändern oder zu verbessern. Viel dringlicher scheint es zu sein, für die Politik selbst die Infrastrukturen der Problemdiagnose und der dezentralen kontextuellen Problembehandlung zu verbessern bzw. in vielen Hinsichten überhaupt erst zu schaffen. In einer differenzierten, hochkomplexen Gesellschaft kann die Politik nicht die Probleme der Funktionssysteme lösen. Es genügt, wenn sie ihre eigenen löst. Dazu muss sie sich ein klares Bild über ihre genuinen Aufgaben für die Wissensgesellschaft erarbeiten und sich hinsichtlich dieser Aufgaben strategisch positionieren.

Die Kompetenz, welche die Politik hierzu aufbieten muss, ist *Strategiefähigkeit*. Alle seriösen Urteile laufen aber seit langer Zeit darauf hinaus, dass die modernen Demokratien massive Defizite in dieser Kompetenz aufweisen. Sie sind einigermaßen brauchbare Verwalter, wursteln sich durch eine Vielzahl von Problemen (Lindblom 1965), mit einem sehr beschränkten Zeithorizont und permanent in der Versuchung, Schwierigkeiten auf die Zukunft und Kosten auf die nächste Generation abzuwälzen. Wenn es als Erfolg gefeiert wird, wenn in Deutschland (und anderen europäischen Ländern) die *Neu*verschuldung auf drei Prozent jährlich gedrückt wird, dann ist dies ein Indikator für eine hartnäckige Unfähigkeit, strategisch fokussiert, verantwortlich und produktiv mit den vorhandenen Ressourcen umzugehen. Tatsächliche Strategiefähigkeit, wie sie etwa in der von Egon Bahr konzipierten Politik von Willy Brandt zum Ausdruck kam (Baring 1984), ist die Ausnahme und weicht in aller Regel kurzfristigen, punktuellen Aufwallungen.

Wenn die Politik die Gestaltung der Wissensgesellschaft und die Steuerung der Transformation von der Industriegesellschaft zur Wissensgesellschaft als genuine politische Aufgaben begreift, dann muss sie sich in diesem weiten Feld strategisch positionieren, Schwerpunkte festlegen, strategische Projekte in Gang bringen und Grundentscheidungen über Ressourcen und Zeithorizonte treffen. Genau dies hat Japan sehr erfolgreich seit den 1950er Jahren beim Aufbau der „Informationsgesellschaft" getan. Und genau dies tut gegenwärtig zum Beispiel Singapur unter Premier Goh bei einer strategisch gezielten Förderung der Wissensgesellschaft. Es ist offenbar sogar bereit, dafür einige seiner autoritären Traditionen über Bord zu werfen und Privatisierungen zu betreiben, wo dies sinnvoll und nötig ist (Hein 2000). Wenn solche Anforderungen der Strategiefähigkeit für westliche Demokratien, etwa für Deutschland gefordert oder auch nur formuliert werden, warum beschleicht einen dann unweigerlich ein Gefühl der Irrealität? Warum glaubt niemand ernsthaft daran, dass entwickelte Demokratien etwas Derartiges leisten könnten und ihre eingefahrenen Routinen des Fokussierens auf das Tagesgeschäft und des kurzfristigen Durchwurstelns überwinden könnten?

Das Problem ist nicht, dass die Politik zu wenig macht, sie macht das Falsche. Weniger die Machtversessenheit als die Detailversessenheit und Regulierungswut der Politik, die sich auf europäischer Ebene fortpflanzt, markieren eine Selbstbehinderung und Selbstüberlastung der Politik, über die sie sich selbst der Chance beraubt, den Kopf über das Tagesgeschäft hinaus zu heben. Die Regulierungswut ist verständlich, weil sie vorzeigbare Ergebnisse produziert, die als Ergebnisse zählen, weil sie handwerklich richtig gemacht sind. Aber niemand scheint zu fragen, ob *das Richtige* gemacht wird. Erst in dieser Frage käme eine strategische Orientierung zum Ausdruck: Nicht, ob wir etwas richtig machen, ist die Frage, sondern ob wir das Richtige machen.

Was ist das Richtige für die Politik? Sie lässt sich ihre Aufgaben nach wie vor zu weitgehend von der rekursiven Selbstbeschäftigung der Verwaltungen vorgeben und kommt kaum dazu, das Proprium der Politik selbst zu definieren. Dieses Proprium besteht in der Herstellung und Sicherung der genuinen Kollektivgüter einer Gesellschaft (Willke 1997, 200ff.). Art und Zusammensetzung dieser Kollektivgüter ändern sich gegenwärtig dramatisch. Immerhin befreit sich die Politik durch Privatisierung und Deregulierung von einer Fülle von Altlasten im Bereich der Infrastrukturen, die sie schon lange nichts mehr angehen. Im Bereich der Sozialpolitik ist eine entsprechende Transformation zu hybriden Formen der Kombination von Bausteinen einer öffentlichen Grund- oder Minimalversorgung und Bausteinen privater Aufbauvorsorge in Gang. Sogar die Universitäten kommen in den unverhofften Genuss einer verstärkten Selbststeuerung, weil die Politik sich aus einigen Detailregelungen herauszieht.

Bedrückend an diesen an sich brauchbaren Veränderungen ist, dass sie als Stückwerk auf massiven externen Druck der Funktionssysteme und als atemlose Reaktion auf gesellschaftliche Veränderungen erfolgen, die keinerlei strategisches Konzept der Politik erkennen lassen. Die Leistung der Politik für die Gesellschaft kann aber nicht darin bestehen, das Notwendige mit Verzögerung und mit hinhaltendem Widerstand nachzuvollziehen. Aufgabe der Politik ist es vielmehr, in strategischer Voraussicht diejenigen Kollektivgüter zu definieren (Malkin/Wildavsky 1991), die unabdingbar sind für eine optimale Selbststeuerung der gesellschaftlichen Funktionssysteme. Darin ist die Sorge für das Schicksal der Bürger eingeschlossen, soweit diese Sorge von öffentlichem Belang ist, weil sich dieses Schicksal nicht in der Politik selbst, sondern in den konkreten Operationsformen der Funktionssysteme entscheidet, vor allem in Familie, Ausbildung und Wirtschaft. In einer durchgehend funktional differenzierten Gesellschaft ist es die spezifische Rolle der Politik, den Funktionssystemen eine Vision ihres Zusammenspiels plausibel zu machen, und diese Vision durch eine Supervision abzustützen, die auf eine Steigerung der Möglichkeiten des Ganzen, der Kompossibilität der Teile untereinander und, wenn alles gut geht, auf eine Ausrichtung der Kontingenzen der Teile auf wechselseitige Kompatibilität zielt.

Natürlich braucht die Politik dazu erst einmal selbst eine Vision von sich selbst und von ihrer Gesellschaft. Wenn die Wissensgesellschaft eine solche Vision darstellt, dann muss sie, um plausibel zu sein, schon in der und für die Politik durch entsprechende Infrastrukturen und Suprastrukturen unterfüttert sein. Daran hapert es gewaltig. Die kollektive Intelligenz der Politik selbst ist unterentwickelt, so dass es ihr gut anstünde, zuerst für ihre eigene Instandsetzung zu sorgen. Darüber hinaus geht es insgesamt darum, den Aufbau intelligenter Prozesse und Strukturen der Politik unter dem strategischen Gesichtspunkt der Wertschöpfung für ihre Adressaten aufzubauen und auszurichten. Diese Adressaten sind die gesellschaftlichen Funktionssysteme und erst über diese vermittelt die Bürger. Hochgradig differenzierte Gesellschaften brauchen also nicht nur eine indirekte Demokratie (anstelle des Trivialmodells der direkten Demokratie), sondern auch eine *indirekte Politik* anstelle des zu simplen Modells der direkten Politik, das glaubt, Politik könne und solle direkt auf das Glück der Bürger zielen und direkt in ihr Schicksal intervenieren. „Die Politik kann nicht wissen, mit welcher Gesellschaft sie es zu tun hat" (Luhmann 1987, 136).

In ermüdender Monotonie scheitert die Politik überall dort, wo sie solche direkten Eingriffe versucht, sei dies der Arbeitsmarkt oder die Technologieförderung, Arbeitsbeschaffungsprogramme oder Investitionssubventionen, Kontrolle des Drogenkonsums oder direkte Steuerung der Universitäten, viele Teile der Gesundheitsreform oder viele Teile der Schulpolitik. Auf der anderen Seite gibt es durchaus Erfolge dort, wo eine indirekte Politik sich auf die Operationsweise von Funktionssystemen einstellt und deren Logik nicht überfremdet oder bekämpft, sondern sie nutzt, um eigene Ziele zu erreichen, sei dies in Verhandlungssystemen, in Formen der Moderierung oder Mediation, in Prozessen der Unterstützung von Selbstorganisation und Selbststeuerung etc. All dies ist anderweitig ausführlich beschrieben worden.

Was mit dem Projekt der Wissensgesellschaft stärker zum Vorschein kommt, ist ein Bedarf an brauchbaren Steuerungsformen, die auf der Ebene von Gesellschaft auf Prämissen des Umgangs mit Wissen zielen. Sicherlich wissen die Akteure und Systeme etwa des Gesundheitssystems selbst am besten, wie sie für ihren Fall effektiv mit der Ressource Wissen umzugehen haben. Sie brauchen dazu keine Hilfestellung der Politik. Ebenso wissen die Unternehmen der Wissensökonomie besser als die Akteure der Politik, wie sie für ihre Problemstellungen eine optimale Nutzung der Ressource Wissen zu gestalten haben. Eine Anleitung durch die Politik wäre widersinnig. Die Fragen, die sich für die Politik stellen, liegen auf einer anderen Ebene, eben auf der Ebene der Steuerung der Prämissen, die das Zusammenspiel dezentraler operativ geschlossener Systeme in strategischer Hinsicht regeln. Welche externen Abhängigkeiten oder Interdependenzmuster halten die Funktionssysteme davon ab, je für sich verbessertes Wissen zu generieren und davon einen produktiveren Gebrauch zu machen? Welche Traditionen, Praktiken, Prärogative und Steuerungsregimes in den Interaktionsbeziehungen zwischen den Teilsystemen stehen einem intelligenten Austausch von Wissen entgegen? Welche Wege müssen gebahnt, welche Strukturen geschaffen, welche Vernetzungen vorbereitet sein, damit Wissensmanagement und ein strategischer Umgang mit Wissen zum Bestandteil der selbstverständlichen Operationsweise von Organisationen und Einrichtungen jeder Art werden können? Welche Koppelungen zwischen den Funktionssystemen sind zu eng und einschnürend und welche strukturellen und prozessualen Koppelungen wären angemessen, um Komplementaritäten der Leistungen zu fördern und negative Externalitäten zu minimieren? Wo und wodurch entstehen jene „ruinösen Kopplungen" (Bette 2000) zwischen Funktionssystemen, die – wie im Fall des für den Sport ruinösen Zusammenspiels mit ökonomischen Sponsoren und den Medien – systemisches Doping als strukturelles Problem erzeugen? Welche Kontextparamenter müssen in welchen Dimensionen gestaltet werden, um die Bildung dezentraler wissensbasierter Infrastrukturen anzuregen und Regimes der Systemsteuerung ins Spiel zu bringen, die darauf eingestellt sind, dass die Modelle der Industriegesellschaft nicht mehr ausreichen? Insgesamt also: Mit welchen Steuerungsleistungen kann und soll sich das politische Teilsystem in die Genese der Wissensgesellschaft einschalten?

Wenn die Dramaturgie der Wissensgesellschaft sich primär in den differenzierten Funktionssystemen und ihren Organisationen entfaltet, braucht diese Dramaturgie dann eine Regie – und welche Art von Regie könnte die Politik leisten? An dieser Stelle erweist sich, dass die eigentliche Beschränkung der Politik als Hebamme der Wissensgesellschaft in ihrer nach wie vor kennzeichnenden territorialen Bindung an nationalstaatlich definierte Kollektive liegt. Alle anderen Funktionssysteme der Gesellschaft können (und wollen) sich dem Sog der Globalisierung nicht verschließen. Die Politik dagegen tut sich außerordentlich schwer damit, Formen der globalen Governanz („global governance") aufzubauen und so gestaltend in die Prozesse der Globalisierung einzugreifen. Diese Schwäche hat nicht nur Bedeutung für die Globalität von Politik und kollektiver Selbststeuerung, sondern sie schlägt auch auf die Ebene der Nationalstaaten und herkömmlicher territorialer Politik zurück, weil die sich global orientierenden Funktionssysteme diese Politik geradezu zwingend als zunehmend provinziell und irrelevant ansehen müssen.

Im Lichte dieser Argumentation hat der Aufbau kollektiver Intelligenz für den Bereich von Politik zwei Stoßrichtungen. Im Innenverhältnis geht es für die Politik vorrangig darum, sich selbst für eine wissensbasierte Politik kompetent zu machen, also, wie ausgeführt, strategiefähig zu werden und in ihre eigenen Prozesse und Strukturen Intelligenz einzubauen. Das ist anspruchsvoll genug, aber einige erste Schritte dahin sind immerhin zu erkennen. Eine Entzauberung des Staates, eine radikale Entrümpelung der Politik durch eine Distanzierung von der ihr zugewachsenen Rolle als gesellschaftlicher Übervater und ein Rückzug auf sozietale Kontextsteuerung sind Etappen auf diesem Weg. Im Gefolge globaler Dynamiken werden diese Schritte für die entwickelten Demokratien ohnehin unumgänglich sein. Die Frage bleibt hier, ob die politischen Systeme weiterhin hauptsächlich reagieren und Krisenmanagement betreiben oder ob sie sich zu einer aktiven Politik aufraffen können.

Im Außenverhältnis kommt mit der Aufgabe des Aufbaus von globalen Governanzregimes eine historisch neue Aufgabe auf die politischen Systeme der Nationalstaaten zu. *Global governance* oder Weltdrift, das ist hier die Frage. In *Atopia* habe ich ausgeführt (Willke 2001, 171ff.), dass die dynamisch voranschreitende Bildung lateraler Weltsysteme die nationalen Politiken vor das manifeste Problem stellt, ob und wie sie selbst in den laufenden Globalisierungsprozess eingreifen oder ob und wie sie sich mit einer Opferrolle begnügen wollen. Wie immer sich die nationalen Akteure verhalten, sie können jedenfalls dem Problem nicht mehr ausweichen. Für den Globalisierungsprozess insgesamt und für die Genese lateraler Weltsysteme ist bislang kein dominanter Akteur in Erscheinung getreten. Es ist auch nicht zu erwarten, dass eine solche Rolle besetzt wird, nicht einmal von den USA als gegenwärtigem Prätendenten auf den Thron einer Hypermacht. Vielmehr gibt es Anzeichen dafür, dass die induktive und dezentrale Genese von globalen Governanzregimes es erleichtert, erprobte Formen der Koordination und Steuerung – wie Hierarchie, Markt und Netzwerk – zu mischen und zu Hybridformen auszubauen, die der erdrückenden Komplexität globaler Abstimmungsprobleme einigermaßen angemessen sind. Am Beispiel des Weltfinanzsystems, der Rating-Agenturen und der WTO habe ich skizziert (Willke 2001, 181ff.), dass es beim Aufbau globaler Governanzregimes zu innovativen Kombinationen zwischen dezentraler Selbststeuerung und transnationalen vertraglichen Selbstbindungen kommt. Es entstehen damit Steuerungsformen, die zwar noch keineswegs ausgereift sind, trotz beispielsweise der ziemlich elaborierten Streitschlichtungsverfahren der WTO, die aber doch sehr ermutigende Fähigkeiten zeigen, auch jenseits des Nationalstaates Formen kollektiver Intelligenz zu schaffen.

Im vorliegenden Zusammenhang schließt sich daran die Frage an, welche Rolle die Politik der Nationalstaaten bei der Schaffung globaler Formen kollektiver Intelligenz spielen können und welchen Beitrag sie dazu leisten wollen, in globale Prozesse und Strukturen Intelligenz einzubauen. Auch hier ist es nicht so, dass die Akteure der Politik bei Null anfangen würden. So hat z.B. das explosionsartige Wachstum des Internet zu einer global genutzten Ressource infrastruktureller Intelligenz ziemlich zwangsläufig die Aufmerksamkeit der Politik verlangt. Nationale Politiksysteme müssen sich dabei auf Probleme mit globaler Reichweite einstellen, die sie in isolierter Behandlung nicht lösen können und die sich nicht mehr auf bestimmte Territorien eingrenzen lassen, etwa in den Fragen der Haftung von Betreibern für Inhalte ihrer Dienste oder des Schutzes von Eigentumsrechten an digitalisierten Dokumenten, Kunstwerken etc., oder der strafrechtlichen Behandlung von Pornographie oder der Organisation der Verteilung von Domain-Namen. Die nationalen Politiken spielen in den Geschäftsprozessen der EU, der WTO oder der Weltbank durchaus eine tragende Rolle, aber sie haben sich bislang eher an der Konservierung ihrer Machtstellung im Rahmen unabdingbarer Kooperation orientiert als an der aktiven Gestaltung einer supranationalen Politikfähigkeit (Neyer 1999) oder einer transnationalen Intelligenz von Problemlösungen im Rahmen der „Dritten Transformation der Demokratie" (Dahl 1994), in der sich die Steuerungsfähigkeit nationaler Politik in Konkurrenz mit unterschiedlichsten Regimes der Selbststeuerung lateraler Weltsysteme sieht.

Auch wenn globale Steuerungsregimes nicht in der Weise von der Politik dominiert sein werden, wie die Steuerungsregimes der Nationalstaaten, bleibt der Politik doch eine genuine Aufgabe sowohl bei der Hervorbringung solcher Regimes (Strukturbildung) wie auch bei der Gestaltung der Geschäfts- und Entscheidungsprozesse der globalen Steuerungsinstitutionen. Dabei findet sich transnationale oder supranationale Politik in einem Feld, in dem andere Akteure und laterale Weltsysteme – vor allem Ökonomie, Finanzen, Wissenschaft und Medien – bereits zu vielschichtigen Formen der Konkurrenz und Kooperation gefunden haben. Es ist kein über alle Entscheidungsfelder oder insgesamt dominantes System erkennbar und angesichts der Komplexität der Problemlagen auch nicht wünschbar. Um Philippe Schmitter zu paraphrasieren, ließe sich sagen: „Instead of one 'worldocracy' which coordinated all the distinct tasks involved in the integration process, there would be multiple regional institutions acting autonomously to solve common problems and produce different public goods" (Schmitter 1999, 945). Wie das Streitschlichtungsverfahren der WTO aber auch etwa die Entwicklung von Modellen der Risikosteuerung im Finanzsystem zeigen, bekommen Strategien des Wissens ein zunehmendes Gewicht als Basis jeder möglichen Problemlösung. Dies schließt nationalstaatlich orientierte Interessenpolitik, massenmediale Verzerrung oder die Betonung sektorspezifischer ökonomischer Interessen keineswegs aus. Aber eine adäquate Entscheidungsfindung wird doch deutlich schwerer zu legitimieren, wenn sie erkennbar gegen den professionellen Stand des Wissens verstößt und die verfügbare Wissensbasis nicht berücksichtigt und genutzt hat.

Rechtswissenschaft und Politikwissenschaft haben begreifliche Schwierigkeiten mit dieser Entwicklung. Ihr Denken, das von den Problemlagen des 17. Jahrhunderts (Hobbes) und der Amerikanischen Revolution geprägt und auf das Format des Nationalstaates bezogen ist, stürzt genau in dieselbe Verwirrung wie das Denken einer Soziologie, die Gesellschaft nur als nationalstaatlich organisierte Gesellschaft zu denken vermag (Willke 2000b).

Die Politikwissenschaft behilft sich seit einiger Zeit mit Oxymora wie „Regieren ohne Regierung", „Regieren jenseits des Nationalstaates", „Neue Staatsräson", „Regieren bei veränderter Staatlichkeit" oder gar „Versuch der Etablierung von problemlösungsbegabtem Regieren" (Neyer 1999, 392); und die Jurisprudenz hilft aus mit Formen wie „Global law without a State" (Teubner 1997). Aber nichts hilft darüber hinweg, dass Regieren nach den alten Kriterien der Volkssouveränität, des Gewaltmonopols des Staates, der Repräsentativität und der demokratischen Legitimität in globalen Kontexten *nicht* machbar ist. „Democratic governments are increasingly involved with nondemocratic international systems" (Dahl 1999, 915). Jede (illusionäre) Forderung danach versperrt sich nur der Einsicht, dass diese nationalstaatlich geprägten Gütekriterien auf globaler Ebene nicht greifen können, *weil es sich nicht mehr um eine politische Gesellschaft handelt,* und deshalb durch funktionale Äquivalente ersetzt werden müssen, die zumindest die Grundidee verantworteter Legitimität und einer „rule of rules" bewahren kann.

Ein Grundzug der neuen Ordnungsform wird daher der Übergang von direkter Politik zu indirekter Politik sein. So wie im Übergang von der Gemeinde oder dem Kanton (beispielhaft: die Schweiz) zum großflächigen Nationalstaat die direkte Demokratie zugunsten einer indirekten repräsentativen Demokratie „aufgegeben", jedenfalls angepasst werden musste, so muss heute unter Bedingungen forcierter Globalisierung die direkte Politik nationalstaatlicher Prägung einer indirekten Politik weichen. Indirekte Politik meint, dass dezentrale Kollektive und Solidargemeinschaften auf unterschiedlichen Ebenen, von Kommunen über Regionen und Nationalstaaten bis zu supranationalen Gemeinschaften, politische Ziele bilden können, die sie auf globaler Ebene als eine Stimme unter vielen anderen in ein Konzert einbringen können, in dem die Politik nicht mehr die erste Geige spielt, sondern unterschiedliche Instrumentengruppen je nach Problemstellung und relevanter Wissensbasis. Ergebnisse von Abstimmung, Koordination oder Deliberation sind Regelsysteme, die allerdings nicht mehr ausschließlich die normativen Regeln der klassischen Gesetze sind, sondern *kognitiv* konditionierte Regeln als Komponenten vertraglicher Selbstbindungen, die ihre Legitimität vorrangig aus einem zeitgebundenen Konsens über ein als geltend definierten Wissensstand ableiten. Aus dem nationalstaatlich angemessenen Modell einer Legitimität durch Verfahren wird die von globaler Komplexität erzwungene *Legitimität durch Wissen*.

In dieser Umstellung ändert sich die Qualität der Begründung von Regeln. So fordert beispielsweise Habermas als allgemeines Qualitätskriterium kommunikativen Handelns eine zwangsfreie Verständigung, die strategisches, interessegeleitetes Handeln ausschließt. Andererseits verlangt das klassische Qualitätskriterium politischer Normbildung eine strategische Auseinandersetzung widerstreitender Interessen, in der als demokratisch legitim gilt, dass die Mehrheit der Minderheit ihren Willen aufzwingt. Aus den Schwächen des Modells des kommunikativen Handelns hat Habermas die eher rückwärts gewandte Konsequenz gezogen, die Legitimität der Regelbildung stärker an normative Kriterien des legitimen Rechts anzunähern (Habermas 1992), während Politikwissenschaftler und Juristen im Gegenteil die Schwächen des intransigenten normativen Modells durch Annäherungen an die Idee deliberativer Konsensbildung aufgelockert haben. So verbinden sich am Ende die komplementären Schwächen beider Modelle in einer gemeinsamen Unbrauchbarkeit (Luhmann 1987, 138).

Auch der Ausweg, den etwa Jürgen Neyer mit der Idee der „kommunikativen Macht" sucht, erweist sich als problematisch. Er definiert kommunikative Macht im Anschluss an Hannah Arendt als die „Fähigkeit einer sozialen Gruppe zur Selbstverständigung und der Ausübung von sozialer Kontrolle zur Beförderung von Normeneinhaltung" (Neyer 1999, 395). Die Schwachstelle dieser Definition ist die unklare Verwendung des Normbegriffs. Immerhin bietet dieser Schritt zwei Anschlussstellen für Präzisierungen. In der Perspektive der Wissensgesellschaft wird zum einen deutlich, dass kommunikative Macht weniger in der Ausübung sozialer Kontrolle liegt als in der Fähigkeit zur Überzeugung relevanter Kollektive von der Brauchbarkeit einer Problemlösung. Dies führt zum anderen zu der Einsicht, dass es nicht um Normeneinhaltung geht, sondern darum, Regeln für Problemlösungen zu begründen, sei es konfirmativ oder innovativ, und dabei den Nachweis zu führen, dass die praktizierten oder behaupteten Regeln stringent aus adäquaten Metaregeln der Generierung und Nutzung von Wissen abgeleitet sind.

Auch in dieser Sicht erscheint als entscheidende Voraussetzung für die Genese viabler transnationaler oder globaler Steuerungsregimes die Überwindung eines rein normativ gedachten Regelbegriffs. Anders formuliert besteht die Aufgabe darin, den legalistischen Normbegriff des Nationalstaates, der einseitig auf vergangene Erfahrung und legitime Lernverweigerung abstellt, zugunsten eines Modells aufzubrechen, in dem normative Komponenten nicht unzulässig sind – und etwa für den Fall von Verstößen durch Schadensersatzzahlungen (Konventionalstrafen) bewehrt und durch internationales Vertragsrecht und Schiedsgerichtsbarkeiten abgesichert sind –, das aber im Wesentlichen kognitive Elemente enthält, die durchaus Regelcharakter haben, weil sie durch Prämissen des Wissens abgesichert sind, die aber eindeutig auf Lernbereitschaft und Lernfähigkeit ausgerichtet sind. Im Faktor der „Reflexivität" als „Bedingung legitimen supranationalen Rechts" (Neyer 1999, 396) lässt Neyer diese Denkrichtung durchaus anklingen, aber in der Durchführung entfaltet dieser Faktor keine Wirkung, ja fällt sogar hinter den bei K. W. Deutsch (1970) oder Amitai Etzioni (1971, Kap. 6-9) erreichten Stand der Verknüpfung von Macht und Wissen zurück.

Wenn der Aufbau globaler Steuerungsregimes nicht einfach dem Modell einer Expansion des Nationalstaates folgen soll (mit dem Ergebnis einer Weltregierung, eines Weltparlaments etc.), sondern berücksichtigt, dass bereits für den Fall entwickelter Nationalstaaten mit einer bescheideneren Rolle der Politik und einer durchdringenderen Bedeutung von Wissen eine historisch neue Konstellation entstanden ist, dann kann nicht überraschen, dass schon die jetzt erkennbaren Formen globaler Steuerungsregimes nach anderen Regeln komponiert sind als die Regierung von Nationalstaaten. Damit ist keineswegs gesagt, dass diese Regeln gezielten Strategien oder Programmen bestimmter Akteure folgen. Selbst die EU als das vielleicht intentionalste „Projekt" eines supranationalen Steuerungsregimes erweist sich bei genauerem Hinsehen als ein Konglomerat aus gezielten Strategien, historischen Zufällen, nicht kalkulierbaren globalen Dynamiken und den emergenten Effekten des Zusammenspiels vielschichtig vernetzter Akteure (Héritier et al. 1994). Noch deutlicher ist dies bei globalen Institutionen wie IMF. „The IMF is semi-sovereign, extremely influential, and wholly nondemocratic" (Dahl 1999, 925), Weltbank oder WTO, die hin- und hergerissen sind zwischen einer immer wieder aufkeimenden und allmählich sich verfestigenden Eigenlogik der Einrichtung selbst und den starken widerstreitenden Einflüssen dominanter nationaler Akteure. Am deutlichsten ist die Gemengelage aus wenigen strategisch platzierten Interventionen und einem dezentralen und bewusst gepflegten Chaos unregulierter Selbststeuerung im Fall des Internet.

Wenn *global governance* sich aus diesen Komponenten zusammen setzt, dann ist nicht zu erwarten, dass es sich um ein Steuerungsregime handelt, das alles unter Kontrolle hat oder das auch nur, wie manche nationale Regierungen, behaupten müsste, alles im Griff zu haben. Jeder Versuch der Steuerung auf globaler Ebene ist noch mehr als dies auf nationaler Ebene realistischerweise auch schon der Fall ist, eingebettet in ein weites Feld unkontrollierbarer und unbeeinflussbarer Dynamiken. Jedes Steuern gleicht deshalb eher einem Stochern im Nebel (Meadows 1982) als einer klaren zielgerichteten Programmatik. Jedes Programm und jedes Projekt muss damit rechnen, noch stärker als dies schon auf der Ebene von Organisationen und Nationen eintritt, von unerwarteten und nicht prognostizierten Entwicklungen unterbrochen, behindert oder gar obsolet gemacht zu werden. Weltdrift ist deshalb gegenüber *global governance* der wahrscheinlichere Fall. Und dennoch sind, wie bei jeder fundierten Steuerung, die Kosten, die Mühsal und die Rückschläge des Einrichtens und Betreibens eines globalen Governanzregimes nicht sinnlos. Jede Steuerung ist besser als bloßer Drift und bloßes evolutionäres Durchwursteln, wenn sie weiß was sie tut und wenn sie ihre Grenzen einkalkuliert.

Jedes Steuerungsregime, ob lokal, regional oder global, wird unter den Bedingungen von Wissensökonomie und Wissensgesellschaft nur dann brauchbar sein und tatsächlich Steuerungseffekte erzielen können, wenn es sich von den Illusionen einer machtgestützten, normativen Erzwingung bestimmter Zukünfte löst und stattdessen auf das Management kognitiver Erwartungen und die Generierung wissensbasierter Regelsysteme umstellt. „Processes long considered largely the domain of economic and coercive factors are increasingly influenced by the allocation, withholding, and management of knowledge" (Etzioni 1971, 134). Nur diese Art von Regeln sind flexibel, responsiv, diskursiv und prospektiv genug, um einer Systemdynamik gerecht werden zu können, die schon auf der Ebene von Organisationen oder Kommunen, definitiv aber auf globaler Ebene jede normative Steuerung überfordert und im Kern die Alternative stellt, entweder die Welt einem evolutionären Schicksal zu überlassen oder aber über adäquate, kognitiv ausgerichtete und wissensbasierte Steuerungsmodelle ein Minimum an strategischer Positionierung und Futurität zu erreichen – Weltdrift oder *global governance*. Diese Alternative impliziert, dass globale Governanz nicht als Weltregierung missverstanden wird. Im Gegenteil: Selbst die Formen des „Regierens" nationaler Gesellschaften oder anderer Sozialsysteme werden kaum umhin können, Konsequenzen aus dem flächendeckenden Scheitern rechtlicher Steuerung und herkömmlicher politischer Programmatik zu ziehen. Wenn nicht nur Politikwissenschaftler Aussagen von der Art machen: „American politics, especially at the national level, has become dysfunctional" (Gates 1999, 519), sondern auch reguläre Bürger zu solchen Einschätzungen kommen – und die sich verringernden Wahlbeteiligungen sind nur ein Ausdruck dafür –, dann macht es wenig Sinn, hinsichtlich viabler Steuerungsregimes von *politics as usual* auszugehen. Wie jeder Ertrinkende macht die Politik weiterhin zu große Wellen, anstatt sich auf Kernaufgaben zu beschränken und sich auf die Gestaltung genuiner Kollektivgüter zurückzunehmen.

Die Selbstüberlastung der Politik und ihre Unmäßigkeit in der Übernahme aller nur erdenklichen Detailaufgaben machen sie zugleich für Verflechtungen und Abhängigkeiten anfällig, die sich inzwischen zu einem beängstigenden Komplex von Skandalen, Rechtswidrigkeiten und Korruptionen fügen. Der Spendenskandal der CDU, die Flugaffäre der SPD, die verschwundene Festplatte von Max Strauß, die entsorgten Akten des Verkaufs der Leuna-Werke, die manifesten Lügen der Ex-Verteidigungs-Staatssekretärin Agnes Hürland-Büning, und viele andere Ereignisse belegen, dass weit über die Eigenschaften von Personen hinaus politische Strukturen und politische Prozesse (etwa der Finanzierung von

Parteien, Wahlkämpfen und Programmen) so organisiert sind, dass die Politik ihre Unabhängigkeit im Kernbereich ihrer Selbststeuerung verloren hat. Sie hat den Grad an Autonomie von den Details gesellschaftlicher Ereignisse verloren, der unabdingbar ist, damit die Politik ihre eigene Funktion erfüllen und ihre Leistungen für die Gesellschaft erbringen kann. Es geht inzwischen nicht mehr um Gedankenspiele oder abstrakte Modelldispute von Sozialwissenschaftlern, sondern um die Frage, welche Form die Politik konkret annehmen muss, um nicht in gesellschaftlicher Bedeutungslosigkeit zu versinken und im Spannungsfeld zwischen Globalisierung und einer Wiederentdeckung des Lokalen und Privaten zerrissen zu werden.

Diese etwas dramatische Beschreibung scheint angebracht zu sein, um deutlich zu machen, dass für die politischen Systeme der Nationalstaaten tatsächlich etwas auf dem Spiel steht. Ein paar Reformen hier und da versprechen wenig Erfolg darin, die nach der bisherigen Argumentation erforderlich erscheinenden grundlegenden Umstellungen von einem normativen Politikstil der Allzuständigkeit zu einem Stil zu bewirken, der eine klare strategische Fokussierung auf die Förderung und Sicherung kollektiver Intelligenz beinhaltet. In diesem Sinne treiben Globalisierung und Wissensgesellschaft einen Prozess der Revision nationaler Politiken voran, der überfällig ist und der ohne diesen äußeren Druck schwerlich vorankommen würde. Insofern bietet die doppelte Herausforderung durch Weltgesellschaft und Wissensgesellschaft die Chance, über erzwungene Anpassung hinaus die Rolle der Politik in der Wissensgesellschaft neu zu bestimmen. Eine supervisorische Rolle des Staates, die vertikale wie auch horizontale Subsidiarität ernst nimmt, welche die Fähigkeiten der Funktionssysteme zur Selbststeuerung nicht beeinträchtigt sondern fördert, welche eine adäquat komplexe Systemsteuerung an die Stelle der üblichen Trivialisierungen setzt, welche die neuen gesellschaftlichen Kernkompetenzen der kollektiven Lernfähigkeit und Innovationsfähigkeit auf ihre Fahnen schreibt und damit erst auf Augenhöhe mit einer rasant sich entwickelnden Wissensgesellschaft kommt, setzt allerdings ein Krisenbewusstsein voraus, von dem die Politik und ihre Akteure noch weit entfernt sind. Die Krisis des Regierens ist bei den Regierenden noch nicht angekommen. Sie zieht, wie die Krisis des Wissens und die Krisis des Wirtschaftens als dystopischer Schatten (Winner 1997, 1006) zwar sichtbar am Horizont auf, aber die auf die Tagesgeschäfte fixierte Politik hat den Horizont nicht im Blick. Und so muss die

Reflexion weiter auf den Verbündeten warten, den sie selbst am meisten fürchtet: die Krise, die sich nicht mehr verleugnen lässt. Nach dem Ende der „fundamentalen Kritik" ist dies, wie man in Anlehnung an Amitai Etzioni formulieren könnte, „the societal need for a fundamental crisis" (Etzioni 1971, 181).

3. Ausblick auf einen kognitiven Kapitalismus

Selbst von den Klügsten seiner Kritiker ist der Kapitalismus immer wieder unterschätzt worden. Auch die gegenwärtige Epoche der Gesellschaftsgeschichte ist keineswegs dadurch gekennzeichnet, dass eine reflektierte Politik oder eine diskursive Zivilgesellschaft der Ökonomie einen Weg in ihre Zukunft aufwiesen. Vielmehr ist es die Ökonomie, die schneller zu lernen scheint und ein höheres Maß an kollektiver Intelligenz aufweist als alle anderen gesellschaftlichen Funktionssysteme. Inmitten der Herausforderungen von Weltgesellschaft und Wissensgesellschaft stellt sie sich von einer auf Massenproduktion und Industriearbeit gekennzeichneten Form um auf eine „variety of capitalism", welche die Bedeutung der vierten Produktivkraft erkannt hat und die Kernelemente ihrer Operationsform darauf umstellt, Wissen und Expertise zur Grundlage der Schaffung von Mehrwert zu machen.

Die mit der Globalisierung selbst verschuldete Emanzipation der Ökonomie aus den Bindungen und Gängelungen nationalstaatlicher Aufsicht bringt die sich formierende Weltökonomie in eine paradoxe Lage: Gegen ihre eigenen bornierten Reflexe muss sie sich nun der Herausforderung der *Selbststeuerung* stellen und in eigener Regie Regulierungsregimes entwickeln, welche die fehlende Steuerung nationalstaatlicher Akteure ersetzen kann. Tatsächlich haben Weltwirtschaft und globales Finanzsystem hier bereits einiges aufzuweisen – vom Streitschlichtungsverfahren der WTO als Paradigma einer intelligenten Konfliktlösung, die von normativen auf kognitive Prämissen umstellt, über den Sarbanes-Oxley-Act oder globale Accounting-Standards (US-GAAP und IFRS) bis zu den diskursiven Abstimmungs- und Revisionsverfahren von Basel II (Strulik 2000) und der Einbindung hochintelligenter Ratingverfahren in die Steuerung finanzsystemischer Risiken (Sinclair 2005).

Der Sinn dieses Ausblicks auf die Intelligenz des ökonomischen Systems beschränkt sich hier darauf, einen Perspektiven- und Paradigmenwechsel anzudeuten. Die übliche wohlfeile Kritik an „dem" Kapitalismus, die insbesondere von Globalisierungsgegnern gepflegt wird, verkennt den Hauptpunkt: Im Kontext einer sich bildenden Wissensgesellschaft ist es gegenwärtig die Ökonomie, welche die Zeichen der Zeit erkannt hat und sich auf einen kognitiven Modus ihrer Ressourcenoptimierung und eine Wissensbasierung ihrer Strukturen und Kernprozesse umstellt. Demgegenüber hinken die anderen Funktionssysteme, und hier besonders deutlich Politik und Erziehungssystem, zurück. Schlechte Zeiten für eine Kapitalismuskritik aus den Reihen von Politik und Wissenschaft.

Literatur

Baring, A. (1984 [1982]). Machtwechsel. Die Ära Brandt-Scheel, München

Baumgartner, P. (1993): Der Hintergrund des Wissens. Vorarbeiten zu einer Kritik der programmierbaren Vernunft, Klagenfurt

Bette, K. (2000): Ruinöse Kopplungen: Strukturelle Defizite im Dopingdiskurs, Unveröffentlichtes Manuskript, Universität Heidelberg, Institut für Sportwissenschaft

Boudon, R. (1998): Limitations of rational choice theory, in: American Journal of Sociology 104, S. 817-828

Cerny, P. (1996): What next for the State?, in: Kofman, E./ Youngs, G. (Hrsg.), Globalization: theory and practice, London, S. 123-137

Dahl, R. (1994): A democratic dilemma: System effectiveness versus citizen participation, in: Political Science Quarterly 109, S. 23-34

Dahl, R. (1999): The shifting boundaries of democratic governments, in: Social Research 66, S. 915-931

Deutsch, K. W. (1970): Politische Kybernetik. Modelle und Perspektiven, Freiburg

Etzioni, A. (1971): The Active Society, New York

Frede, D. (2000): Dienstrechtsänderung statt Universitätsreform, in: Frankfurter Allgemeine Zeitung Nr. 137 vom 15. Juni 2000, S. 10

Gates, C. (1999): Community governance, in: Futures 31, S. 519-525

Gelernter, D. (2000): Warum Sie an Ihrem Computer verzweifeln, in: Frankfurter Allgemeine Zeitung Nr. 137 vom 15. Juni 2000, S. 59

Grimm, D. (Hrsg.) (1996): Staatsaufgaben, Frankfurt/M.

Habermas, J. (1992): Faktizität und Geltung, Frankfurt/M.

Hein, C. (2000): Singapur will sich weiterentwickeln zur „Wissensgesellschaft", in: Frankfurter Allgemeine Zeitung Nr. 129 vom 5. Juni 2000, S. 20

Héritier, A., Mingers, S., Knill, C., Becka, M. (1994): Die Veränderung von Staatlichkeit in Europa, Opladen

Kitschelt, H. (1996): Technologiepolitik als Lernprozess in: Grimm, D. (Hrsg.), Staatsaufgaben, Frankfurt/M., S. 391-426

Lindblom, C. (1965): The Intelligence of Democracy. Decision making through mutual adjustment, New York

Luhmann, N. (1987): Soziologische Aufklärung 4, Opladen

Malkin, J., Wildavsky, A. (1991): Why the traditional distinction between public and private goods should be abandoned, in: Journal of theoretical politics 3, S. 355-378

Meadows, D. et al. (1982): Groping in the Dark, Chichester u.a.

Neyer, J. (1999): Legitimes Recht oberhalb des demokratischen Rechtsstaates? Supranationalität als Herausforderung der Politikwissenschaft, in: Politische Vierteljahresschrift 40, S. 390-414

Nozick, R. (1974): Anarchy, State, and Utopia, New York

Preuß, U. (1996): Risikovorsorge als Staatsaufgabe, in: Grimm, D. (Hrsg.), Staatsaufgaben, Frankfurt/M., S. 523-552

Quinn, J. (1992): Intelligent enterprise. A knowledge and service based paradigm for industry, New York

Schmitter, P. (1999): The future of democracy: Could it be a matter of scale?, in: Social Research 66, S. 933-958

Senge, P. et al. (1999): The dance of change. The challenge of sustaining momentum in learning organizations, London

Sinclair, T. (2005): The new masters of capital. American bond rating agencies and the politics of creditworthiness, Ithaca/London

Strulik, T. (2000): Risikosteuerung globalisierter Finanzmärkte. Herausforderungen und Initiativen im Kontext der Bankenregulierung, Frankfurt/M./New York

Teubner, G. (1997): Global law without a state, Aldershot u.a.

Thurow, L. (1999): Building Wealth: The new rules for individuals, companies, and nations in a knowledg-based economy, New York

Willke, G. (2000a): Wirtschaftspolitik – Der diskrete Charme des Dritten Weges, in: Ebert, G., Grosskopf, W., Bach, H. (Hrsg.), Kooperative Wirtschaft – Theorie und Praxis. Festschrift für Eduard Mändle, Zürich

Willke, H. (1983): Entzauberung des Staates. Überlegungen zu einer gesellschaftlichen Steuerungstheorie, Königstein, siehe auch unter: www.uni-bielefeld.de/pet

Willke, H. (1996a): Die Steuerungsfunktion des Staates aus systemtheoretischer Sicht, in: Grimm, D. (Hrsg.), Staatsaufgaben, Frankfurt/M., S. 685-712

Willke, H. (1996b): Ironie des Staates. Grundlinien einer Theorie des Staates polyzentrischer Gesellschaft, Neuausgabe als stw-Band 1221, Frankfurt/M.

Willke, H. (1997): Supervision des Staates, Frankfurt/M.

Willke, H. (1998): Systemisches Wissensmanagement, Zweite Auflage 2001, Stuttgart

Willke, H. (2000b): Die Gesellschaft der Systemtheorie, in: Ethik und Sozialwissenschaft. Zeitschrift für Erwägungskultur 11, S. 195-209

Willke, H. (2001): Atopia. Studien zur atopischen Gesellschaft, Frankfurt/M.

Winner, L. (1997): Technology today: utopia or dystopia?, in: Social Research 64, S. 989-1017

Kognitiver Kapitalismus revisited

Arbeit, Wissen und Wert in der Kritik der politischen Ökonomie

Hanno Pahl

Einleitung

Das Schlagwort des kognitiven Kapitalismus wird seit wenigen Jahren, vor allem im französischsprachigen Diskursraum,[1] als Bezeichnung für ein maßgeblich an die Marxsche Theorie anknüpfendes Forschungsprogramm herangezogen, dessen Themen und Fragestellungen hierzulande sowie in den angloamerikanischen Debatten um die Begriffe Wissensgesellschaft/Wissensökonomie bzw. Knowledge Society/Knowledge-Based Economy herum zentriert sind. Während die Marxsche Theorie in der Bundesrepublik nach dem kurzen Boom kritischer Marxismen an den Universitäten in den 1970er Jahren mittlerweile akademisch marginalisiert ist[2], zeigt die linksrheinische Forschungslandschaft, dass es auch anders geht. Auf einen Spruch gebracht: Man kann sich dort auf Marx und auf Mauss beziehen, und zwar in jeweils pragmatischer Art und

---

[1] Vgl. dazu vor allem die Beiträge im Zeitschriftenprojekt *Multitudes* (http://multitudes.samizdat.net/), das die Nachfolge der Zeitschrift *Futur Antérieur* angetreten hat und mittlerweile auch deren Archiv online zugänglich macht.

[2] Natürlich gibt es auch gewichtige Ausnahmen zu dieser Regel. Im Hinblick auf wissensgesellschaftliche Fragestellungen soll hier nur exemplarisch verwiesen werden auf die Arbeiten von Brand/Görg 2003; Candeias 2004; Hack/Hack 2001; Haug 2003; Nuss 2002; Pfeiffer 2004.

Weise.³ Ich möchte im vorliegenden Text eine Auseinandersetzung mit jüngeren Überlegungen von André Gorz zum Anlass nehmen um die Frage zu diskutieren, wie das Verhältnis von Wissen und Wertschöpfung sich darstellt, wenn man es von der Warte der Marxschen Kritik der politischen Ökonomie aus beobachtet.

Der Argumentationsgang wird in drei Abschnitten entfaltet und durch einige Schlussbemerkungen abgerundet. Der *erste Abschnitt* diskutiert die These von Gorz, wonach der heute emergierende kognitive Kapitalismus als struktureller Kulminationspunkt kapitalistischer Entwicklung zu begreifen sei. Der *zweite Abschnitt* rekonstruiert epistemologische Grundlagen der Marxschen monetären Werttheorie, die im *dritten Abschnitt* das Fundament dafür bereitstellen, den logischen Ort anzudiskutieren, den die Frage von Wissen und Wertschöpfung in der Kritik der politischen Ökonomie besetzt. In den *Schlussbemerkungen* wird – anders als dies bei Gorz vorgesehen ist– vorgeschlagen, das Konzept des kognitiven Kapitalismus als Phasenmodell zu positionieren, um heutige Entwicklungstendenzen, die meist nur ex negativo als postfordistisches Akkumulationsregime bestimmt werden, in „positiver" Weise als fortschreitende Morphogenese des industriellen Kapitalismus zu beschreiben. Mit Blick auf zahlreiche neuere Arbeiten aus dem Kontext kritischer Theorien, die in elaborierter Weise die neuartigen Steuerungsmodi eines „Governing by Numbers" (Miller 2001) einer konkreten Analyse unterziehen (vgl. dazu etwa die Beiträge von Sabine Pfeiffer und Uwe Vormbusch in diesem Band), tritt mein Beitrag einen Stück weit hinter den Diskursstand zurück und bemüht sich um die Klärung einiger Grundlagen.

---

³ Eine einfache Probe zeigt eindrucksvoll die im Hinblick auf das Forschungsprogramm des kognitiven Kapitalismus besonders drastische diskursraumspezifische Pfadabhängigkeit: Die Internet-Suchmaschine Google zeigt für den französischen Term „capitalisme cognitif" 26.600 Treffer an, wohingegen der entsprechende englische Suchbegriff („cognitive capitalism") gerade einmal 901 Fundstellen zu Tage fördert. Der deutsche Begriff „kognitiver Kapitalismus" erbringt sogar nur 20 Treffer (nachgesehen am 13.03.2006). Kann man zwar mit gutem Recht davon ausgehen, dass die Wissenschaft der modernen Gesellschaft ein grundsätzlich mondiales System darstellt (vgl. Luhmann 1990), so zeigt sich hier exemplarisch, dass es nicht allein eine *Varieties of Capitalism* gibt (Hall/Soskice 2001), sondern dass auch im wissenschaftlichen Denken über die Wirtschaft der Gesellschaft regionalspezifische Diskursformationen immer noch von Bedeutung sind.

1. Kognitiver Kapitalismus als Kulminationspunkt der Wertvergesellschaftung?

Die jüngeren Schriften von André Gorz enthalten ein spezifisches Verständnis von kognitivem Kapitalismus, das sowohl gespeist wird von Aussagen, die wir dem gegenwärtigen Diskurs um die Wissensgesellschaft entnehmen können, wie auch von Überlegungen, die auf die Marxsche Theorie verweisen. Ähnlich wie es in der Debatte um die Wissensgesellschaft Gang und Gäbe ist, finden wir auch bei Gorz die These eines sich gegenwärtig abzeichnenden grundlegenden Strukturbruchs im Modus moderner Vergesellschaftung. Anders allerdings als im Wissensgesellschaftsdiskurs, wo – unter weitgehender Abstraktion von den Produktionsverhältnissen – bereits das Argument einer zunehmenden Wissensbasierung von Arbeit und Produktion als hinreichende Bedingung angesehen wird, um von der Genese einer postkapitalistischen Wissensgesellschaft zu sprechen,[4] sind die Analysen bei Gorz genau an der Schnittstelle von Produktivkräften und Produktionsverhältnissen angelagert. Der gegenwärtig emergierende „Wissenskapitalismus" sei, so können wir bei Gorz (2000, 80) lesen, nicht nur ein – verglichen mit vorangegangenen Phasen – „krisenanfälliger Kapitalismus", sondern er sei vielmehr „*die Krise* des Kapitalismus selbst, die die Gesellschaft in ihren Tiefen erschüttert". „Der Kapitalismus", so erfahren wir, „ist [...] in der Entwicklung seiner Produktivkräfte an eine Grenze gestoßen, jenseits welcher er sich selbst überwinden müsste, um sein Potenzial auszunützen" (ebd., 82). Der „Wissenskapitalismus" erzeuge „in sich und aus sich heraus die Perspektive seiner möglichen Aufhebung", in seinem Innersten keime ein „kommunistischer Kern" (ebd., 93). Gorz begründet diese provokante These, indem er die dem Diskurs um die Wissensgesellschaft entnommene These von Wissen als nunmehr primärem Faktor der Wertschöpfung mit einem bekannten Motiv aus dem Marxschen Frühwerk, nämlich der sogenannten Dialektik von Produktivkräften und Produktionsverhältnissen, verkoppelt, und beide Aussagen zur Annahme einer

---

[4] In der Soziologie wird gemeinhin mit einem anderen Kapitalismuskonzept gearbeitet als es in der Marxschen Kritik der politischen Ökonomie entfaltet wird. Die vielfach mit dem Befund einer Wissensgesellschaft einhergehende These einer *postkapitalistischen* Vergesellschaftungsweise (so etwa bei Drucker 1994) macht aus einer an Marx anknüpfenden Perspektive wenig Sinn. Ich komme im letzten Abschnitt darauf zurück.

erst heute erreichten finalen Inkongruenz zwischen Produktivkräften und Produktionsverhältnissen amalgamiert: Heute sei es „immaterielle Arbeit", die das „Herz der Wertschöpfung" bilde und die „materielle Arbeit [...] an den Rand des Produktionsprozesses" verwiesen habe (ebd., 22). Damit höre zugleich jene „Arbeit, die seit Adam Smith als die allen Waren gemeinsame Wertsubstanz gilt" auf, „in Zeiteinheiten messbar zu sein". Es zähle nicht länger „die abgeleistete Arbeitszeit, sondern die ‚Verhaltenskomponente' und die Motivation gelten als ausschlaggebende Wertschöpfungsverfahren" (ebd., 10). Gorz schließt also von Strukturveränderungen in der Produktion des gesellschaftlichen Reichtums auf weitreichende Konsequenzen im Modus der Vergesellschaftung überhaupt.

Nun ist es allerdings so eine Sache mit dem Marxschen Theorem einer Dialektik von Produktivkräften und Produktionsverhältnissen, das hier Pate gestanden hat. Bereits der epistemologische Status, der diesem Konstrukt innerhalb des Marxschen Gesamtwerkes zukommt, kann bis heute kaum als vollständig geklärt gelten, ganz zu schweigen von der Frage von dessen empirischer Validität (vgl. Zech 1983). Ich werde im Folgenden alleinig der Frage nachgehen, ob bei Marx selbst von einer ungebrochenen Kontinuität dieses Theorems auszugehen ist oder nicht. Denn es ist *diese* Frage, die relevant ist im Hinblick auf die in den anschließenden Abschnitten zu diskutierende Frage von Arbeit, Wissen und Wertschöpfung in der Marxschen Kritik der politischen Ökonomie. Gorz bezieht sich nicht nur auf die *Deutsche Ideologie* von 1845/46 (vgl. MEW3), sondern auch noch auf einige Aussagen aus dem Abschnitt „Fixes Kapital und die Entwicklung der Produktivkräfte der Gesellschaft" aus den *Grundrissen* von 1857/58 (vgl. MEW42, 590-609) und nimmt Letztere als Beleg für eine uneingeschränkte Kompatibilität zwischen dem frühen Marxschen Forschungsprogramm eines Historischen Materialismus und der Kapitalanalyse in den späten Schriften (vgl. Gorz 2004, 83ff.). Es kann m.E. aber gezeigt werden, dass trotz einer sich in Teilen durchhaltenden Terminologie eine Inkongruenz zwischen beiderlei Fassungen besteht, die sich zuvorderst der von Marx erstmalig in den *Grundrissen* rekonstruieren Entwicklungslogik des modernen industriellen Kapitalismus als einem realen Systemzusammenhang verdankt.[5] Die wichtigste Differenz besteht darin, dass Marx in den skizzenhaften Aus-

---

[5] Ich folge hier den Überlegungen bei Reichelt 1983 und 2000.

führungen in der *Deutschen Ideologie* einerseits von einer konstitutiven Äußerlichkeit von Produktivkräften und Produktionsverhältnissen ausgeht, andererseits aber kausale Wechselwirkungen zwischen beiden Sphären postuliert. Dies kommt etwa darin zum Ausdruck, dass er einerseits mehr oder minder umstandslos eine Eigenlogizität der Technikentwicklung annimmt, während er andererseits, nämlich mit der Aussage, wonach die Produktivkraftentwicklung an bestimmten Punkten die jeweils überkommenen Produktionsverhältnisse mit Notwendigkeit sprengen würden, einen Kausalzusammenhang zwischen beiden Sphären vermutet. Demgegenüber findet sich in den *Grundrissen* eine Bestimmung von Produktivkräften, die selbige als immanente Momente der Produktionsverhältnisse begreift. Aus dieser Perspektive ist es problematisch, noch länger kausale Wechselwirkungen zwischen beiden Sphären anzunehmen.

Wir können die zur Verhandlung stehende Differenz erläutern, in dem wir jene Passagen aus den *Grundrissen* näher betrachten, die Gorz als Beleg für seine Strukturbruchthese interpretiert wissen möchte. Marx wendet sich dort der Frage zu, welchen Einfluss das Prozessieren des industriellen Kapitals auf die Entwicklung von Arbeitsorganisation und technischem Fortschritt hat und führt aus: „In dem Maße aber, wie die große Industrie sich entwickelt, wird die Schöpfung des wirklichen Reichtums abhängig weniger von der Arbeitszeit und dem Quantum angewandter Arbeit als von der Macht der Agentien, die während der Arbeitszeit in Bewegung gesetzt werden und die selbst wieder [...] in keinem Verhältnis steht zur unmittelbaren Arbeitszeit, die ihre Produktion kostet, sondern vielmehr abhängt vom allgemeinen Stand der Wissenschaft und dem Fortschritt der Technologie, oder der Anwendung dieser Wissenschaft auf die Produktion" (MEW42, 600). Solchermaßen zeige die „Entwicklung des capital fixe" an, „bis zu welchem Grade das allgemeine gesellschaftliche Wissen, knowledge, zur *unmittelbaren Produktivkraft* geworden ist und daher die Bedingungen des gesellschaftlichen Lebensprozesses selbst unter die Kontrolle des general intellect gekommen und ihm gemäß umgeschaffen sind" (MEW42, 602). In diesem Kontext findet sich schließlich die These, wonach, sobald „die Arbeit in unmittelbarer Form aufgehört hat, die große Quelle des Reichtums zu sein, hört und muß aufhören, die Arbeitszeit sein Maß zu sein und daher der Tauschwert [das Maß] des Gebrauchswerts". Damit, so schlussfolgert Marx, „bricht die auf dem Tauschwert ruhnde Produktion zusammen"

(MEW42, 601). Gorz liest diese Textstellen im Sinne einer ungebrochenen Kontinuität des Theorems von den die Produktionsverhältnisse notwendig sprengenden Produktivkräften auch noch im Marxschen Spätwerk und zieht sie als Beleg für seine Annahme heran, wonach sich mit der heutigen zunehmenden Wissensbasierung von Arbeit und Produktion ein grundsätzlicher Bruch im Vergesellschaftungsmodus ankündige.

Wenn wir genauer hinsehen fällt allerdings die oben von mir schon angekündigte gewichtige Differenz zwischen beiderlei Begriffsbestimmungen ins Auge. Marx versieht die sich entwickelnden Produktivkräfte, d.h. die zunehmende Wissensbasierung der Arbeit, in einer der aus den *Grundrissen* zitierten Textstellen mit dem Attribut „capital fixe". Es ist diese Bestimmung, so soll im Folgenden gezeigt werden, die *orthogonal* zur vormaligen Konzeption einer Dialektik von Produktivkräften und Produktionsverhältnissen angelagert ist und die anzeigt, dass von einer ungebrochenen Kontinuität dieses Theorems keine Rede sein kann. Obiges Attribut verweist auf jene Dimension objektiver ökonomischer Werthaftigkeit, die Marx als einen systemischen Zusammenhang zwischen Zirkulation und Produktion beschreibt, und dessen volle Bedeutung Marx erst während der Abfassung der *Grundrisse* bewusst geworden sein dürfte. Marx begreift die evoluierenden Produktivkräfte der Arbeit in den *Grundrissen* nicht länger als Resultate einer selbstläuferisch und autonom gedachten Technikentwicklung, sondern bestimmt sie als nicht-intentionales Resultat des spezifisch kapitalistischen Zwangs zur kontinuierlichen Restrukturierung des Produktionsprozesses qua Erhöhung des relativen Mehrwerts. Die für den modernen Kapitalismus typische verallgemeinerte Konkurrenz nötigt alle Einzelkapitalien dazu, den eigenen Produktionsprozess stetig zu rationalisieren, um Profit und Extraprofit auch für die Zukunft zu sichern. Als nicht-intendiertes Resultat steigt die Produktivkraft der gesellschaftlichen Arbeit. Im Zuge dieser neuartigen Fassung wird es allerdings fraglich, ob es noch länger sinnvoll und statthaft ist, mit einer Inkongruenz zwischen Produktivkräften und Produktionsverhältnissen zu argumentieren. Dies zeigt sich exemplarisch darin, dass Marx im gesamten genuin werttheoretischen Darstellungsgang der *Grundrisse* kein einziges mal auf die traditionelle Fassung der Dialektik von Produktivkräften und Produktionsverhältnissen Bezug nimmt, sondern statt dessen versucht, die Krisenhaftigkeit und Historizität des modernen industriellen Kapitalismus strikt werttheoretisch dingfest zumachen. Reichelt (1983, 55) hat hierzu bemerkt, dass sich für Marx mit der „Präzisierung der Ökonomiekritik [...] immer mehr heraus[kristallisiert], dass von einem Widerspruch zwischen Produktivkräften und Produktionsverhältnissen sinnvollerweise nur dann die Rede sein kann, wenn die Produktionsmittel in ihrer Kapitalform in einen ‚wertförmigen' Konflikt mit den Reproduktionsbedingungen geraten, sei es als Form der Krise oder als Fall der Profitrate". Diese Neukonzeptualisierung zeitigt nicht nur Konsequenzen in Bezug auf die Bewertung der Schlüssigkeit der Gorzschen Strukturbruchthese, sondern sie verweist zugleich darauf, dass das Verhältnis von Wissen und Wertschöpfung im Rahmen der Marxschen Kritik der politischen Ökonomie anders gefasst werden muss als es heute im Diskurs um die Wissensgesellschaft üblich ist. In den nächsten beiden Abschnitten soll herausgestellt werden, wie sich dieses Verhältnis darstellt.

2. Zum ontologischen und epistemologischen Status der Marxschen Werttheorie

Der im letzten Abschnitt skizzierten Strukturbruchthese von Gorz liegt m.E. eine spezifische und weitverbreitete Fehlinterpretation der Marxschen Werttheorie zu Grunde. Ich möchte zunächst ausführen, welch ein Verständnis von Arbeitswerttheorie dort vertreten wird um dann im Anschluss das tatsächliche epistemologische Arrangement der Marxschen Werttheorie zu skizzieren. Bei Gorz ist zu lesen: „Die einfache abstrakte Arbeit, die seit Adam Smith als Quelle des Wertes begriffen wurde, wird von komplexer Arbeit abgelöst. Die in Produkteinheiten pro Zeiteinheit messbare materielle Produktionsarbeit wird von der so genannten immateriellen Arbeit abgelöst, die sich nicht mehr mit den klassischen Maßstäben messen lässt" (Gorz 2000, 17). Obgleich dieses Argument im Zuge der Erläuterung jüngster Entwicklungstrends in Arbeit und Produktion angebracht wird, verdeutlicht es doch zugleich die Art und Weise, was sich Gorz im Allgemeinen unter einer Arbeitswerttheorie vorstellt. Die Attribute, die angeführt werden – abstrakte Arbeit als „einfache Arbeit" und „materielle Produktionsarbeit" im Gegensatz zu „komplizierter und immaterieller Arbeit" – zeigen an, dass Gorz davon ausgeht, von Bestimmungen konkreter Arbeit aus auf die Validität oder Obsoleszenz einer Arbeitswerttheorie schließen zu können. Er begreift die Realität abstrakter Arbeit als Resultat der verallgemeinerten

Durchsetzung tayloristischer Produktionsmethoden. Hier, so seine implizite Annahme, wird die konkrete Arbeit in einer Weise strukturiert und formatiert, die es ermöglicht, eine Arbeitswerttheorie als Erklärungsstrategie für Prozesse der Wertschöpfung in Anschlag zu bringen. Als Maß der Wertschöpfung gilt die einfache tayloristische Arbeit, weil sich der Wert industriell produzierter Güter zurückführen lasse auf eine Addition eines bestimmten Quantums solcher einfacher Arbeiten. Da im Zuge der gegenwärtigen Durchsetzung wissensintensiver post-tayloristischer Management- und Arbeitsmethoden allerdings eine andersartige Formatierung des Produktionsprozesses zu verzeichnen ist, sei die Erklärungskraft arbeitswerttheoretischer Annahmen nicht länger gegeben. Der Wert wissensbasierter Güter lasse sich nicht länger durch simple Addition einfacher Arbeiten ableiten, sondern enthalte mit der Wissenskomponente einen weiteren, zunehmend gewichtigeren Faktor. Wenn ich richtig sehe, zählt ein solches Verständnis von Werttheorie auch zum Standardrepertoire innerhalb des Diskurses um die Wissensgesellschaft. An die Stelle kausaler Aussagen zwischen Arbeit und Wertschöpfung (für die vergangene Epoche der modernen Gesellschaft) treten heute ebenso kausale Aussagen zwischen Wissen und Wertschöpfung. Dass beiderlei Annahmen problematisch sind lässt sich einem kurzen Blick auf eine Fundamentalkritik an der klassischen Arbeitswerttheorie entnehmen. Denn es verhält sich m.E. nicht so, dass von der Gültigkeit einer Arbeitswerttheorie im obigen Sinne für eine bestimmte, nun vergangene Phase des Kapitalismus ausgegangen werden konnte, während heute Arbeit durch Wissen zu ersetzen wäre, um Aussagen über ökonomische Wertschöpfung treffen zu können. Der erkenntnistheoretisch geschulte Ökonom Alfred Amonn (1927, 318) hat bereits in den 1920er Jahren auf die Aporetik arbeitswerttheoretischer Postulate hingewiesen, als er ausführte: „Zwischen Preissumme und Arbeitsquanten besteht rein logisch nicht die geringste Beziehung. Beide sind Dinge grundsätzlich verschiedener Art, die Preissumme ist eine spezifisch soziale, das Arbeitsquantum eine rein technische Kategorie und es gibt schlechterdings keinen Weg, Preissumme und Arbeitsquantum in die Einheit der Preissumme zu übersetzen". Amonn verweist darauf, dass es, ganz gleich, wie jeweilige konkrete Arbeitsformen bestimmt sein mögen, in jedem Falle logisch unmöglich sei, von dort aus – nämlich einer technisch-organisatorischen Dimension – eine Brücke zu schlagen zur Sphäre ökonomischer Werthaftigkeit, die Amonn als genuin soziale Dimension der Preise begreift.

Eine solche Behauptung finden wir aber sowohl in der klassischen Arbeitswerttheorie (von Adam Smith bis André Gorz) wie – bei Auswechslung von Arbeit durch Wissen – im heutigen Diskurs um die Wissensgesellschaft.

Man kann diese Problematik auch durch Bezug auf die Frage der Messung bzw. des Maßes verdeutlichen: Gorz erläuterte in obiger Textstelle, dass sich die moderne wissensbasierte Arbeit – im Gegensatz zur tayloristischen Arbeit – nicht mehr mit den klassischen Maßstäben messen lasse. Selbiges Argument findet sich auch in folgender Passage: „Die in der immateriellen Arbeit aktivierten Formen des Allgemeinwissens bestehen allein in der lebendigen Praxis und durch diese. Sie wurden nicht im Hinblick auf ihren Einsatz bei einer Arbeit oder ihre Verwertung erworben oder produziert. Sie können weder von den sie ausübenden gesellschaftlichen Individuen losgelöst werden, noch lassen sie sich in monetären Äquivalenzen messen" (Gorz 2004, 43). Aber ist *dieser* Vorgang der Messung identisch mit der Marxschen werttheoretischen Bestimmung von gesellschaftlicher notwendiger Arbeitszeit als Maß der Wertgröße bzw. der im ökonomischen Wert dargestellten Wertäquivalenz? Auch hier können wir uns auf eine gewiefte Stellungnahme aus dem Kontext der erkenntnistheoretisch mitunter ergiebigen wirtschaftswissenschaftlichen Debatten der 1920er Jahre berufen. Dort machte der holistisch orientierte Ökonom Friedrich von Gottl-Ottilienfeld (1923, 43; vgl. auch Backhaus 1997) gegenüber einer methodologisch-individualistischen Fundierung der Wirtschaftswissenschaften mit ihrer Fokussierung auf die intentionale Dimension kritisch geltend: „Aber wer soll da eigentlich messen, wann soll es geschehen, und was soll da erst aus einer Messung hervorgehen? [...] *Alle Messung kommt da längst zu spät, wo das Ausmaß gleich zahlenmäßig geboren wird*". Gottl-Ottilienfeld verweist zu Recht auf eine Eigenart des ökonomischen Objektbereichs: Die Dimension der Zahlenhaftigkeit ist im Falle der modernen Ökonomie aller Intentionalität, dem Rechnen, Rechnungslegen und Vergleichen, immer schon vorgelagert. Die auf den Märkten mit Preisen ausgestatteten Waren stehen immer schon in quantitativen Relationen zueinander und müssen nicht erst noch intentional aufeinander bezogen werden. Dagegen meint Gorz, wenn er von Messung spricht, einen intentionalen Vorgang: Das Management setzt in antizipativer Weise innerbetriebliche Produktionsabläufe ins Verhältnis zu jenen monetären Größen, die auf den Märkten für die produzierten Güter zu erwarten sind. Dass sich die dabei verwenden Methoden heute von jenen des – z.B. – fordistisch-tayloristischen Kapitalismus unterscheiden, wird niemand ernsthaft bestreiten wollen. Nur: Dieses Argument affiziert gerade nicht die Bedeutung der Arbeit in der modernen Gesellschaft, die Marx ihr im Rahmen seiner Werttheorie zuschreibt.

Sehen wir also nach, was es mit dieser Werttheorie auf sich hat. Vorab ist zu bemerken, dass es keinesfalls zufällig sein dürfte, dass die Marxsche Werttheorie regelmäßig als Variante obiger Form von Arbeitswerttheorie interpretiert wurde und wird. Bei der vermeintlich ausgereiftesten Darstellung der Marxschen Theorie im ersten Band des *Kapital* handelt es sich faktisch um eine Popularisierung, die zu Fehlinterpretationen geradezu einlädt.[6] Dagegen soll im Folgenden entlang des Argumentationsgangs der *Grundrisse* skizziert werden, wie eine Bestimmung der Kategorie abstrakter Arbeit aussieht, die ohne physiologische Konnotationen auskommt und so als Fundament einer anders gearteten Werttheorie zu fungieren vermag. Entscheidend ist es, dass die Ka-

---

[6] Sieht man sich die Darstellung im ersten Band des *Kapital* an, die gemeinhin wie Freund wie Feind als avancierteste Version der Marxschen ökonomischen Theorie aufgefasst wird, dann stößt man dort auf Formulierungen, die den obigen, kategorial defizienten Bestimmungen von abstrakter Arbeit nicht ganz unähnlich sind. So heißt es beispielsweise im dortigen Argumentationsgang zur Charakterisierung der abstrakten Arbeit: „Schneiderei und Weberei, obgleich qualitativ verschiedne produktive Tätigkeiten, sind beide produktive Verausgabung von Hirn, Muskel, Nerv, Hand usw., und in diesem Sinn beide menschliche Arbeit. Es sind nur zwei verschiedne Formen, menschliche Arbeitskraft zu verausgaben. [...] Der Wert der Ware aber stellt menschliche Arbeit schlechthin dar, Verausgabung menschlicher Arbeit überhaupt. [...] Sie ist Verausgabung einfacher Arbeitskraft, die im Durchschnitt jeder gewöhnliche Mensch, ohne besondere Entwicklung, in seinem leiblichen Organismus besitzt" (MEW23, 58f.). In diesen Formulierungen begeht Marx den gleichen Fehler wie er oben von Amonn der klassischen Arbeitswerttheorie entgegengehalten wurde. Er versucht, anhand von spezifischen Charaktereigenschaften konkreter Arbeit zur Bestimmung werttheoretischer Annahmen zu gelangen. Nun ist aber zu berücksichtigen, dass Marx im Vorwort des ersten Bandes des *Kapital* hervorgehoben hat, dass er in der dortigen Darstellung „die Analyse der Wertsubstanz und der Wertgröße [...] möglichst popularisiert" (MEW23, 11) habe. Hinter dieser harmlos klingenden Formulierung verbirgt sich nichts weniger als die Aussage, wonach Marx das Kerntheorem seiner gesamten Kritik der politischen Ökonomie in der vermeintlich ausgereiftesten Fassung dieser Theorie „möglichst popularisiert" habe. Streng genommen handelt es sich, wie wir sehen können, nicht allein um eine Popularisierung, sondern um einen Rückfall Marxens hinter sein eigenes mittlerweile erreichtes epistemologisches Niveau.

tegorie der abstrakten Arbeit als Einheit des modernen industriell-kapitalistischen Wirtschaftssystems und als Fundament einer Arbeitswerttheorie im Argumentationsgang der *Grundrisse* nicht auf dem Wege einer Reduktion von konkreter Arbeit abgeleitet wird, sondern dass es um eine Rekonstruktion der Art und Weise geht, wie überhaupt die spezifisch moderne Dimension ökonomischer Werthaftigkeit in nicht-intentionaler Weise im Wirtschaftsverkehr konstituiert wird. Im Gegensatz zum *Kapital*, dessen Darstellung von der Voraussetzung eines durchgesetzten, aber noch nicht begrifflich eingeholten industriellen Kapitalismus ausgeht, enthalten die *Grundrisse* einen Zugriff, der als eine Art Konstitutionstheorie des industriellen Kapitalismus verstanden werden kann, als eine vom Ergebnis her strukturierte Theorie, die nach den logischen Bedingungen der Möglichkeit des industriellen Kapitalismus fragt. Mit Bezug auf die Arbeitswerttheorie bedeutet dies, dass sich im *Kapital* gleich zu Beginn der Darstellung definitorische arbeitswerttheoretische Bestimmungen auf einer abstrakten Darstellungsebene finden lassen, die sich auf das Gesamtsystem des industriellen Kapitalismus beziehen. So wird die abstrakte Arbeit als Substanz des Werts bestimmt und gesellschaftlich-notwendige Arbeitszeit als dessen Maß (vgl. MEW23, 52ff.). Dagegen hebt die Analyse in den *Grundrissen* zunächst ohne einen Bezug auf Arbeit an, sondern fokussiert sich auf die schrittweise Genese des Werts in der Zirkulationssphäre: „Um den Begriff des Kapitals zu entwickeln" heißt es dort, „ist es nötig, nicht von der Arbeit, sondern vom Wert auszugehn, und zwar von dem schon in der Bewegung der Zirkulation entwickelten Tauschwert" (MEW42, 183). Dieser in der Bewegung der Zirkulation sich entwickelnde Tauschwert, mit dem die Marxsche Darstellung in der *Grundrissen* ansetzt, ist aber noch nicht jener objektive, intertemporale Wert, der Marx zufolge den modernen industriell-kapitalistischen Systemzusammenhang kennzeichnet, und der als solcher überhaupt erst die Bedingungen der Möglichkeit darstellt, in sinnvoller Weise arbeitswerttheoretisch zu argumentieren. Sondern es handelt sich zunächst einmal um eine bloß temporäre bzw. verschwindende Dimension oder Seinsweise des Werts, die alleinig auf die Zirkulationssphäre beschränkt ist, und deren schrittweise Objektivierung dann das Thema der weiteren Darstellung bildet. Reichelt (1996) hat deswegen das Marxsche Verfahren in den *Grundrissen* zutreffend als *Konstitutionstheorie des Werts* bezeichnet.

Die Darstellung hebt an mit der Rekonstruktion der Genese von Geldfunktionen, wie man sie bereits in vormodernen Gemeinwesen finden kann. In komprimierter Fassung lautet das dortige Argument folgendermaßen: Sobald es zum regelmäßigen Austausch von Gütern zwischen vormodernen Gemeinwesen kommt entwickeln sich alle drei basalen Geldfunktionen, das Geld als Maß der Werte (Preisform), als Zirkulationsmittel und als Wertaufbewahrungsmittel (vgl. MEW42, 117ff.). Bereits dem Emergieren der ersten Geldfunktion, der Preisform, ist es eigen, dass uno actu mit der Konstitution dieser Form eine spezifische Dimension ökonomischer Werthaftigkeit gesetzt wird. Während es den involvierten intentionalen Handlungen nach allein um ein möglichst vorteilhaftes Kaufen bzw. Verkaufen von Gütern geht, erfolgt zugleich – und dies ist den beteiligten Austauschenden nicht mehr intentional gegenwärtig – eine Gleichsetzung von Arbeiten. Im ersten Band des *Kapital* wird dieser Sachverhalt – dort allerdings bezogen auf den bereits konstituierten Kapitalismus – so ausgedrückt: „Indem sie ihre verschiedenen Produkte im Austausch als Werte gleichsetzen, setzen sie ihre verschiedenen Arbeiten einander als menschliche Arbeit gleich. *Sie wissen das nicht, aber sie tun es*" (MEW23, 88; Herv. H.P.). Obgleich das hier skizzierte Arrangement empirisch kaum eine Rolle für den Prozess materieller Reproduktion in vormodernen Gesellschaftsformationen gespielt hat, können wir aus dem retrospektiven Blickwinkel des durchgesetzten Kapitalismus obigen Setzungsakt als basalen Konstitutionsakt abstrakter Arbeit begreifen: „Indem die Austauschenden", so Reichelt (2002a, 6f.), „eine konkrete Arbeit zur allgemeinen Äquivalentform ‚absondern' [...] wird gleichgesetzt, d.h. ein bestimmtes Arbeitsprodukt ‚gilt' unmittelbar als Wertgegenständlichkeit, ‚gilt' in seiner Besonderheit unmittelbar als Allgemeines. Und wie die besonderen Produkte als Besonderung des Allgemeinen gelten, so gelten alle besonderen Arbeiten, die diese Produkte hergestellt haben, als Besonderungen dieser einen besonderen Arbeit, die als Allgemeine gilt". Was hier den Implikationen der ökonomischen Formen nach konstituiert wird ist eine systemischer Nexus bzw. ein Vermittlungsverhältnis zwischen (potentiell) allen Einzelarbeiten und der gesellschaftlichen Gesamtarbeit. Dieses Verhältnis von Teilen und Ganzem darf nun aber nicht entlang der formallogischen Relation von Allgemeinem und Besonderen gedacht werden, wonach es bloß ein *äußerlicher Verstand* ist, in dem die Bezogenheit beider Dimensionen aufeinander präsent gehalten wird (dies entspräche der gängigen umfangslogischen Definition der Kategorie des Allgemeinen, vgl. Reusswig 1993, 35). Sondern jede verausgabte Arbeit ist ihren formspezifischen Implikationen nach in ihrer Singularität und Besonderheit zugleich ein Allgemeines. Geht es intentional allein um den vereinzelten Austausch von Produkten, so wird den Implikationen der ökonomischen Formbestimmungen nach mit der momenthaften Gleichsetzung von Produkten als Waren bzw. Tauschwerten im Austausch in nicht-intentionaler Weise ein *Ganzes/Teil-Verhältnis bzw. ein Verhältnis von Allgemeinem und Besonderem* konstituiert.

Nun ist es aber eine Pointe des Darstellungsgangs in den *Grundrissen*, dass sich dieser systemische Nexus von Arbeiten in vormodernen Modi materieller Reproduktion nicht auf Dauer stellen kann. Den Grund hierfür erblickt Marx in der defizienten Potenz des in der dritten Funktion fungierenden Geldes innerhalb vormoderner Wirtschaftsweisen: Während das Geld in den ersten beiden Funktionen lediglich ein Mittler des Warentauschs ist, ist es den Implikationen des in der dritten Funktion gesetzten Geldes eigen, dass das Geld zu einem Selbstzweck wird (vgl. MEW42, 131). Im Geld als Wertaufbewahrungsmittel ist, wie Marx ausführt, „(d)er Begriff des Reichtums [...] sozusagen in einem besondren Gegenstand realisiert, individualisiert" (MEW42, 147). Wir kennen diese Bestimmung natürlich aus dem ersten Band des *Kapital*, wo Marx die Differenz der beiden Formeln W-G-W und G-W-G' heranzieht, um den modernen industriellen Kapitalismus zu kennzeichnen. Allerdings ist es ein Vorzug der Darstellung in den *Grundrissen*, dass die Frage des *Bezugssystems dieser Bewegung* im Vordergrund steht. Denn während die Verkehrung des Geldes von einem Mittel zu einem Selbstzweck als partikulares Geschäft bestimmter Berufsgruppen (Händler, Schatzbildner) bereits in vormodernen Wirtschaftsweisen vorgefunden werden kann, ist es Marx zufolge die differentia specifica des modernen industriellen Kapitalismus, dass diese Bewegung sich verallgemeinert und zum Nexus eines systemischen ökonomischen Zusammenhangs wird. Mit anderen Worten: Es kommt zur Ausdifferenzierung der Ökonomie, aber diese Ausdifferenzierung ist an eine Bedingung gebunden: Dem in der dritten Funktion fungierenden Geld ist ein Widerspruch inhärent. Einerseits ist es seinen qualitativen Implikationen nach die Verkörperung des absoluten Reichtums, es ist die Möglichkeit aller ökonomischen Weltbezüge und Zugriffe, andererseits verkörpert es diese Potenz immer nur in einer quantitativen Beschränktheit (als jeweils quantitativ begrenzte Geldsumme). Während in vormodernen Gesellschaften die in der Zirkulationssphäre generierte Dynamik ökonomischer Selbstzweckhaftigkeit der Produktion mehrheitlich äußerlich bleibt – es „greift diese Bestimmung nicht über die ganze Produktion über" (MEW 42, 134) heißt es dazu u.a. bei Marx – kommt es erstmalig am Übergang zur Moderne zu einer systemischen Integration von Zirkulation und Produktion.[7] Hier entfaltet sich der in der Formbestimmung der dritten Geldfunktion enthaltene Widerspruch zu einem empirischen Prozess: Die Arbeit selbst wird als Mittel funktionalisiert, um den Anspruch auf eine stets größere Menge des absoluten Reichtums zu realisieren. Oder in den Worten von Reichelt (1997, 16): „Die schlechte Unendlichkeit, die dem Prozeß der Verkehrung im Austausch entspringt, reproduziert sich auf der Ebene der Produktion und reproduziert jenen Widerspruch, der mit der dritten Bestimmung des Geldes entsteht: der Widerspruch zwischen der Qualität der Form des Reichtums und seiner quantitativen Bestimmtheit existiert nun nicht mehr im Kopf des Schatzbildners oder des Händlers, sondern bestimmt die Wirklichkeit der Arbeit selbst als nie endender Versuch, sich dem absoluten Reichtum durch Größenausdehnung anzunähern". Betrachtet man vor diesem Hintergrund noch einmal die beiden basalen Bestimmungen Marxens zur abstrakten Arbeit, so wird ersichtlich, dass diese Kategorie sich nicht auf dem Wege einer Abstraktion bzw. Reduktion von konkreten Arbeiten ergibt, sondern sich alleinig obigem sozialen Strukturzusammenhang verdankt. Die erste, qualitative Bestimmung, wonach die abstrakte Arbeit als Substanz des Werts der Waren anzusetzen ist, ergibt sich daraus, dass innerhalb des skizzierten Arrangements die einzelne Arbeit immer schon die Besonderung eines Allgemeinen ist. Die zweite, quantitative Bestimmung, wonach gesellschaftlich notwendige Arbeitszeit das Maß der Wertgröße sei, ergibt sich auf Basis dieser ersten Bestimmung. *Weil* alle Privatarbeiten Momente eines systemi-

---

[7] Dieses Übergreifen darf nun gerade nicht als ein notwendiger Vorgang aufgefasst werden (so die orthodoxen Marx-Lesarten), sondern muss als grundsätzlich *kontingent* verstanden werden. Die dafür notwendige Existenz einer Klasse doppelt freier Lohnarbeiter lässt sich nicht aus der Zirkulationsdynamik deduzieren. Dazu hält Marx u.a. fest: „Aber das *bloße Dasein des Geldvermögens* und selbst Gewinnung einer Art supremacy seinerseits reicht keineswegs dazu hin, daß jene *Auflösung in Kapital* geschehe. Sonst hätte das alte Rom, Byzanz etc. mit freier Arbeit und Kapital seine Geschichte geendet oder vielmehr eine neue Geschichte begonnen" (MEW 42, 413).

schen Zusammenhangs sind, verliert die quantitative Dimension ihre vormalige Kontingenz und es bilden sich – qua verallgemeinerter Konkurrenz aller Einzelkapitalien – durchschnittliche Bedingungen der kapitalistischen Anwendung aller Einzelarbeiten heraus. Auf dieser Grundlage kann Marx ausführen, es sei, „als ob die verschiedenen Individuen ihre Arbeitszeit zusammengeworfen und verschiedene Quanta der ihnen gemeinschaftlich zu Gebote stehenden Arbeitszeit in verschiedenen Gebrauchswerten dargestellt hätten. Die Arbeitszeit des einzelnen ist so in der Tat die Arbeitszeit, deren die Gesellschaft zur Darstellung eines bestimmten Gebrauchswertes, d.h. zur Befriedigung eines bestimmten Bedürfnisses bedarf" (MEW13, 19).

3. Zum logischen Ort der Wissensbasierung von Arbeit und Produktion im Kontext des Systems des industriellen Kapitals

Wir haben eben gesehen, dass für Marx der Sinn von Arbeitswerttheorie gebunden ist an das spezifisch neuzeitliche Emergieren eines Systemzusammenhangs und zunächst einmal nichts zu tun hat mit Qualitäten konkreter Arbeit gleich welcher Art. Auf dieser Grundlage soll nun – und damit wird der Faden wiederaufgenommen, mit dem wir den ersten Abschnitt beendet hatten – die Frage skizziert werden, in welcher Weise die Wissensbasierung von Arbeit im Rahmen der Kritik der politischen Ökonomie im Allgemeinen diskutiert werden kann. Einerseits ist zu erwarten, dies hat die kursorische Diskussion der logischen Struktur der Marxschen Werttheorie ergeben, dass es nicht um Kausalaussagen gehen kann (Wissen schafft Wert). Andererseits hatten wir bereits am Ende des ersten Abschnittes gesehen, dass Marx sehr wohl von einem Zusammenhang zwischen der Wissensbasierung der Arbeit qua Produktivkraftentfaltung und der kapitalistischen Weise der Produktion ausgeht (dies wurde festgehalten durch Verweis auf die Marxsche Charakterisierung der Produktivkräfte als „capital fixe"). Marx versieht den spezifisch neuzeitlichen wertgestifteten Zusammenhang von Produktion und Zirkulation in den *Grundrissen* explizit mit den Bestimmungen „organische(s) System" (MEW42, 203) bzw. „wirkliche(s) System" (MEW42, 372). Im Gegensatz zu vormodernen Weisen materieller Reproduktion, die in konstitutiver Weise eingebettet sind in traditionale oder herrschaftliche Strukturen, stellt der industrielle Kapitalismus einen realen und sich selbst steuernden Systemzusammenhang dar, dem als solchem bestimmte Entwicklungstendenzen eigen sind. Neben dem reflektierten Bezug auf eine Organismusanalogie im Zusammenhang mit der Rekonstruktion dieser systemischen Logik finden wir bei Marx die These, dass dem Systemzusammenhang des industriellen Kapitalismus in notwendiger Weise *morphogenetische Implikationen* inhärent sind. Bei Marx heißt es dazu: „Dies organische System selbst als Totalität hat seine Voraussetzungen, und seine Entwicklung zur Totalität besteht eben [darin], alle Elemente der Gesellschaft sich unterzuordnen oder die ihm noch fehlenden Organe aus ihr heraus zu schaffen" (MEW42, 203). Die originären Marxschen Überlegungen dazu beziehen sich empirisch vor allem auf die Genese des industriellen Kapitalismus und die damit parallel laufende schrittweise Formatierung vorgängiger feudalistischer Sozialstrukturen. Der Ausgangspunkt besteht in der Annahme, dass der industrielle Kapitalismus zunächst in einer Umwelt emergiert, die nicht von ihm strukturiert wurde, sondern ihm vielmehr als historische Fundsache äußerlich vorgegeben ist. Allerdings gibt es gute Gründe, die entsprechenden Überlegungen Marxens auch noch dazu heranzuziehen, um Transformationsprozesse innerhalb der Evolution des industriellen Kapitalismus, also etwa auch gegenwärtige Entwicklungstrends – theoriegesättigt zu beschreiben. Marx verfolgt, der Anlage seiner Theorie entsprechend, morphogenetische Transformationsprozesse in zwei Dimensionen, auf der Ebene des Produktionsprozesses wie auf der Ebene des Zirkulationsprozesses. Beide Sphären werden, das haben wir im vorangegangen Abschnitt gesehen, verstanden als funktionale Momente der Selbsterhaltung des Werts. Ich möchte mich an dieser Stelle alleinig auf die Entwicklungslogik auf der Ebene der Produktion beschränken.[8]

Der nun zu erläuternde Stufengang betrieblicher Organisationsmodi gehörte vor allem in den 1970er Jahren zum wichtigen Bezugspunkt der kritischen Industriesoziologie (vgl. Bahr 1973; Brandt u.a. 1978; Braverman 1974) und lässt sich auch heute noch gelegentlich finden (Schmiede 1996). Es stellt sich allerdings – auch hier – die Frage nach dem logischen Ort der entsprechenden Argumente im Gesamtgebäude. Die Marxsche Darstellung beginnt mit einer Betrachtung des Produktionsprozesses, wie er nicht Produkt, sondern historische Voraussetzung des

---

[8] Vgl. Pahl 2006 für die Diskussion zentraler Momente kapitalistischer Entwicklungslogik in der Sphäre der Zirkulation.

industriellen Kapitalismus ist. Dies impliziert, dass die „stoffliche Seite [des Produktionsprozesses, H.P.]– oder seine Bestimmung als Gebrauchswert und realer Prozeß – [...] ganz auseinander [fällt] mit seiner Formbestimmung" (MEW42, 591). Marx bezeichnet diesen Vorgang als bloße „formelle Veränderung" (MEW42, 592): Der aus den Feudalgesellschaften überlieferte Produktionsprozess wird zum Moment bzw. Durchgangsstadium ineinandergreifender Kapitalkreisläufe, erhält also die Formbestimmung des „*Capital fixe*" (ebd.), bleibt aber seiner konkreten Organisationsstruktur nach zunächst unverändert.[9] Im Folgenden entfaltet Marx jene Metamorphosen, die auf der Ebene der betrieblichen Organisation von Arbeit stattfinden, sobald sich das Kapital nicht mehr allein „*der vorgefundnen Produktionsweise*" bedient, sondern sich „eine ihm entsprechende Produktionsweise als Basis" schafft (MEW42, 489). Als Motorik dieser Entwicklungslogik, die Marx im ersten Band des *Kapital* entlang der Stufenfolge Kooperation-Manufaktur-große Industrie beschreibt (vgl. MEW23, 331-530) gilt der durch die Konkurrenz verallgemeinerte Zwang für alle Einzelkapitale, den relativen Mehrwert durch Rationalisierungen des Produktionsprozesses zu erhöhen. Auf der Ebene organisatorisch-technischer Strukturveränderungen beschreibt Marx diesen Prozess als schrittweise Enteignung von Produktionswissen, welches vormals den Arbeitern als individuelle Potenz zukam, in Richtung auf eine Transformation und Objektivierung dieses Wissens in emergente und transsubjektive Modi der Arbeitskoordination. Als Resultat führt Marx aus, dass schließlich das „Arbeitsmaterial und das Produkt der Arbeit" auch „schon stofflich bestimmt [sind] nicht mehr als Material und Produkt der Arbeit, sondern als der Gebrauchswert des Kapitals selbst" (MEW42, 592). Eine Art *Kulminationspunkt* dieser Objektivierungstendenz erblickt Marx schließlich im für die große Industrie typischen automatischen System der Maschinerie: „In den Produktionsprozeß des Kapitals aufgenommen, durchläuft das Arbeitsmittel aber verschiedne Metamorphosen, deren letzte die *Maschine* ist oder vielmehr ein *auto-*

---

[9] „Solange das Arbeitsmittel im eigentlichen Sinn des Wortes Arbeitsmittel bleibt, so wie es unmittelbar, historisch, vom Kapital in seinen Verwertungsprozeß hereingenommen ist, erleidet es nur eine formelle Veränderung dadurch, daß es jetzt nicht nur seiner stofflichen Seite nach als Mittel der Arbeit erscheint, sondern zugleich als eine durch den Gesamtprozeß des Kapitals bestimmte besondre Daseinsweise desselben – als (MEW42, 592).

matisches System der Maschinerie [...], in Bewegung gesetzt durch einen Automaten, bewegende Kraft, die sich selbst bewegt; dieser Automat, bestehend aus zahlreichen mechanischen und intellektuellen Organen, so daß die Arbeiter selbst nur als bewußte Glieder desselben bestimmt sind" (MEW42, 592). In der „Maschinerie als einem automatischen System" sei „das Arbeitsmittel verwandelt seinem Gebrauchswert nach, d.h. seinem stofflichen Dasein nach in eine dem Capital fixe und dem Kapital überhaupt adäquate Existenz und die Form, in der es als unmittelbares Arbeitsmittel in den Produktionsprozeß des Kapitals aufgenommen wurde, in eine durch das Kapital selbst gesetzte und ihm entsprechende Form aufgehoben" (MEW42, 592).

Es stellt sich aber die Frage, wie das Marxsche Attribut zu verstehen ist, wonach die konkrete Struktur des Produktionsprozesses eine den Implikationen des Kapitals gegenüber *adäquate Existenz* angenommen habe. Sowohl in den industriesoziologischen Debatten der 1970er Jahre (Oetzel 1978) wie auch heute wurde und wird immer wieder die These vertreten, dass bestimmte konkrete Organisationsmodi der Arbeit gewissermaßen als *Verkörperung* abstrakter Arbeit angesehen werden könnten. Während früher regelmäßig die tayloristischen Produktionsmethoden als Formen solch einer Verkörperung beschrieben wurden, sind es heute vor allem Prozesse der Informatisierung der Produktion, wie sie sich mit Blick auf die Implementierung integrierter betriebswirtschaftlicher Systeme nachzeichnen lassen. So finden wir etwa bei Schmiede (1996, 26) die Aussage: „Die Marxsche Analyse der Entwicklung und Durchsetzung abstrakter Arbeit im Verein mit der Herrschaft der kapitalistischen Produktionsweise, von ihm primär bezogen auf die Entqualifizierung der Arbeit durch ihre Austauschbarkeit als Lohnarbeit, gewinnt durch die Informatisierung von Produktion und Distribution eine sehr reale inhaltliche Bedeutung" (kritisch dazu Pfeiffer 2003; 2004). Obgleich eine solche Aussage ihr Recht insofern hat, als dass sie auf die Formbestimmtheit der Arbeitsorganisation hinweist, so schießt sie doch übers Ziel hinaus, sobald es zur Konfundierung von werttheoretischer und organisatorisch-technischer Dimension kommt. Unsere bisherigen Rekonstruktionen haben ergeben, dass von einer Adäquanz zwischen beiden Sphären im analytisch präzisen Sinne eigentlich nicht gesprochen werden kann. Beide Sphären referieren auf unterschiedliche, nicht-dimensionsgleiche Bezugssysteme. Bereits bei Marx lassen sich Aussagen finden, die die These der Adäquanz von konkreter Arbeitsorganisation und wertmäßigen Implikationen kritisch betrachten. So heißt es in den *Grundrissen*, dass, „soweit das Capital fixe in seinem Dasein als bestimmter Gebrauchswert festgebannt" ist, es gerade „nicht dem Begriff des Kapitals [entspricht], das als Wert gleichgültig gegen jede bestimmte Form des Gebrauchswerts [ist] und jede derselben als gleichgültige Inkarnation annehmen oder abstreifen kann" (MEW42, 594).[10]

Insofern das Artikulationsverhältnis von reell subsumierter konkreter Arbeit und werttheoretisch abstrakt-allgemeiner Arbeit weder als kausal noch als kontingent begriffen werden kann, bietet es sich an, auf das Konzept der *strukturellen Kopplung* zurückzugreifen, wie es in Luhmanns Theorie sozialer Systeme verwendet wird. Luhmann (1988) zufolge besteht eine Systemgrenze zwischen dem Wirtschaftssystem als einer Autopoiesis von Zahlungen einerseits und organisierten Sozialsystemen, die sich entlang von Entscheidungen reproduzieren, andererseits. Diese Konzeption steht zwar orthogonal zur Marxschen Fassung der werttheoretischen Dimension als Produktion und Zirkulation übergreifend, lässt sich aber nichtsdestotrotz heranziehen, um das Artikulationsverhältnis von ökonomischer Wertförmigkeit und jeweiligen konkreten Modi der Arbeitsorganisation zu bestimmen. Mit dem Konzept der strukturellen Kopplung beschreibt Luhmann Wechselwirkungen zwischen Systemen, es geht um die Beschreibung, wie „ein System [...] seine Beziehungen zur Umwelt [gestaltet], wenn es keinen Kontakt zur Umwelt unterhalten und nur über eigenes Referieren verfügen kann" (Luhmann 1997, 100). Luhmanns Konzept von Organisationssystemen entspricht in unserem Kontext der seiner konkreten Organisationsstruktur nach betrachtete unmittelbare Produktionsprozess, d.h. es geht um die Metamorphosen konkreter Arbeit innerhalb von Einzelkapitalien, die zwar durch wertförmige Imperative bestimmt werden, ohne ihrer empirischen Ausprägung nach aber durch selbige kausal determiniert zu sein. Im Unterschied zur Marxschen werttheoretischen Fokussierung auf die

---

[10] Es ist also eine Besonderheit des Marxschen Begriffs des *Capital fixe*, dass selbiges nicht unmittelbar mit den konkreten Produktionsmitteln identifiziert wird. Die Wirtschaftswissenschaft spricht von fixem Kapital, weil Produktionsmittel wie etwa Maschinen – im Unterschied zum Geldkapital – nicht zirkulieren können. Für des Marxschen Begriff des *Capital fixe* ist es aber gerade konstitutiv, dass selbiges sehr wohl als zirkulierendes gedacht wird, ein Vorgang, auf den die Wirtschaftswissenschaft nur noch empirisch reflektiert.

Einheit des Kapitals beschreibt die Systemtheorie die Einheit der Differenz von Wirtschaftssystem und Organisationssystemen als *Kopplungsproblem*: „Der Betrieb fängt an zu rechnen und legt dem Markt seine Investitionsrechnung vor. Der Markt fängt an zu vergleichen und bildet dadurch Standards aus, an denen die Betriebe sich orientieren können. Man gewinnt auf beiden Seiten den Eindruck eines notwendigen Zusammenhangs, obwohl nichts anderes vorliegt als ein Kopplungsproblem" (Baecker 2001, 319f.). Aus der Perspektive der Akteure gesehen liegt hier tatsächlich lediglich ein Kopplungsproblem vor: Weder lässt sich von der Seite der Marktteilnehmer und Investoren aus die werttheoretische Potenz eines Unternehmens unmittelbar dingfest machen, noch kann auf der anderen Seite von der betrieblichen Ebene aus anders denn antizipativ auf den Wert der produzierten Produkte geschlossen werden. Deutschmann (2001, 95ff.) hat – und dies ist mit obiger Position kompatibel – darauf hingewiesen, dass es *niemals* eine Organisationsform konkreter Arbeit geben kann, die den werttheoretischen Implikationen dauerhaft entspricht: „Technologische Leitbilder und organisatorische ‚Mythen' werden durch Erfinder kreiert, durch Unternehmen umgesetzt, sie verbreiten sich, etablieren sich – und müssen dann Neuem Platz machen". Die Funktion ökonomisch-technischer Strukturbildungen liegt Deutschmann zufolge darin, „den in der Vermögensform des Geldes angelegten Anspruch auf absoluten Reichtum in eine durch soziales Handeln zu bearbeitende Form zu übersetzen. Das kapitalistische Basisritual besagt ja nur, daß Kapital wachsen muß, sagt aber nichts über die praktischen Wege und Mittel aus, dieses Wachstum herbeizuführen" (ebd., 141).

Mit Blick auf die bisherigen Ausführungen können wir feststellen, dass sich die These von Wissen als unmittelbarem Faktor der Wertschöpfung von der Warte der Marxschen Kritik der politischen Ökonomie aus als problematisch darstellt. Sie ist analog einer Frage gebaut, die Marx im Kontext werttheoretischer Diskussionen beispielhaft heranzog, als er danach fragte, wie groß denn „die Entfernung zwischen dem Buchstaben A und einem Tisch" sei (MEW26.3, 141). Andererseits konnte gezeigt werden, dass Wissensbasierung – bezogen auf Strukturveränderungen konkreter Arbeit – von je her zum Kernbestand des Systems des industriellen Kapitals gehört und diesem insofern nicht äußerlich ist.

4. Schlussüberlegungen

Der Marxsche Begriff des industriellen Kapitals bzw. des industriellen Kapitalismus steht orthogonal zum soziologischen Begriff der Industriegesellschaft (so auch schon Adorno 1972, 354f.). Insofern erscheint es als wenig sinnvoll, den Begriff des kognitiven Kapitalismus im Rahmen einer Stufenfolge von Handelskapitalismus, Industriekapitalismus und kognitivem Kapitalismus zu platzieren, die der im Diskurs um die Wissensgesellschaft präferierten Unterscheidung von Agrargesellschaft, Industriegesellschaft und Wissensgesellschaft parallel gebaut ist (so aber der Vorschlag bei Moulier-Boutang 2001). Eine solche Unterteilung von Gesellschaftsformationen orientiert sich vor allem an jenen Verschiebungen, wie sie etwa von den Sektorentheorien der volkswirtschaftlichen Statistik erfasst werden (vgl. etwa Machlup 1962; Toffler 1980). Entsprechend wird der Übergang von der Industriegesellschaft zur Wissensgesellschaft als grundlegender Strukturbruch im Modus moderner Vergesellschaftung ähnlich begriffen wie die vormalige Ablösung der Agrargesellschaft durch die Industriegesellschaft (vgl. dazu Bell 1985; Drucker 1994; Stehr 2001). Der Marxsche Begriff des industriellen Kapitalismus hingegen erlaubt es, die *Einheit von Statik und Dynamik* im Prozess der Evolution der modernen Gesellschaft zu thematisieren. Schon den Marxschen Darstellungen zum allgemeinen Begriff des Kapitals lässt sich entnehmen, dass der Systemzusammenhang des industriellen Kapitals als ein hochgradig dynamisches Ensemble beschrieben wird, das, um sich als Systemzusammenhang erhalten zu können, darauf angewiesen ist, seine gesellschaftliche Umwelt permanent in einer spezifischen Art und Weise zu formatieren. Adorno (1970, 37) hat dies – Marx paraphrasierend – in dem Hinweis auf den Punkt gebracht, wonach die bürgerliche Gesellschaft „um sich selbst zu erhalten, sich gleichzubleiben, zu ‚sein'" immerwährend darauf angewiesen sei, zu „expandieren, weiter[zu]gehen, die Grenzen immer weiter hinaus[zu]rücken, keine [zu] respektieren, sich nicht gleich [zu] bleiben".

Es erscheint von dieser Warte aus als sinnvoller, das Konzept der kognitiven Kapitalismus als Phasenkonzept in Stellung zu bringen, um gegenwärtige empirische Strukturverschiebungen und Entwicklungstrends als eben solche Formatierungsprozesse zu analysieren, anstatt – wie bei Gorz – auf Grundlage eines prä-werttheoretischen Verständnisses der Dialektik von Produktivkräften und Produktionsverhältnissen, den kognitiven Kapitalismus als Kulminationspunkt kapitalistischer Entwicklung zu begreifen. Gegenüber den vorherrschenden Beiträgen im Diskurs um die Wissensgesellschaft ginge es nicht darum, die zunehmende Wissensbasierung von Arbeit und Produktion mehr oder minder als technologischen Selbstläufer zu interpretieren, sondern rückzubeziehen auf die nach wie vor kapitalistischen Produktionsverhältnisse. Die heutige organisierte Wissensarbeit kommt dann in den Blick nicht zuletzt als „Transformation geistiger Arbeit in Lohnarbeit" bzw. als „reelle Subsumtion intellektueller Arbeit unter das Kapital" (Brand/Görg 2003, 28), ohne dass hierfür aber kausalistisch argumentiert werden müsste. Nachdem der sozialwissenschaftliche Blick sich ab den 1980er Jahren vor allem auf das Aufkommen post-tayloristischer Methoden der Arbeitsorganisation richtete und die sich abzeichnende Postfordistische Gesellschaftsformation entsprechend mit Begriffen wie *Toyotismus* etc. belegt wurde (vgl. exemplarisch Kern/Schumann 1984), geriet mit dem börsengeleiteten Boom der New Economy in den 1990er Jahren zunehmend die Zirkulationssphäre in den Blick. Der Postfordismus wurde fortan als *finanzgetriebenes Akkumulationsregime* ausgeflaggt (vgl. Aglietta 2000; Boyer 2000). Die zu beantwortende Frage bestünde aber auch hier im *Zusammenhang* der Strukturveränderungen in Produktion und Zirkulation. Es mehren sich m.E. seit geraumer Zeit die Anzeichen dafür, dass die bis dato zu verzeichnende Heterogenität in der Sphäre kapitalistischer Produktion, nämlich das recht unübersichtliche Nebeneinander post-tayloristischer und tayloristischer Produktionsparadigmen, selbst noch als funktionale Resultante zirkulationsseitiger Imperative zu verstehen ist. „Die makroökonomische Konstellation presst", so Dörre (2001, 83), „die Unsicherheiten deregulierter (Finanz-)Märkte regelrecht in die Betriebe und Unternehmen hinein. Der strukturelle Triumph der Markt- über die Produktionsökonomie ist das herausragende Merkmal eines Regimes, das Managementprinzipien, Firmenorganisation und Arbeitsbeziehungen an die Bedingungen einer sich transnational organisierenden short-run Ökonomie anpasst". Während es für den Fordismus kennzeichnend war, dass die konkreten Produktionsabläufe gegenüber den Unwägbarkeiten des Marktes möglichst abgeschottet wurden, „setzen neue Konzepte darauf, den Markt zum Motor der permanenten Reorganisation der Binnenstrukturen zu machen. Infolgedessen wird ein [...] der Komplexität und Kontingenz der Märkte entsprechendes Niveau an Eigenkomplexität und Veränderbarkeit [...] zur Maßgabe [...] der Organisationsgestaltung [...].

Der Gedanke unveränderlicher Teilprozesse wird tendenziell aufgegeben und durch die Annahme prinzipiell kontingenter Abläufe ersetzt, die nicht mehr allein über Zeit- und Wertvorgaben aufeinander bezogen werden, sondern über die Anschlußfähigkeit von Informationen in gemeinsam genutzten durchgängigen Informationssystemen" (Baukrowitz/Boes/Schmiede 2000, 10).

Dies ist m.E. der Hintergrund, vor dem die gegenwärtige Wissensbasierung von Arbeit und Produktion diskutiert werden müsste, jedenfalls dann, wenn ein sozialwissenschaftlicher Zugriff sich von der vor allem von administrativer Seite aus proloncierten Apotheose der Wissensarbeit kritisch abheben möchte.

Literatur

Adorno, T. W. (1972): Soziologische Schriften 1 in: Gesammelte Schriften, Band 8, Frankfurt/M.

Adorno, T. W. (1970): Negative Dialektik, in: Gesammelte Schriften. Band 6, Frankfurt/M.

Aglietta, M. (2000): Ein neues Akkumulationsregime. Die Regulationstheorie auf dem Prüfstand, Hamburg

Altvater, E. (2004): Inflationäre Deflation oder die Dominanz der internationalen Finanzmärkte, URL: http://www.polwiss.fuberlin.de/people/altvater/ Aktuelles/ProklafinanzRepress.pdf

Amonn, A. (1927): Objekt und Grundbegriffe der theoretischen Nationalökonomie, Leipzig, Wien

Backhaus, H.-G. (1997): Dialektik der Wertform, Freiburg

Baecker, D. (2001): Kapital als strukturelle Kopplung, in: Soziale Systeme, Nr.7, S. 313-327

Bahr, H.-D. (1973): Die Klassenstruktur der Maschinerie. Anmerkungen zur Wertform, in: Vahrenkamp, R. (Hrsg.), Technologie und Kapital, Frankfurt/M.

Baukrowitz, A., Boes, A., Schmiede, R. (2000): Die Entwicklung der Arbeit aus der Perspektive ihrer Informatisierung, URL: http://www.rz.uni-frankfurt. de/fb03/K.G/B5_2000_Baukrowitz.pdf

Bell, D. (1985): Die nachindustrielle Gesellschaft, Frankfurt/M.

Boyer, R. (2000): Is a Finance-Led Growth Regime a Viable Alternative to Fordism?, in: Economy and Society, Nr. 29, S. 111-145

Brand, U., Görg, C. (2003): Postfordistische Naturverhältnisse, Münster

Brandt, G. et al. (1978): Computer und Arbeitsprozeß. Eine arbeitssoziologische Untersuchung der Auswirkungen des Computereinsatzes in ausgewählten Betriebsabteilungen der Stahlindustrie und des Bankgewerbes, Frankfurt/M./New York

Braverman, H. (1974): Labor and Monopoly Capital. The Degradation of Work in the Twentieth Century, New York/London

Candeias, M. (2004): Neoliberalismus, Hochtechnologie, Hegemonie. Grundrisse einer transnationalen kapitalistischen Produktions- und Lebensweise. Eine Kritik, Hamburg/Berlin

Deutschmann, C. (2001): Die Verheißung des absoluten Reichtums, Frankfurt/M./New York

Dörre, K. (2001): Gibt es ein nachfordistisches Produktionsmodell? Managementprinzipien, Formenorganisation und Arbeitsbeziehungen im flexiblen Kapitalismus, in: Candeias, M., Deppe, F. (Hrsg.), Ein neuer Kapitalismus?, Hamburg, S. 83-107

Drucker, P. F. (1994): Post-Capitalist Society, New York

Froud, J. et al. (2000): Shareholder Value and Financialization: Consultancy Promises, Management Moves, in: Economy and Society, Nr. 29, S. 80-110

Gottl-Ottlilienfeld, F. (1923): Die wirtschaftliche Dimension, Jena

Gorz, A. (2004): Wissen, Wert und Kapital. Zur Kritik der Wissensökonomie, Zürich

Hack, L., Hack, I. (2001): Technologietransfer und Wissenstransformation. Zur Globalisierung der Forschungsorganisation von Siemens, Münster

Hall, P. A., Soskice, D. (2001): Varieties of Capitalism. The Institutional Foundations of Comparative Advantage, Oxford

Haug, W. F. (2003): High-Tech-Kapitalismus. Analysen zu Produktionsweisen, Arbeit, Sexualität, Krieg und Hegemonie, Hamburg, Berlin

Hübner, K. (1988): Flexibilisierung und Verselbständigung des monetären Weltmarktes, in: Prokla, Heft 71, S. 49-65

Huffschmid, J. (2002): Politische Ökonomie der Finanzmärkte, Hamburg

Kädtler, J. (2005): Finanzmärkte. Zur Soziologie einer organisierten Öffentlichkeit, URL: http://www.sofi-goettingen.de/frames/publik/mitt33/K%E4dtler-neu.pdf

Kern, H., Schumann, M. (1984): Das Ende der Arbeitsteilung. Rationalisierung in der industriellen Produktion, München

Luhmann, N. (1997): Die Gesellschaft der Gesellschaft, Frankfurt/M.

Luhmann, N. (1990): Die Wissenschaft der Gesellschaft, Frankfurt/M.

Luhmann, N. (1988): Die Wirtschaft der Gesellschaft, Frankfurt/M.

Machlup, F. (1962): The Production and Distribution of Knowledge in the United States, Princeton

Marx, K. (MEW): Marx-Engels-Werke, Berlin/Ost, 1953ff.

Meyer, J., Rowan, B. (1977): Institutional Organisations: Formal Structures as Myth and Ceremony, in: American Journal of Sociology, Vol. 83, S. 340-363

Miller, P. (2001): Governing by Numbers: Why Calculative Practices Matter, in: Social Research, Vol. 68, No. 2, S. 379-396

Moulier-Boutang, Y. (2001): Marx in Kalifornien. Der dritte Kapitalismus und die alte politische Ökonomie, in: Aus Politik und Zeitgeschichte, Heft 52/53, S. 29-37

Nuss, S. (2002): Zur Verwertung allgemeinen Wissens. Ein kapitalistisches Geschäftsmodell mit freier Software, in: Das Argument, Heft 248, S. 653-667

Oetzel, K.-D.(1978): Wertabstraktion und Erfahrung. Über das Problem einer historisch-materialistischen Erkenntniskritik, Frankfurt/M./New York

Pahl, H. (2006): On the Unity and Difference of Finance and the Economy. Investigations for a New Sociology of Money, in: Strulik, T., Willke, H. (Hrsg.), Towards a Cognitive Mode of Governing the Global System of Finance?, Frankfurt/M./New York

Pfeiffer, S. (2004): Arbeitsvermögen. Ein Schlüssel zur Analyse (reflexiver) Informatisierung, Wiesbaden

Pfeiffer, S. (2003): SAP R/3 & Co. – Integrierte betriebswirtschaftliche Systeme als stille Helferlein des Lego-Kapitalismus, URL: http://www.sabine-pfeiffer.de/download-print/2003-FIfF.pdf

Reichelt, H. (1983): Zur Dialektik von Produktivkräften und Produktionsverhältnissen, in: Reichelt, H.; Zech, R.: Produktivkräfte und Produktionsverhältnisse, Frankfurt/M./ Berlin/Wien

Reichelt, H. (1996): Kritik der politischen Ökonomie als Konstitutionstheorie des Werts, Manuskript, Bremen

Reichelt, H. (1997): Werttheorie und Quantifizierbarkeit, Diskussionsbeitrag zur Herbst-Tagung der Marx-Gesellschaft. Unveröffentlichtes Manuskript, Bremen

Reichelt, H. (2000): Grenzen der dialektischen Darstellungsform – oder Verabschiedung der Dialektik?, in: MEGA-Studien, Heft 1/2000, S. 100-126

Rcichelt, H. (2002): Thesen für Werftpfuhl, Diskussionspapier zur Frühjahrstagung 2002 der Marx-Gesellschaft, Manuskript, Bremen

Reusswig, F. (1993): Natur und Geist. Grundlinien einer ökologischen Sittlichkeit, Frankfurt/M./New York

Schmiede, R. (1996): Informatisierung, Formalisierung und kapitalistische Produktionsweise, in: Schmiede, R. (Hrsg.): Virtuelle Arbeitswelten. Arbeit, Produktion und Subjekt in der Informationsgesellschaft, Berlin, S. 15-47

Stehr, N. (2001): Wissen und Wirtschaften. Die gesellschaftlichen Grundlagen der modernen Ökonomie, Frankfurt/M.

Toffler, A. (1980): The Third Wave, New Work

Zech, R. (1983): Produktivkräfte und Produktionsverhältnisse in der Kritik der politischen Ökonomie, in: Reichelt, H., Zech, R., (Hrsg.), Produktivkräfte und Produktionsverhältnisse, Frankfurt/M./Berlin/Wien

Accounting, Alltäglichkeit und Arbeit

Plädoyer für eine dialektische Analyse kalkulativer Praktiken[1]

Sabine Pfeiffer

1. *What is counted usually counts*[2]

Von Finanzmarktkapitalismus über Beteiligungsgesellschaften, von Accounting bis zum Kennziffernsystem: ökonomisch orientierte Steuerungsformen und ihre Auswirkungen auf der Ebene von Subjekten, Unternehmen und Gesellschaft haben derzeit thematische Hochkonjunktur. Diagnostiziert wird ein „neuer Tanz um das Goldene Kalb" (Vormbusch 2005, 87) und das Motto „If it matters, measure it!" (Singleton-Green 1993; zit. in Vormbusch 2004, 35) scheint bruchlos alle gesellschaftlichen Sphären zu durchdringen. In der gesellschaftlichen Bewertung zählt das Zählbare. Und das Zählbare nimmt zu, es entwickelt Eigendynamik, es „schlägt" sozusagen zurück, denn es „gibt immer Zahlen, die günstiger ausfallen, es gibt immer Ökonomien, die sich besser rechnen. Und um dorthin zu gelangen, benötigt man immerzu: mehr Zahlen" (Vollmer 2004, 460).

Innerhalb der aktuellen Debatten sind die Ansätze der vergleichsweise traditionsreichen englischsprachigen kritischen Accountingforschung ebenso wie ihre deutschsprachigen Adaptionen und Weiterentwicklungen

---

[1] Dieser Artikel entstand im Rahmen von konzeptionellen Arbeiten im Sonderforschungsbereich 536 „Reflexive Modernisierung", Teilprojekt A3.

[2] Miller 2001, 382.

ein analytischer Gewinn für eine kritische Perspektive auf die neue Dominanz betriebswirtschaftlicher Strategien und unternehmenswertorientierter Managementkonzepte in den Unternehmen. Eine gleichwertig ausgearbeitete analytische Perspektive auf diese Entwicklungen hat die deutschsprachige Industriesoziologie bislang nicht zu bieten, und auch wenn sie sich mit vielen einschlägigen empirischen Phänomenen seit Jahren durchaus befasst, sind die Begrifflichkeiten des Gegenstands und die relevanten Debattenströmungen noch lange kein industriesoziologisches Allgemeingut; einigen grundsätzlichen Differenzierungen und Einschätzungen dazu widmet sich daher das erste Kapitel.

Nun, da auch die deutschsprachige Industrie- und Organisationssoziologie das Thema vehement entdeckt, ist fraglich ob eine Übernahme der analytischen Perspektiven und Theoreme der englischsprachigen kritischen Accountingforschung fruchtbar und ausreichend ist. Meine These dazu ist: Es wäre ein Verlust bei der reinen Adaption stehen zu bleiben. Denn eine spezifische Deutung und ein eigenständiger Zugang – entwickelt aus den historischen Erfahrungen mit den Stärken und Schwächen der eigenen Disziplin – wäre eine fruchtbare Ergänzung zu den überwiegend an Foucault orientierten Ansätzen aus dem englischen Raum. Das zweite Kapitel widmet sich daher einer Kritik der Kritik – stellt also zum einen wesentliche bereits offenkundige Schwächen und blinde Flecke der Accountingforschung in Großbritannien wie auch der Diskussion im deutschsprachigem Raum dar. Ein Ziel dieser Passagen ist es, die Kompatibilität von Ansätzen wie den kalkulativen Praktiken, des organisierten Rechnens und der indirekten Steuerung mit dem „alten" Theorem der reellen Subsumtion herauszuarbeiten.

Die daraus entwickelten und im dritten Kapitel entfalteten Grundthesen dieses Artikels sind: Die früher nicht gelungenen dialektischen Reformulierungen eines reduzierten Verständnisses der Prozesse reeller Subsumtion dürfen sich in den neuen Konzepten nicht implizit wiederholen. Wo es um Realprozesse geht, die bis in die Köpfe der einzelnen Subjekte hinein wirken, darf es kritischer Analyse nicht nur um die Beschreibung einer unterstellten Totalität der Prozesse gehen, sondern sie braucht ein Instrumentarium um auch den Grenzen, Brüchen und dem nicht zu Vereinnahmenden auf die Spur zu kommen. Die neuen Steuerungskonzepte setzen konstitutiv auf die Autonomie und Freiwilligkeit der Subjekte, statt sie „nur" beherrschen zu wollen. Anders als noch in der Analyse tayloristisch-fordistischer Verhältnisse ist daher heute eine konsequent dialektische Perspektive unverzichtbar geworden. Eine solche zu begründen, konzeptionell zu skizzieren und für eine empirische Analyse von Accounting als Arbeit zu konkretisieren, das ist das Anliegen meiner Überlegungen.

2. Accounting und Controlling als Gegenstand soziologischer Analyse

Accounting und Controlling rücken zunehmend in den Fokus soziologischer Analyse – so zumindest die Wahrnehmung aus deutscher Perspektive. Dabei erscheint das Feld zunächst als hinreichend verwirrend: Zu unterscheiden sind zum einen die unterschiedlichen Begrifflichkeiten von Accounting und Controlling selbst; zum anderen die sehr unterschiedlichen Debattenverläufe und damit verbundenen institutionellen Einbettungen der Forschungsansätze und -traditionen, die sich mit Accounting und/oder Controlling kritisch beschäftigen.

2.1 Accounting, Controlling, oder was?

Zunächst zu den Begrifflichkeiten: Grob gesagt ist der englische Begriff des Accountings weiter gefasst als der im Deutschen stärker gebräuchliche des Controllings. Accounting wird zunächst als sehr weiter Begriff entwickelt, es „umfasst all jene Aktivitäten der Identifizierung, Sammlung, Ordnung, Aufzeichnung, Auswertung und Kommunikation von Daten, die für die Koordination, Steuerung und Kontrolle (ökonomischer) Aktivitäten benötigt werden"[3] (Vormbusch 2004, 33). Accounting wird üblicherweise unterteilt in die Bereiche Auditing, Finance, Financial Accounting (Informationsbereitstellung für unternehmensexterne Zwecke) sowie Management Accounting; letzteres bereitet die für die interne

---

[3] Accounting ließe sich daher auch als Phänomen von Informatisierung interpretieren, bezeichnet diese doch alle Prozesse der Schaffung, der Bearbeitung, der Manipulation und des Einsatzes von Informationen zum Zwecke der Kontrollierbarkeit und Berechenbarkeit des Produktionsprozesses und erweist sich damit als immanentes Merkmal der kapitalistischen Produktionsweise (etwa Schmiede 1996, 15ff.). Eine weitere Parallele zeigt sich in der historischen Perspektive: In der Literatur wird der Prozess der Informatisierung (Baukrowitz et al. 2001) ebenso wie der des Accountings (Engberding 2005) in Zusammenhang mit der Erfindung der doppelten Buchführung thematisiert.

Unternehmenssteuerung relevanten Informationen auf und wird in der Literatur meist gleichgesetzt mit der im Deutschen gebräuchlichen Bezeichnung Controlling (Roslender 1992, 134; zit. in Vormbusch 2005, 89f.). Diese Konzentration des Controllings auf die internen Steueraufgaben bestätigt sich bei einem Blick in die einschlägige betriebswirtschaftliche Fachliteratur: So werden als Funktionsgruppen des Controllings Buchhaltung, Budget, Organisation, EDV und Kostenrechnung (Becker 2005, 26) und als zentrale Aufgaben die Informationsversorgung, Planungs- und Kontrollaufgaben sowie übergreifende Koordinierung genannt (Weber 2002, 17ff.). Und diese Binnenfokussierung nimmt auch der „Internationale Controller Verein"[4] in den Blick, wenn er die Tätigkeit des Controllings als „Marketing des Rechnungswesens" und den Controller als „Lotse(n) zum Gewinn" und „Planungsmoderator" mit der „Legitimation zur ungefragten Beratung" des Managements charakterisiert (ICV 2005, 5ff.).

Im Zuge zunehmend globalisierter wie globalisierender Konzernstrukturen und verstärkt finanzmarkt- und unternehmenswertorientierter Strategien befindet sich aber auch im deutschsprachigen Raum die unternehmensinterne Fokussierung des Controllings in Entgrenzungsprozessen. Als ein institutionelles Indiz wäre beispielsweise der „Bundesverband der Bilanzbuchhalter und Controller"[5] zu nennen: 1976 als bundesweite Interessenvertretung der Bilanzbuchhalter gegründet, öffnet er sich 1994 für Controller und wirkt professionspolitisch hin auf ein zu schaffendes zertifiziertes Berufsbild des „Biltrollers", also einer Verbindung von Bilanzbuchhalter und Controlling. Ebenso gilt die Feststellung der Vielschichtigkeit von Institutionen und Dienstleistungen im Feld Accounting (Vormbusch 2005, 88) im selben Maße und zunehmend auch für den Bereich, der im Deutschen üblicherweise mit Controlling benannt wird. Nicht nur ein Accountant kann sowohl „Innenrevisor einer Bausparkasse, ein vereidigter Buchprüfer als auch ein Berater in Reorganisationsprozessen" sein (ebd.), das Gleiche ließe sich ebenso für Controller

---

[4] Der Internationale Controller Verein e. V. wurde 1975 gegründet und ist mit ca. 4.000 Mitgliedern die größte Organisation von in der Unternehmenspraxis tätigen Controllern und Controllerinnen im deutschsprachigen Raum. Der Verein ist Mitglied in der „International Group of Controlling".

[5] Der Verband, der sich mit 7.000 Mitgliedern das Motto „Verantwortlich steuern" gegeben hat ist u.a. Mitglied in der European Management Accountants Association.

sagen. Das deutsch-englische Begriffswirrwarr ließe sich beliebig erweitern; jenseits der Suche nach den passenden Begrifflichkeiten und der darin letztendlich immer enthaltenen Frage nach Vergleichbarkeit (von z.B. Forschungsergebnissen) lässt sich wohl sagen: Je konkreter die Beschäftigung mit dem Feld – ob nun unter dem Label Accounting oder Controlling – desto offensichtlicher wird eine Breite und Variabilität der Tätigkeiten, Aufgabenbereiche und institutionellen Verankerungen und damit die Notwendigkeit, klar zu benennen, für welchen Bereich gemachte Aussagen der Forschung Gültigkeit haben. Der Mangel an Empirie einerseits, verbunden mit dem aktuellen Hype des Themas andererseits, führt – das wird noch zu zeigen sein – leider all zu oft zu pauschalierenden Aussagen, die dieser Vielschichtigkeit nicht gerecht werden.

2.2 *Die kritische Accountingforschung in Großbritannien*

Soweit zunächst ganz grob zu den Begrifflichkeiten. Mindestens ebenso stark ist zu differenzieren zwischen der Accountingforschung in Großbritannien und einer derzeit sich erst entwickelnden vergleichbaren Forschungsrichtung im deutschsprachigen Raum.

In Großbritannien hat sich eine kritische Debatte und Forschung rund um das Thema Accounting bereits seit den frühen 1980er Jahren etabliert. Dieser interdisziplinäre Diskurs zu „Accounting, Organizations and Society", vor allem nachzulesen in einer Fachzeitschrift gleichen Titels, bewegt sich in einer „Grauzone zwischen Sozial- und Managementwissenschaften" (Vollmer 2004, 450). Spezifisch ist dabei die institutionelle Verortung der kritischen Accountingforschung in Großbritannien: Bedingt durch einen starken Mangel an akademisch ausgebildeten Accounting-Professionellen Anfang der 1980er Jahre gelangten Kritiker des Accounting mit anderem professionellem Hintergrund in die akademischen Institutionen der Accountingforschung, durch diese Sondersituation sind nun „die schärfsten Kritiker des ‚mainstream-accounting' in den Zentren der Wissensproduktion desselben" und in den renommiertesten Accountinginstitutionen angesiedelt (Vormbusch 2004, 36f.). Nur vor diesem Hintergrund ist die enorme publizistische Aktivität der britischen Accountingforschung zu verstehen – gerade auch in ihrer kritischen Ausrichtung. Bei einer Bewertung der aktuellen Bestrebungen in Richtung einer deutschsprachigen, ähnlich ausgerichteten Forschung sind diese institutionellen Besonderheiten in Großbritannien nicht aus dem Blick zu verlieren; eine ähnliche Wirkkraft werden die zarten Pflänzchen einer deutschsprachigen Accountingforschung nicht entwickeln können – außer es gelänge durchzusetzen, dass die gesellschaftliche Brisanz des Themas eine forschungsstrukturelle Entsprechung fände.[6]

Wesentliche Themen der angelsächsischen Accountingforschung sind die Analyse operativer Accounting- und Kennziffernsysteme unter veränderten Produktions- und Wirtschaftsbedingungen; die Rolle des Accountings für die Durchsetzung des Kapitalismus in England; Accounting als institutionalisiertes Wissenssystem sowie habituelle Aspekte des Accounting und nationalspezifische Methodologien und Stile bis hin zu durch Accountingpraktiken sozial konstruierte Probleme (Vormbusch 2004, 34-35).

Die kritische Accountingforschung richtet sich in ihrer Hauptstoßrichtung vor allem gegen den Neutralitäts- und Objektivitätsanspruch des Accounting, das seine Legitimität vor allem aus der Behauptung bezieht, reale Prozesse auf der Zahlenebene lediglich abzubilden und damit sozusagen für wertfreie Transparenz zu sorgen (Becker 1999). Die kritische Accountingforschung dekonstruiert diesen Objektivitäts- und Neutralitätsanspruch und konzeptionalisiert Accounting dagegen als „machtvolle gesellschaftliche Praxis mit einem erheblichen gesellschaftlichen Transformationspotenzial" (Vormbusch 2005, 91).

Auf Basis dieser gemeinsam geteilten Stoßrichtung der Kritik, haben sich im Laufe der Zeit eine neo-marxistische und eine postmoderne Strömung entwickelt, die sich teils „erbitterte Auseinandersetzungen" liefern (Vormbusch 2004, 36ff.). Während die Erste Accounting als organischen Teil kapitalistischer Herrschaftsverhältnisse zur Steigerung des Mehrwerts sieht, konzeptionalisiert die Letztere Accounting insbesondere in Anlehnung an Foucault als eine Verkoppelung von Wissen und Macht

---

[6] Dies aber würde konzertierte Bemühungen erfordern: Zum einen ist die Installation von DFG-Forschungsschwerpunkten zum angesprochenen Themenbereich bislang misslungen; zum anderen ist davon auszugehen, dass die großen BMBF-Forschungsprogramme das Thema nur dann aufnehmen, wenn es bspw. gelänge Accounting- und Finanzmarktlogik unter „Verdacht" der Innovationshinderlichkeit zu stellen. Dafür gibt es zwar durchaus ernstzunehmende Hinweise, die aber momentan kaum forschungsstrategisch wirksam werden können – dafür steckt die deutsche Forschung noch zu sehr in den Kinderschuhen und die angelsächsische Forschung liefert zu wenig einschlägig Empirisches.

mit determinierender Wirkung auf die Erfahrungs- und Denkstrukturen der Individuen (Vormbusch 2005, 94). Diese „französische Wende" in der Accountingforschung datiert in die frühen 1990er Jahren und deutet in ihrer extremen Lesart Accounting als selbstreferenzielles geschlossenes System, das jeden Substanz- und Realbezug verloren habe (Vormbusch 2004, 38; vgl. auch Becker 1999).

2.3 Zum Stand der Accountingforschung in Deutschland

Insgesamt wird Accounting als ein für die deutschsprachige Soziologie noch relativ junges und weitgehend unbefriedigend bearbeitetes Thema eingeschätzt. So konstatiert Vollmer, der den Begriff des organisierten Rechnens dem Accoutingbegriff im Wesentlichen gleichsetzt und darunter „*alle* denkbaren Formen des Umgang mit Zahlen in Organisationen" fasst: die deutschsprachige Soziologie habe dieses Thema nach einer „kurzen Frühblüte in den Wirtschaftssoziologien Webers und Sombarts" weitgehend vergessen (Vollmer 2004, 451). Auch Vormbusch beklagt, dass eine „systematische Reflexion der methodologischen Grundannahmen und gesellschaftlichen Bedeutung des Accounting [...] im deutschen Sprachraum kaum zu finden" sei (Vormbusch 2004, 35). Trotz der langen Tradition der angelsächsischen interdisziplinären Accountingforschung wird das Interesse der Gesellschaftswissenschaften auch dort als vergleichbar gering wie im deutschen Sprachraum eingeschätzt (ebd.) – anders als in Deutschland sicher auch die Folge der erfolgreichen Institutionalisierung innerhalb des akademischen Accountingfeldes (s.o.). Soweit das Thema Accounting im deutschsprachigen Raum aufgenommen wird, orientiert es sich noch relativ stark an der angelsächsischen Debatte (etwa Kalthoff 2004; 2005; Becker 2003; 2004; Vollmer 2003; 2003a; 2004; Vormbusch 2004; 2005; 2006). Vor allem empirische Forschung zu den „Verhaltenswirkungen von Controlling" fänden sich im deutschen Sprachraum kaum (eine Kritik übrigens, die für die englische Forschung durchaus auch gilt – dazu später mehr), diese empirische Abstinenz sei sowohl für die Betriebswirtschaft als auch für die Industriesoziologie festzustellen (Becker 2001, 96; zit. in Vormbusch 2004, 43). Diese Feststellung gilt m.E. für die deutschsprachige Industriesoziologie nur bedingt und nur dann, würde man explizit nach den Begriffen Accounting und Controlling suchen. Andere Ansätze mit industriesoziologischem Hintergrund bewegen sich durchaus auf der Ebene der „Verhaltenswirkung" wie zum Beispiel das zur wissensbasierten Selbststeuerung (Kocyba 1999; 2005), das in diesem Zusammenhang von Vormbusch (2004, 43f.) auch diskutierte Konzept der Subjektivierung (Moldaschl/Voß 2002) oder das der indirekten Steuerung (Peters/ Sauer 2005). Mit einzelnen Instrumenten des Accounting bzw. Controllings wie beispielsweise Zielvereinbarungen oder Kennziffensystemen – wenn auch mit anderen Hauptbezügen wie Gruppenarbeit o.Ä. – beschäftigt sich die Industriesoziologie ebenso wie mit den Auswirkungen des Finanzmarktgeschehens auf Unternehmen (etwa Hirsch-Kreinsen 1999; Dörre 2001), auf Management und Beschäftigte (Pfeiffer 2000) und auf industrielle Beziehungen (vgl. Meil et al. 2003) sowie den mit diesen Prozessen eng verbundenen Auswirkungen von Integrierten Betriebswirtschaftlichen Systemen wie SAP/R3 (Pfeiffer 2003; 2004, 202ff.). Trotz dieser hier nur notwendig selektiv anzudeutenden Vielfalt: Industriesoziologie thematisiert jeweils nur Teilausschnitte des Accountingfeldes und bezieht diese bislang viel zu wenig und kaum systematisch aufeinander.

Nicht zuletzt durch den Verdienst von Autoren wie Becker, Vollmer und Vormbusch nimmt industriesoziologische Forschung die angelsächsische Accountingforschung zunehmend wahr und beide Stränge (wenn man sie denn bereits als solche bezeichnen will) nähern sich im Diskurs aktuell stark an (etwa Arbeitsgruppe SubArO 2005; Wagner 2005); erfreulicherweise – und im angenehmen Gegensatz zum englischsprachigen Vorbild – spielt dabei der empirische Blick bis hin zu Praxisberichten eine vergleichsweise größere Rolle.

3. Zur Kritik an der Kritik des Accounting

Accounting ist nicht nur das „Gesicht" des Neoliberalismus und der Ökonomisierung, es definiert in grundlegender Art und Weise neue Grenzziehungen und Verhältnisse zwischen dem Gesellschaftlichen und dem Ökonomischen (Vormbusch 2005, 87f.). Nicht nur die öffentliche Wahrnehmung von Accounting und seinen Auswirkungen hat zugenommen, noch immer scheinen wir uns im Prozess einer zunehmenden gesellschaftlichen Bedeutung und Wirkkraft von Accounting zu befinden: So wird ein weiteres Erstarken des Accounting-Regimes postuliert (Jones et al. 2001) und von einer „Konsolidierung, wenn nicht Ausweitung wirklichkeitsstiftender Effekte und ihrer Bindungswirkung" durch Accounting gesprochen (Vollmer 2004, 465). Ein kritischer Blick auf Accounting und seine Rolle und Auswirkungen ist also nicht nur von aktueller und prinzipieller Bedeutung, sondern bleibt auch zukünftig eine wichtige Aufgabe. Die vergleichsweise lange Tradition einer kritischen Accountingforschung im angelsächsischen Bereich liefert einerseits dafür eine brauchbare Folie der Kritik, sie gibt andererseits aber auch die Chance, die blinden Flecken und Grenzen ihrer Forschungsperspektive zu reflektieren. Und tatsächlich ist festzustellen, dass angelsächsische Accountingforschung nicht nur eine Perspektive der Kritik ist, sondern selbst Anlass zur Kritik gibt (Vormbusch 2004, 45).

Uwe Vormbusch hat in dieser Richtung bereits Wesentliches geleistet: So betont der weitgehend empiriefremde poststrukturalistischen Ansatz die Unausweichlichkeit der Machtwirkungen und negiert in diesem Zusammenhang weitgehend die Existenz und Möglichkeit sozialer Aushandlungsprozesse und Auseinandersetzungen (Vormbusch 2005, 106). Damit einher geht eine „strukturorientierte Vogelperspektive", die stärker auf eine Entlarvungsstrategie denn auf die Rekonstruktion von Handlungsalternativen abzielt (Vormbusch 2004, 45). Die Tendenz zu einer Überbewertung der subjektivierenden Machtwirkungen des Accountings im poststrukturalistischen Ansatz konzeptionalisiert Accounting als „beinahe konkurrenzloses Wissens- und Relevanzsystem" (ebd., 46) und stellt Zahlenwissen als härteste Form des Wissens dar (Vormbusch 2005, 106). Die ebenfalls nicht ausreichend empirisch gesättigte neo-marxistische Strömung der Accountingforschung fokussiert stärker auf die institutionelle und organisationale Ebene und thematisiert Accounting nicht als Medium, sondern einseitig als Strukturelement kapitalistischer Ausbeutungs- und Herrschaftszusammenhänge (Vormbusch 2004, 46).

3.1 Kalkulative Praktiken, organisiertes Rechnen und indirekte Steuerung

In der aktuellen deutschsprachigen Debatte können derzeit drei Konzepte als die Diskussion weitgehend bestimmend ausgemacht werden: das von Foucault inspirierte Konzept der „calculative practices" im Sinne eines „Ich kalkuliere, also bin ich" (Vormbusch 2005, 107), das insbesondere durch Vormbusch für die deutsche Debatte fruchtbar gemacht wurde; das Konzept des organisierten Rechnens, mit dem Vollmer Foucaultsche und systemtheoretische Theoriestränge verbindet und schließlich das stärker aus der empirischen Arbeit und einer industriesoziologischen und arbeitspolitischen Perspektive hervorgegangene Konzept der indirekten Steuerung. Da allen drei Konzepten angesichts der Aktivität der derzeitigen Debatte ein gewisses Popularitätspotenzial nicht abzusprechen ist, lohnt sich ein genauerer Blick.

Das prominenteste und auch zunehmend bei uns Beachtung findende Konzept aus der kritischen Accountingforschung Großbritanniens ist das der kalkulativen Praktiken. Dabei geht es weniger um die Kalkulierbarmachung des Subjekts, sondern um das kalkulierende Subjekt. Eine wesentliche Dimension kalkulativer Praktiken ist der Prozess des „governing by numbers": „Rather than tell individual managers which investments to choose, why not specify a percentage return to be earned on all investments and leave managers 'free' to make the decisions as to which investments to choose?" (Miller 2001, 380). Derart entsteht die sich selbst regulierende Person, derart werden Mechanismen der Individualisierung und Verantwortungsübernahme installiert und ausgeweitet und die Wechselwirkung von persönlicher Identität und ökonomischer Kalkulation gestärkt – was Ziele des politischen wie des ökonomischen Liberalismus gleichermaßen bediene (ebd., 381).

Vormbusch, der sich teils weitgehend an Millers Konzept anlehnt und die kalkulativen Praktiken des Accounting als „individuell wie gesellschaftlich kaum mehr hintergehbare Muster der Problem- und Selbstwahrnehmung" interpretiert (Vormbusch 2005, 87), kritisiert andererseits (und zunehmend) Millers Ansatz als einseitig determinierend; dabei geht es Vormbusch aber explizit nicht darum, „das Verhältnis von betrieblicher Kontrolle und Arbeitshandeln [...] als Gegensatz repressiver Macht und eigensinnigen Widerstands" zu deuten, sondern als ein Produktionsverhältnis (Vormbusch 2006). Es sei zwar durchaus plausibel, dass die kalkulativen Praktiken des Accounting die Selbstbilder der Beschäftigten verändern und ein neues Leitbild des „nützlichen Beschäftigten" hervorbringen, das aber dürfe nicht dazu führen, gesellschaftliche Akteure auf die Produkte von Techniken der Macht zu reduzieren – hier erläge Miller wie Foucault der „faszinierenden Radikalität seiner eigenen

Kritik". Theoretisch und empirisch bleibe hier das Verhältnis von Konstitution und aktiver Aneignung unterbelichtet (ebd.).[7]

In vielerlei Hinsicht vergleichbar mit Millers Ansatz der kalkulativen Praktiken liest sich Vollmers Konzept des organisierten Rechnens. Vollmer verschränkt dabei systemtheoretische Perspektiven und Foucaultsche Ansätze (Subjektivität, Gouvernementalität und Aspirationalisierung) und fokussiert insbesondere auf die eine spezifische Eigendynamik entwickelnde Rolle organisierten Rechnens innerhalb von Organisationen. Die Auswirkungen organisierten Rechnens auf die Subjekte erscheinen dabei nicht nur als immens, sondern auch als einseitig determinierend und nicht aufhaltbar: Organisiertes Rechnen „sozialisiert und subjektiviert" Organisationsmitglieder und lässt sie „unter der Haut weiterrechnen", es verwandelt Organisationsmitglieder damit „in Recheninstanzen, die selbstgängig weiter- und gegenrechnen"; organisiertes Rechnen „verdichtet Lebenswelt in sachlicher, zeitlicher und sozialer Hinsicht", „integriert und differenziert das Erleben von Zeit" und textualisiert so die „Substanzen sozialer Beziehungsnetze" (Vollmer 2004, 461f.).

Nicht im Anschluss an die englischsprachige Accountingforschung, sondern aus einer industriesoziologischen und arbeitspolitischen Perspektive heraus zu verstehen ist das Konzept der indirekten Steuerung. Den Hintergrund bildet eine generelle Umbruchthese: Nach der Krise des Betriebs- und Sozialfordismus ist dieser Umbruch vor allem gekennzeichnet durch eine zunehmende Vermarktlichung und die Rückkehr des Subjekts in die Ökonomie (Peters/Sauer 2005, 24ff.) und führt in Folge davon zu einer „Krise der Kommandosystems (ebd., 32ff.). Statt einer weiteren Perfektionierung des fordistischen Kommandosystems von Befehl und Gehorsam, geht es nun um dessen Ersetzung durch eine „geschichtlich neuen Form von Herrschaft" (ebd., 23), es geht also nicht um eine Aufhebung von Herrschaft, sondern um ihre „radikale Änderung" (Wagner 2005a, 9). Dabei baut dieses neue Kommandosystem auf das, was bislang gesellschaftlich wie (arbeits-)politisch weitgehend als

---

[7] Aus der Kritik an Foucault und Miller entwickelt Vormbusch einen eigenen Analyseansatz, der ausgeht von der Schnittstelle ‚produktiver' betrieblicher Macht und den subjektiven bzw. kollektiven Aneignungs-, Widerstands- und Usurpationsstrategien der Beschäftigten. Vormbusch geht es dabei um die „spezifische Produktivität eines ‚aktivierenden Steuerungsregimes'" und die Verschränkung von drei Ebenen der Rationalisierung, nämlich der Subjektivität, der sozialen Interaktionsmuster und bestimmter Steuerungstechnologien (Vormbusch 2006).

Gegensatz oder Abwesenheit von Herrschaft begriffen wurde – Autonomie: Geht es doch nicht mehr darum, dass Beschäftigte den expliziten Anordnungen des Chefs zu folgen haben, sondern „selbstständig [zu] reagieren [haben] auf das, was ihre Chefs tun" (Peters/Sauer 2005, 37); bis schließlich aus dem Prinzip „Tu, was zu tun ist" ein „Tu, was Du selber willst" wird (Glißmann 2005, 158ff.). Indirekte Steuerung kann so als eine „Form der Fremdbestimmung von Handeln" begriffen werden, die sich „vermittelt über ihr eigenes Gegenteil, nämlich die (weitgehende oder verstärkte) Selbstbestimmung oder Autonomie der Beschäftigten" (Wagner 2005a, 9) und es so schafft, einen „hinreichend großen Einfluss auf den Willen abhängig Beschäftigter" zu gewinnen (Peters/Sauer 2005, 38). Schließlich macht indirekte Steuerung Beschäftigte nicht nur zum Subjekt der Verschlechterung ihrer Lage sondern sogar zu Subjekten der Unterlaufung einst arbeitspolitisch ausgehandelter Regeln und führt zudem zu einer „Erosion der Solidarität" (ebd., 48).

3.2 Reelle Subsumtion: „ick hör' Dir trappsen"

Die Konzepte der kalkulativen Praktiken, des organisierten Rechnens und der indirekten Steuerung haben – trotz partiell theoretisch unterschiedlicher Hintergründe – augenfällige Gemeinsamkeiten, vor allem auf der Ebene des diagnostizierten wirklichkeitsgenerierenden Potenzials sowie bezüglich der Tiefe ihrer Wirkmacht bis in das Handeln und das Bewusstsein der Subjekte hinein. Zudem wird letztlich in allen drei Ansätzen eine neue Qualität insofern proklamiert, als die Autonomie, Selbständigkeit und Freiwilligkeit der Beschäftigten selbst wesentliche Erfolgsmomente der analysierten Prozesse geworden sind; diese arbeiten also mit, statt gegen solch genuine Subjekteigenschaften. Während Miller und Vollmer schon aus ihrer konzeptionellen Blickrichtung heraus gar keine Veranlassung haben, nach eventuellen Grenzen, Gegenentwicklungen und Brüchen der analysierten Prozesse zu fragen, beginnt Vormbusch dies auf der konzeptionellen Ebene zu thematisieren, während Peters und Sauer auf der (arbeits-)politischen Ebene nach Handlungsalternativen suchen. Beide Suchrichtungen sind notwendig für eine sich als kritisch verstehende Forschung; denn Kritik, die nur Unabwendbares entlarven und beschreiben will, täte niemandem weh.[8]

In allen drei Ansätzen finden sich eindeutig Momente, die stark an das Theorem der reellen Subsumtion erinnern – und auch das ist kein Zufall, könnten die beschriebenen Realprozesse doch ebenso als Phänomene reeller Subsumtion gedeutet werden. Subsumtion bezeichnet nach Marx jede Anpassung der Struktur (formelle Subsumtion) und der Inhalte (reelle Subsumtion) des Arbeitsprozesses an die kapitalistischen Produktionsbedingungen, zum Beispiel im Transformationsprozess von feudalen zu kapitalistischen Produktionsverhältnissen. Die Theorie der reellen Subsumtion spielt in den Debatten der Kritischen Theorie und auch der Industriesoziologie der 1970er und 80er Jahre eine bedeutende Rolle, zunächst als „bislang umfassendste[r] und fundierteste[r] Versuch", empirische industriesoziologische Forschung und allgemeine Gesellschaftstheorie miteinander zu verknüpfen (Hartmann 1985, 272), gerät sie schließlich „als Relikt des heillosen Objektivismus der siebziger Jahre" in der Industriesoziologie „in Verruf" (Bergmann 1989, 39). Dieses Theorem hat gerade innerhalb der Industriesoziologie eine lange Tradition und es hat immer zu kämpfen gehabt mit der Frage, die sich aktuell auch an Prozesse indirekter Steuerung, kalkulativer Praktiken und organisierten Rechnens stellt: Wie total kann ihre Wirkkraft sein? Und wenn das alles so bruchlos funktionieren sollte – wo finden sich dann noch Ansatzpunkte für Gestaltung, Veränderung gar Gegenwehr? Die Debatte zu reellen Subsumtion hat sich gerade mit diesen Fragen immer wieder beschäftigt, sie aber nie wirklich gelöst. Es lohnt sich, diese Debatte aus aktueller Sicht erneut zu beleuchten, haben doch auch die die aktuellen Konzepte eben dieses Problem zu lösen. Gerade weil Autonomie, ehemals als Gegenkonzept zu Prozessen der reellen Subsumtion konzeptionalisiert, nun zum konstituierenden Moment dieser Prozesse wird, stellen sich die „alten" Fragen der Subsumtionsdebatte nun nicht nur neu, sondern mit erhöhter Brisanz.

In der damaligen Debatte zur reellen Subsumtion kommt es zunächst zu einer weitgehenden Gleichsetzung von reeller Subsumtion mit den

---

[8] Vielleicht ein Grund dafür, dass die institutionelle Sondersituation der kritischen Accountingforschung in Großbritannien überhaupt auf Dauer funktionieren konnte, wird sie doch in ihrer poststrukturalistischen wie neo-marxistischen Ausrichtung zu wenig für politisches Handeln relevant (s.o.).

organisatorischen, technischen und zeitökonomischen Prämissen tayloristischer Produktion und ihren entfremdenden Auswirkungen (etwa Deutschmann 1983, 6; Schmiede 1980, 473f.). Im Mittelpunkt der Debatten um die Frage der Reichweite und Intensität von reellen Subsumtionsprozessen stand beispielsweise die Frage der Vereinbarkeit des Theorems der reellen Subsumtion mit der Revolutionstheorie (Breuer 1977; Deutschmann 1983) sowie die Kontroversen um die Bedeutung der Zeitökonomie (Brandt et al. 1978; Schmiede 1980; Bergmann 1989) oder die um De- bzw. Requalifizierungsprozesse (Hartmann 1985; Schmiede/ von Greiff 1985).

In den genannten Debatten finden sich wiederholt Ansätze, die auf den Versuch einer dialektischen Auflösung hinweisen: Da wird die Gegenthese der Entkopplung von Prozeß- und Arbeitsökonomie entwickelt und dem Prozess der Entsubjektivierung eine neue Stufe der Aneignung wissenschaftlichen Wissens an die Seite gestellt (Bergmann 1989, 40ff.); da wird auf die Suche nach dem „inneren Widerspruch" der Theorie reeller Subsumtion gegangen (Deutschmann 1983, 8) und auf die Widersprüchlichkeit von Verwertungsimperativ (Formseite) und Eigenlogik des Arbeitsprozesses (Stoffseite) rekurriert (Hartmann 1985, 288); und da wird auf die „doppelte Widersprüchlichkeit" (interner und externer Widerspruch) der reellen Subsumtion verwiesen (Schmiede 1980, 491ff.).

Bevor die Industriesoziologie die „Subjektivierung von Arbeit" (Moldaschl/Voß 2002) zu thematisieren beginnt, scheint in den Debatten zur reellen Subsumtion immer wieder auch schon das Subjekt, zumindest aber Strukturaspekte des Subjekts auf: Bergmann entdeckt das „subjektive Arbeitsvermögen", aber nur um sofort dessen Angleichung an das konstante Kapital und damit die steigende organische Zusammensetzung der Arbeitskraft zu konstatieren (Bergmann 1989, 47); Deutschmann betont das unterschätzte „Charakteristikum der Ware Arbeitskraft", versteht den Gebrauchswert ihrer Nutzung jedoch lediglich abgeleitet aus einer organisatorisch- und/oder technisch-notwendigen Gewährleistungsfunktion, nicht als eigenständige Qualität (Deutschmann 1983, 9f.); und Hartmann verweist auf die spezifische Fähigkeit des Arbeitsvermögens sich flexibel anzupassen, traut ihm dieses Potenzial aber nur auf Grundlage einer verwissenschaftlichten Produktion und damit bereits erfolgter Enteignung von Erfahrungswissen zu (Hartmann 1985, 273f.). Trotz der mehrfachen Anläufe hat sich eine dialektische Lesart des Theorems der reellen Subsumtion nicht entwickelt. Inwieweit reelle Subsumtion selbst immanent Widersprüche produziert und auf welcher Ebene das geschieht, wäre die damals schon zu formulierende Frage gewesen, die heute in aktualisierter Form an kalkulative Praktiken oder indirekte Steuerung gestellt werden könnte – und sollte.

4. Notwendigkeit und Potenzial einer dialektischen Auflösung

Die alte, reduzierte Fassung des Konzepts der reellen Subsumtion ebenso wie die drei oben dargestellten Konzepte der Accountingforschung haben eines gemeinsam: Sie unterstellen zunächst und überwiegend, dass es „klappt"; sie fragen noch bei weitem nicht ausreichend, welche immanenten Potenziale sozusagen eines „Nicht-Klappens" die beschriebenen Prozesse in sich tragen. Vier Fragekomplexe an die Accountingforschung in diese Richtung lassen sich identifizieren:

1. Die Frage nach Aspekten des Qualitativen und Nicht-Zählbaren auf der Subjektseite: So thematisiert Vormbusch als offene Frage, wie es sich mit den „leiblichen, lebensweltlichen, krisenhaft-biografischen, vorwissenschaftlichen, kommunikativen" Welterfahrungen (Vormbusch 2004, 46) der unterstellt zu „centers of calculation" (Vormbusch 2005, 108) transformierten Subjekte verhalte. Schmidt (2005, 151) fragt in eine ähnliche Richtung, wenn sie den Blick richtet auf die „konkreten, tagtäglichen Dilemmata", in die uns derartige Logiken bringen und nach den Gedankengängen, konkreten Handlungen und Gefühlen, die sie auslösen.

2. Die Frage nach dem emanzipatorischen Potenzial: Schmidt (ebd.) thematisiert die Frage nach der Einheit des Destruktiven und Konstruktiven, des Entfremdenden und Emanzipatorischen innerhalb dieser Logik, ebenso sucht Vormbusch (2004, 46) nach den positiven Seiten des Accountings als Instrument sozialer Planung und Koordination und damit nach Ansätzen für ein „enabling accounting".

3. Fragen nach der politischen Nutzbarmachung des emanzipatorischen Potenzials: So zum Beispiel wenn Vormbusch (2006) hervorhebt, dass kalkulative Praktiken die Unterscheidung von Kapital und Arbeit kreuzten, daher für beide Seiten instrumentalisierbar seien und damit neue Felder (mikro-)politischer Auseinandersetzung erschlössen oder in Schmidts Skizzierung von betriebs-politischen Lösungsversuchen (Schmidt 2005, 149).

Und *4. die immanenten Grenzen der Prozesse:* Bei Vollmer deutet sich etwas derartiges an, wenn er eine Eigendynamik organisierten Rechnens unterstellt, deren zunehmende Perfektionierung ihrer Erfassungs- und Planungsmethoden ihre eigenen Intentionen einer Effektivierung und Ökonomisierung gerade unterläuft (Vollmer 2004, 457ff.). Auch der „Beyond Budgeting"-Ansatz (Pfädling 2003), d.h. die Aufgabe fester Budgets und aufwändiger Budgetierungsprozesse, könnte als Indiz für bereits offenkundig werdende Grenzen modernen Management-Accountings in diesem Sinne interpretiert werden.

Diese Fragen verweisen auf die Notwendigkeit einer dialektischen Auflösung der dominanten determinierenden Lesart fast aller Ansätze innerhalb der Accountingforschung, sie sind wenn überhaupt nur dialektisch gedacht beantwortbar.[9] Mit Dialektik meine ich weder eine schlichte Dualität noch äußere Widersprüche oder verweise auf eine reduzierte Zuspitzungs-/Umschlagsdialektik, Dialektik meint die Aufdeckung einer *inneren widersprüchlichen Logik*, Dialektik betont „die innere Beziehung, ja die objektive Einheit der Widersprüche *in* ihrem Konflikt" (Lefèbvre 1967, 52; Hervorh. S.P.). Eine „andere" innere Logik muss immer auch von qualitativ anderer Natur sein als die Strukturlogik, zu der sie sich immanent widersprüchlich verhält. Am Subjekt verdeutlicht: Wenn die übergreifende Strukturlogik die Dominanz der Ware Arbeitskraft ist, *liegt* der dialektische Widerpart – das Arbeitsvermögen – *innerhalb* des Subjekts, er *ist* nicht das Subjekt. Und dieses wiederum folgt einer per se anderen, nicht in Gänze in die Arbeitskraft transformierbaren, eigenständigen Logik. Hat also die Arbeitskraft unfraglich Warencharakter, sind also ihre Strukturmerkmale quantifizierbar, formalisierbar und mit ökonomischen Prinzipien kompatibel, finden sich die Merkmale des Arbeitsvermögens im per se Qualitativen, Nicht-Formalisierbarem, Nicht-Ökonomisierbarem oder plakativ: Nicht-Zählbarem (vgl. dazu ausführlich Pfeiffer 2004, 173ff.). Mit einer derartig konsequent gedachten dialektischen Perspektive gelingt es, eine kritische Analyse auch gegen sich als kritisch verstehende Zeitdiagnosen (etwa Hardt/Negri 2002; Lash 2002) zu entwickeln: So z.B. die Aufdeckung der nicht nur weiterhin gültigen, sondern sogar gestiegenen Bedeutung

---

[9] Wie in der Debatte zur reellen Subsumtion finden sich auch in der Accountingforschung Ansätze für eine dialektische Perspektive (etwa Hopper et al. 1987; Lehmann 1996), die jedoch ebenfalls kaum systematisch aufgegriffen werden.

des Gebrauchswert und des Stofflichen angesichts der scheinbaren Dominanz des Immateriellen im kognitiven Kapitalismus (vgl. Pfeiffer 2006 und 2007).

4.1 Französische Schützenhilfe mal anders: Henri Lefèbvre

Seit der „französischen Wende" beruft sich die poststrukturalistische Strömung der Accountingforschung auf Autoren wie Derrida, Lyotard und vor allem Foucault (Vormbusch 2004, 38). Für meine Argumentation möchte ich nun auch sozusagen „Schützenhilfe" aus der französischen Denktradition beziehen, nämlich bei Henri Lefèbvre, m.E. einer der fruchtbarsten marxistischen Soziologen der Nachkriegszeit, der allerdings in Deutschland nur sehr wenig rezipiert wird und wohl mehr mit stadt- und/oder raumsoziologischen Fragen in Verbindung gebracht wird. In dem hier interessierenden Kontext geht es mir jedoch um Lefèbvres Begriff der Alltäglichkeit, der in seinem Werk eine zentrale und fundamentale Stellung einnimmt, „[…] der Teil, der wohl seine eigentliche Originalität ausmacht" (Meyer 1973, 125). Alltäglichkeit ist nicht einer unter vielen analytischen Begriffen Lefèbvres, sondern stellt für ihn den „Leitfaden" dar, „um die Gesellschaft zu erkennen" (Lefèbvre 1972, 46). Das theoretisch Spannende am Begriff der Alltäglichkeit ist das scheinbar widersprüchliche (und eben nur dialektisch zu fassende) Verhältnis zwischen der „Misere des Alltäglichen" und der „Größe des Alltäglichen" (ebd., 55): Der Schrecken der Entfremdung in all ihrer Vielschichtigkeit und die Möglichkeit ihrer Aufhebung liegen nah beieinander, bedingen sich und bilden damit zwei widerstreitende Pole ein und desselben Kontinuums. In dieser Eigenschaft ist die Alltäglichkeit gleichzeitig als „ein Feld *und* ein Relais", als „eine Etappe *und* ein Sprungbrett", als „gesetztes Moment" ebenso wie als „dialektische Wechselwirkung" zu fassen (ebd., 25f.; Hervorh. S.P.). Alltäglichkeit als „Menge des Unbedeutenden" und Modernität als „Menge der Zeichen" bezeichnet Lefèbvre als die „beiden Gesichter des Zeitgeistes", beides eng verbunden mit einem spezifischen Begriff der Rationalität (ebd., 40ff.). Der Alltag ist dabei nicht reine Phänomenebene, sondern im Verständnis Lefèbvres sozusagen das Gravitationszentrum, trägt er doch „die Schwerste Last", ist er doch der „Boden, über dem sich die mächtigen Bauwerke der Politik und der Gesellschaft auftürmen" (Lefèbvre 1974,

106). Das Alltägliche als „Ensemble offenbar bescheidener Tätigkeiten [...] [und] von Produkten und Werken" ist für ihn die „erste Sinnsphäre" (Lefèbvre 1972, 25) und damit Brennglas einer analytischen Perspektive. Dabei negiert Lefèbvre keineswegs die Prägungsdominanz der gesellschaftlichen und ökonomisch bedingten Strukturen, sondern analysiert deren Spielarten als bürokratische Gesellschaft des gelenkten Konsums (ebd., 105ff.) sowie als überrepressive und terroristische Gesellschaft (ebd., 198ff.). Das bei Lefèbvre Entscheidende ist, dass diese gesellschaftlichen Bedingtheiten sich – ganz im Sinne des Marxschen Terminus der „totalen Reproduktion", also der Reproduktion der gesellschaftlichen Verhältnisse – nicht nur systemkonsolidierend reproduzieren: Die Reproduktion der Produktionsverhältnisse steckt nicht nur voller Widersprüche, sondern sie reproduziert auch diese (Lefèbvre 1974, 106). Und dabei ist Alltäglichkeit nicht nur das „Hauptprodukt" der totalen Reproduktion, nicht nur Träger und Ziel der terroristischen Gesellschaft (Lefèbvre 1972, 204), sondern auch der Ort der ebenfalls reproduzierten Widersprüche.

Indem Lefèbvre seinen Blick auf die Alltäglichkeit richtet, versucht er nicht den Klassengegensatz zu verschleiern oder gar zu leugnen: Im Gegenteil geht es ihm darum, in der theoretisch fundierten Analyse des täglichen Lebens eben diesen Widerspruch in seiner aktuell historischen Ausprägung zu entdecken. Auch und gerade im Bezug auf das Alltägliche wird die Existenz und der verschleierte gesellschaftliche Widerspruch erst deutlich: Während die eine Seite das Alltägliche „gestaltet", „badet" die Arbeiterklasse darin, und wird (und bleibt) damit die Klasse, der die Potenz zur Umgestaltung der Gesellschaft (und damit des Alltäglichen) alleinig zugesprochen wird (ebd., 61). Die „rationalisierte, obwohl als Prozedur irrationale Ausbeutung des Alltäglichen" ist entscheidender Teil der Klassenstrategie (ebd., 118), deswegen hält Lefèbvre auch eine Geschichte des täglichen Lebens für unabdingbar, die sich nicht in ausufernder Beschreibung von Details erschöpft, sondern vielmehr den Blick richtet auf das Globale, die je historischen Bedingungen, die Produktionsweisen und Ideologien (ebd., 110). Und diese „*Kritik des Alltagslebens*" führt unweigerlich „*zur Kritik des politischen Lebens, weil das Alltagsleben diese Kritik bereits enthält* und *ausbildet: es ist nämlich diese Kritik*" (Lefèbvre 1987, 103; Hervorh. im Original). Die Analyse der Gesellschaft, so Lefèbvre, muss im Alltäglichen ansetzen, denn dort ist „der Ort der Konflikte zwischen dem Rationalen und dem

Irrationalen", der Ort, wo „die gesellschaftliche Existenz des Menschen *produziert* wird" (Lefèbvre 1972, 39). Oder pointierter: Im Alltagsleben formt und bildet sich die Gesamtheit von Verhältnissen aus, die aus dem Menschlichen – und aus jedem menschlichen Wesen – ein Ganzes macht" (Lefèbvre 1987, 108). Der analytische Blick darauf muss mehr sein als blinder Empirismus, es geht darum, Veränderungsoptionen aufzuspüren: „Die Substanz des Alltagslebens, die niedere und reichere ‚menschliche Materie' besteht durch alle Entfremdung hindurch und bildet die Grundlage für die Aufhebung der Entfremdung" (ebd.). Alltagsleben übrigens ist bei Lefèbvre nicht den gesellschaftlichen Sphären von Arbeit, Freizeit oder Familie zuzuordnen, sie alle sind als Alltäglichkeit zu fassen, ihre Trennung in scheinbar abgeschiedene Bereiche ist selbst schon ein Ausdruck von Entfremdung und bürgerlicher Ideologie (ebd., 40ff.).

Was nun könnte kritische Analyse lernen, wenn sie sich empirisch aber mit einem konsequent dialektischem Analyseinstrumentarium auf die Alltäglichkeit konkreter Arbeit im Accounting einlassen würde? Sie würde zunächst überhaupt einmal Accounting als Arbeit und nicht nur als Funktion in den Blick nehmen und damit die in diesem Feld Tätigen als abhängig Beschäftigte mit entsprechenden Interessenlagen wahrnehmen; sie würde durch die Brille des Arbeitsvermögens nicht nur die spezifischen Kompetenzen von Accountants erfassen, sondern mit der Fokussierung auf die qualitativen, nicht-ökonomisierbaren Anteile das Ausmaß der Wirkkraft kalkulativer Praktiken im Subjekt sichtbar machen – ebenso aber auch deren Grenzen; sie würde durch die Erfassung des Alltäglichen und Konkreten der Arbeit ein bislang weitgehend empirisch unterbelichtetes Feld beleuchten, nämlich die Rolle von accountingbezogenen IT-Systemen;[10] und sie könnte damit ebenso sichtbar machen: strukturelle Unterschiede (nationaler Art, bezüglich unterschiedlicher

---

[10] Kaum eine Informatisierungstechnologie prägt Unternehmen aller und Größen und Branchen heute so nachhaltig wie so genannte Enterprise Ressource Planning Systeme (ERP), z.B. SAP R/3 oder Baan. Sie ermöglichen als eine neue Qualität der Verzahnung von IT-Technik, betrieblicher Organisation und globaler Finanzmarktlogik. Trotz ihres beeindruckenden Verbreitungsgrads gibt es bislang kaum Forschung (weder in der deutschen Industriesoziologie noch in der englischen Accountingforschung) zu ihrer Zugriffsintensität auf die Gestaltung organisatorischer Abläufe und betrieblicher Prozesse und zu ihrer eigenständigen Rolle als Vermittlungsinstanz kalkulativer Schemata (vgl. Pfeiffer 2003; 2004, 202ff.).

Reportinganforderungen durch Rechtsform und Börsenotierung u.Ä.) und organisationale Heterogenität; und sie würde mit dieser generellen Perspektive Indizien für immanente Grenzen und Widersprüche von kalkulativen Praktiken sicht- und damit anknüpfbar machen für eine arbeitspolitisches Handeln.

4.2 *What is not countable really counts!*

Es ist offensichtlich, wohin die derzeitigen finanzmarktgesteuerten Managementkonzepte und Beteiligungsstrategien zielen – offensichtlich auch deshalb, weil es die bestimmenden Akteure derzeit gar nicht mehr nötig haben, ihre Absichten hinter beruhigend klingenden Unternehmensleitbildern zu verstecken: Der Wolf braucht seinen Schafspelz nicht mehr, er hat ihn abgelegt. Ebenso offensichtlich erscheint, dass Instrumente des Accounting und Controlling die operative Ebene dieser strukturellen, ökonomiegetriebenen Prozesse darstellen, angetreten sozusagen um die Logik der viel zitierten „Heuschrecken" und des Shareholder-Value nicht nur zum Maßstab aller betrieblichen Entscheidungen zu machen, sondern sie auch in die Köpfe und das Handeln aller Akteure auf der betrieblichen Ebene zu implementieren. Die o.a. beschreibende und überwiegend auf Entlarvung setzende Kritikstrategie der englischen Accountingforschung macht also das Offensichtliche, derzeit kaum mehr Verschleierte, analytisch zugänglich. Aber auch eine Analyse aus klassisch industriesoziologischer Perspektive würde kalkulative Praktiken u.Ä. lediglich als Phänomene reeller Subsumtionsprozesse fassen und würde die „alten" Fragen nach dem politischen Subjekt und nach den Optionen für Gegenbewegungen entweder erneut nicht stellen oder wiederum nicht überzeugend auflösen. Beiden Perspektiven fehlt für eine tiefgreifendere Kritik bislang sozusagen die dialektische „Erdung". Auch hier gilt es, die strukturell ausgeblendeten Bereiche und Qualitäten bewusst in den Blick zu nehmen und auf die Suche nach dem immanent „Anderen" im Alltäglichen zu gehen. Diese Perspektive ist weder Selbstzweck noch Rückzug ins empirische „Kleinklein", sondern gerade Ausdruck einer dezidiert kritischen Perspektive. Eine kritische und politikrelevante Perspektive bleibt nicht auf der Ebene der Analyse gesellschaftlicher Bedingtheiten und ihren aktuellen Varianten ökonomiegetriebener Strategien stehen. Der kritische (und konsequent dialektische

Blick) beschreibt nicht nur die Absichten und das Funktionieren dessen, was er kritisieren will; er sucht *auch* nach dem „Sand im Getriebe": Er sucht nach den Stellen, an denen die Prozesse nicht bruchlos verlaufen, wo sie auf Widerstände stoßen, wo sich subversives Umgehen mit ihnen entwickelt; er sucht nach dem, was sich der subsumierenden Logik per se entzieht; er sucht nach den immanenten Grenzen der Prozesse selbst und er sucht damit immer auch nach Ansatzpunkten für Änderung und Gegenwehr. Diese analytisch zu finden ist m.E. gerade auch dann (und vielleicht umso mehr) von Bedeutung, wenn die Optionen einer realen politischen Gegenwehr nicht als aktuell realistisch eingeschätzt werden.

Bevor ich das eben Formulierte für den Untersuchungs„gegenstand" Controlling konkretisiere, möchte ich betonen, dass im letzten Absatz bewusst das Wörtchen „auch" hervorgehoben wird. Es geht mir darum, die hier eingeforderten Perspektiven als – (dialektisch gedacht) notwendig – komplementären Forschungsansatz zu den wichtigen und richtigen bestehenden Ansätzen zu verstehen. Es geht mir um die analytische Ergänzung, nicht um die Ersetzung der Analyse der strukturgebenden Strategien. Wann immer die Subjektperspektive vehement eingefordert wird, handelt man sich schnell den Vorwurf ein, auf dieser Ebene die „großen" Fragen der Kapitalismuskritik gar nicht stellen zu können. Wenn aber Kritik nur die großen Bewegungsrichtungen analysiert, nicht aber gleichzeitig deren konkrete und alltäglichen Auswirkungen, dann fehlt ihr nicht nur die politische Brisanz und Stoßrichtung – sie rekonstituiert in ihrer Kritik die (formell) abstrahierende Logik der übergeordneten Strukturdominanz, die zu kritisieren sie angetreten ist. Und schlimmer noch: Sie ist sich dieser Rekonstitution nicht einmal bewusst. *Nur* auf der Ebene des Konkreten, des Alltäglichen und des Subjekts sind die „großen" Systemfragen tatsächlich nicht zu stellen, *ohne* diese Ebene aber liefen sie ins Leere. Wenn für den Gegenstand der Kritik nur das Zählbare zählt, muss für die Kritik das Nicht-Zählbare zählen: What is not countable really counts.

Literatur

Arbeitsgruppe SubArO (Hrsg.) (2005): Ökonomie der Subjektivität – Subjektivität der Ökonomie, Berlin

Baukrowitz, A., Boes, A., Schmiede, R. (2001): Die Entwicklung von Arbeit aus der Perspektive ihrer Informatisierung, in: Matuschek, I., Henninger, A., Kleemann, F. (Hrsg.), Neue Medien im Arbeitsalltag. Empirische Befunde – Gestaltungskonzepte – Theoretische Perspektiven. Wiesbaden, S. 217-235

Baumgartner, B. (1980): Die Controller-Konzeption. Theoretische Darstellung und praktische Anwendung, Bern

Becker, A. (2001): Strategisches Controlling und Strukturation, in: Ortmann, G., Sydow, J. (Hrsg.), Strategie und Strukturation. Strategisches Management von Unternehmen, Netzwerken und Konzernen, Wiesbaden, S. 91-126

Becker, A. (2003). Controlling als reflexive Steuerung von Organisationen, Stuttgart

Becker, A. (2004): Controlling als Praxis: Eine strukturationstheoretische Perspektive auf Controlling, in: Scherm, E., Pietsch, G. (Hrsg.), Controlling: Theorien und Konzeptionen, München, S. 753-777

Becker, H.-J. (2005): Controller und Controlling, Renningen

Bergmann, J. (1989): Reelle Subsumtion als arbeitssoziologische Kategorie, in: Schumm, W. (Hrsg.), Zur Entwicklungsdynamik des modernen Kapitalismus, Frankfurt/M., New York, S. 39-48

Brandt, G., Kündig, B., Papadimitriou, Z., Thomae, J. (1978): Computer und Arbeitsprozeß, Frankfurt/M., New York

Breuer, S. (1977): Die Krise der Revolutionstheorie. Negative Vergesellschaftung und Arbeitsmetaphysik bei Herbert Marcuse, Frankfurt/M.

Deutschmann, C. (1983): Das Theorem der ‚reellen Subsumtion der Arbeit unter das Kapital' und die gegenwärtigen Tendenzen der Automation, in: Österreichische Zeitschrift für Soziologie, Jg. 8, Heft 1, S. 6-12

Dörre, K. (2001): Das deutsche Produktionsmodell unter dem Druck des Shareholder Value, in: Kölner Zeitschrift für Soziologie und Sozialpsychologie, Jg. 53, Heft 4, S. 675-704

Engberding, A. (2005): Genese und Lebenszyklus betriebswirtschaftlicher Steuerungskonzepte, in: Wagner, H. (Hrsg.), „Rentier' ich mich noch"? Neue Steuerungskonzepte im Betrieb, Hamburg, S. 113-130

Glißmann, W. (2005): Womit finde ich mich konfrontiert? Indirekte Steuerung im Konzern aus der Perspektive der Beschäftigten, in: Wagner, H. (Hrsg.): „Rentier' ich mich noch"? Neue Steuerungskonzepte im Betrieb, Hamburg, S.155-204

Hardt, M., Negri, A. (2002): Empire. Die neue Weltordnung, Frankfurt/M./New York

Hartmann, M. (1985): Dequalifizierung oder Requalifizierung der Arbeit? – Über das Theorem der ‚reellen Subsumtion', in: Leviathan, Heft 2, S. 271-290

Hirsch-Kreinsen, H. (1999): Shareholder Value. Zum Wandel von Unternehmensstrukturen und Kapitalmarktbedingungen, in: WSI Mitteilungen, Jg. 49, Heft 5, S. 322-330

Hopper, T., Storey, J., Willmott, H. (1987): Accounting for Accounting: Towards the Development of a Dialectical View, in: Accounting, Organizations and Society, Nr. 12, S. 437-456

ICV (Internationaler Controller Verein) (2005): Leitbild und Ziele. Controller Leitbild der IGC International Group of Controlling, Parma, 14.09.2002, Gauting

Kalthoff, H. (2004): Finanzwirtschaftliche Praxis und Wirtschaftstheorie. Skizze einer Soziologie ökonomischen Wissens, in: Zeitschrift für Soziologie 33, S. 154-175

Kalthoff, H. (2005): Practices of Calculation. Economic Representation and Risk Management, in: Theory, Culture & Society 22 (2), S. 69-97

Kocyba, H. (1999): Wissensbasierte Selbststeuerung: Die Wissensgesellschaft als arbeitspolitisches Kontrollszenario, in: Konrad, W., Schumm, W. (Hrsg.), Wissen und Arbeit. Neue Konturen von Wissensarbeit, Münster, S. 92-119

Kocyba, H. (2005): Selbstverwirklichungszwänge und neue Unterwerfungsformen. Paradoxien der Kapitalismuskritik, in: Arbeitsgruppe SubArO (Hrsg.), Ökonomie der Subjektivität – Subjektivität der Ökonomie, Berlin, S. 79-93

Lash, S. (2002): Critique of Information. London, Thousands Oaks, New Delhi

Lefèbvre, H. (1972): Das Alltagsleben in der modernen Welt, Frankfurt/M.

Lefèbvre, H. (1974): Die Zukunft des Kapitalismus. Die Reproduktion der Produktionsverhältnisse, München

Lefèbvre, H. (1976): Probleme des Marxismus, heute, Frankfurt/M.

Lefèbvre, H. (1987): Kritik des Alltagslebens. Grundrisse einer Soziologie der Alltäglichkeit, Frankfurt/M.

Lehmann, C. R. (1996): Accounting's Changing Role in Social Conflict, Princeton

Meyer, K. (1973): Henri Lefèbvre. Ein romantischer Revolutionär, Wien

Meil, P., Heidling, E., Schmierl, K. (2003): Die (un-)sichtbare Hand. Nationale Systeme der Arbeitsregulierung in der Ära des Shareholder Value. Ein internationaler Vergleich: Deutschland, Frankreich, USA, Reihe: ISF München Forschungsberichte, München.

Miller, P. (2001): Governing by Numbers: Why Calculative Practices Matter, in: Social Research, Vol. 68, No. 2, S. 379-396

Miller, P. (2005): Kalkulierende Subjekte, in: Arbeitsgruppe SubArO (Hrsg.): Ökonomie der Subjektivität – Subjektivität der Ökonomie, Berlin, S. 19-33

Modlaschl, M., Voß, G. G. (2002) (Hrsg.): Subjektivierung von Arbeit, München/Mering

Peters, K., Sauer, D. (2005): Indirekte Steuerung – eine neue Herrschaftsform. Zur revolutionären Qualität des gegenwärtigen Umbruchprozesses, in: Wagner, Hilde (Hrsg.): „Rentier' ich mich noch?" Neue Steuerungskonzepte im Betrieb, Hamburg, S. 23-58

Pfläging, Nils (2003): Beyond Budgeting – Better Budgeting. Ohne feste Budgets zielorientiert führen und erfolgreich steuern, Freiburg/Berlin

Pfeiffer, S.(2000): Stabile Bindung? Beobachtungen aus der Chemischen Industrie, in: Lutz, B., Meil, P., Wiener, B. (Hrsg.), Industrielle Fachkräfte für das 21. Jahrhundert, Frankfurt/M., New York, S. 107-128

Pfeiffer, S. (2003): SAP R/3 & Co – Integrierte Betriebswirtschaftliche Systeme als stille Helferlein des Lego-Kapitalismus, in: FIfF-Kommunikation, Mitteilungsblatt des Forum InformatikerInnen für Frieden und gesellschaftliche Verantwortung (FIfF) e.V., Jg. 20, Heft 3, S. 9-13

Pfeiffer, S. (2004): Arbeitsvermögen. Schlüssel zur Analyse (reflexiver) Informatisierung, Wiesbaden

Pfeiffer, S. (2006): Dialektik der Nebenfolgen. Eine Annährung am Beispiel von Informatisierungsprozessen, in: Böschen, S., Kratzer, N., May, S. (Hrsg.), Nebenfolgen – Analysen zur Konstruktion und Transformation moderner Gesellschaften, Weilerswrist

Pfeiffer, S. (2007): Wissen, Information und lebendige Arbeit in der Wissensökonomie. Reanimation der Dialektik von Gebrauchs- und Tauschwert und Implikationen für die Arbeits- und Industriesoziologie, in: Moldaschl, M.; Steht, N. (Hrsg.), Wissen und Innovation – Beiträge zur Ökonomie der Wissensgesellschaft, Marburg (*im Erscheinen*)

Roslender, R. (1992): Sociological Perspectives on Modern Accountancy, London/New York

Schmiede, R. (1980): Rationalisierung und reelle Subsumtion. Überlegungen zu den Arbeiten des Frankfurter Instituts für Sozialforschung 1970 bis 1980, in: Leviathan, Jg. 8, Heft 4, S. 472-497

Schmiede, R. (1996): Informatisierung, Formalisierung und kapitalistische Produktionsweise. Entstehung der Informationstechnik und Wandel der gesellschaftlichen Arbeit, in: Schmiede, R. (Hrsg.), Virtuelle Arbeitswelten. Arbeit, Produktion und Subjekt in der ‚Informationsgesellschaft', Berlin, S. 15-47

Schmiede, R.; Greiff, B. v. (1985): Industriesoziologie als positive Geschichtsphilosophie? Über die ‚Trendwende' in der Industriesoziologie und den Begriff der ‚reellen Subsumtion', in: Leviathan, Jg. 1985, H. 2, S. 291-306

Schmidt, A. (2005): Rentier ich mich noch? Activity Based Costing und seine Wirksamkeit im Tun der Beschäftigten, in: Wagner, H. (Hrsg.), „Rentier' ich mich noch"? Neue Steuerungskonzepte im Betrieb, Hamburg, S. 131-153

Singleton-Green, B. (1993): If it matters, measure it!, in: Accountancy, May 1993, S. 52-53

Vollmer, H. (2003): Bookkeeping, Accounting, Calculative Practice: The Sociological Suspense of Calculation, in: Critical Perspectives on Accounting 14, S. 353-381

Vollmer, H. (2003a): Grundthesen und Forschungsperspektiven einer Soziologie des Rechnens, in: Sociologia Internationalis 41, S. 1-23

Vollmer, H. (2004): Folgen und Funktionen organisierten Rechnens, in: Zeitschrift für Soziologie, Jg. 33, Heft 6, S. 450-470

Vormbusch, U. (2004): Accounting. Die Macht der Zahlen im gegenwärtigen Kapitalismus, in: Berliner Journal für Soziologie, 1, S. 33-50

Vormbusch, U. (2005): Das neue Alphabet des Kapitalismus. Von A wie Audit bis Z wie Zertifizierung, in: Wagner, H. (Hrsg.): „Rentier' ich mich noch?" Neue Steuerungskonzepte im Betrieb. Hamburg, S. 87-112

Vormbusch, U. (2006): Management by Foucault, in: Moldaschl, M., Voß, G. G. (Hrsg.), Subjektivierung von Arbeit, Band 2, München/Mering *(im Erscheinen)*

Wagner, H. (Hrsg.) (2005): „Rentier' ich mich noch"? Neue Steuerungskonzepte im Betrieb. Hamburg

Wagner, H. (2005a): Die Macht der Zahlen: Neue Steuerung im Betrieb. Einleitung, in: dies. (Hrsg.), „Rentier' ich mich noch"? Neue Steuerungskonzepte im Betrieb, Hamburg, S. 9-22

Weber, J. (2002): Was machen Controller wann warum? Ein Überblick, Vallendar

Die Autorinnen und Autoren

Prof. Dr. Herbert Kalthoff, außerordentlicher Professor für Soziologie, Schwerpunkt Wissens- und Kultursoziologie an der Zeppelin University Friedrichshafen

Prof. Dr. Karin Knorr Cetina, Professorin für Soziologie an der Universität Konstanz, Visiting Professor an der University of Chicago

Prof. Dr. Loet Leydesdorff, Professor an der Amsterdam School of Communications Research, University of Amsterdam

Dipl.-Pol. Lars Meyer, Doktorand am Fachbereich Sozialwissenschaften der Universität Bremen

Dr. Hanno Pahl, Forschungsassistent am Universitären Forschungsschwerpunkt Ethik an der Universität Zürich

Dr. Sabine Pfeiffer, wissenschaftliche Mitarbeiterin am ISF München e.V.

Dr. Tobias Schulz-Isenbeck, Geschäftsführer der Verlagsgruppe Handelsblatt (VHB) in Düsseldorf

Dr. Uwe Vormbusch, wissenschaftlicher Mitarbeiter am Institut für Sozialforschung, Frankfurt am Main

Prof. Dr. Helmut Willke, Professor für Staatstheorie und Global Governance am Fachbereich Soziologie der Universität Bielefeld

Wirtschaft und Gesellschaft

Die heuer im 33. Jahrgang erscheinende Quartalszeitschrift „Wirtschaft und Gesellschaft" wird von der Abteilung Wirtschaftswissenschaft und Statistik der Kammer für Arbeiter und Angestellte für Wien redaktionell betreut. Sie beschäftigt sich sowohl mit österreichischen als auch internationalen Fragen der Wirtschaftspolitik, mit Wirtschaftstheorie, gelegentlich auch mit verwandten Bereichen wie Wirtschaftsgeschichte, Soziologie und Politikwissenschaft.

Die Zeitschrift wendet sich an alle, die an eingehenderen Analysen von wirtschaftspolitischen Themen interessiert sind. Bei der Auswahl und Behandlung der Inhalte wird großer Wert auf die Synthese aus Erkenntnissen der akademischen Wissenschaft mit der Praxis, der wirtschafts- und sozialpolitischen Realität, gelegt.

Ein Jahrgang umfasst vier Hefte mit insgesamt rund 600 Seiten. Jedes Heft enthält ein Editorial, in dem zu aktuellen tagespolitischen Problemen Stellung bezogen wird, vier bis fünf Hauptartikel sowie mehrere Rezensionen kürzlich erschienener Fachliteratur. Fallweise erscheinen auch Beiträge in den Rubriken „Kommentar" und „Berichte und Dokumente" sowie längere Besprechungsaufsätze. Die Artikel stammen von in- und ausländischen Vertretern von Theorie und Praxis, aus Forschung und Lehre, von Unternehmen und Verbänden.

Preise: Einzelnummer € 9,-, Jahresabonnement € 29,- (inkl. Auslandsversand € 41,90), ermäßigtes Studenten-Jahresabonnement gegen Bekanntgabe einer gültigen ÖH-Card-Nummer € 17,-, jeweils inkl. Mwst.

Zu bestellen bei: LexisNexis Verlag ARD Orac, A-1030 Wien, Marxergasse 25, Tel. 01/534 52-0, Fax 01/534 52-140, e-mail: verlag@lexisnexis.at. Dort kann auch ein kostenloses Probeheft angefordert werden.